国家级职业教育规划教材
全国中等职业学校会计专业教材

（第2版）

会计电算化

人力资源社会保障部教材办公室　组织编写
王午峰　主编

中国劳动社会保障出版社

简　介

本教材为国家级职业教育规划教材，主要内容包括：会计电算化概述、系统初始设置、总账系统日常业务处理、总账系统出纳管理、工资管理系统、固定资产管理系统、总账系统期末处理、报表管理系统和综合实训等。教材文字通俗易懂，内容丰富实用，每章配有练习题，帮助学生巩固所学知识。

本教材由王午峰任主编，马文雅任副主编，周朋、翁燕璇参与编写。

图书在版编目（CIP）数据

会计电算化 / 王午峰主编．-- 2 版．-- 北京：中国劳动社会保障出版社，2018
全国中等职业学校会计专业教材
ISBN 978-7-5167-3737-8

Ⅰ．①会…　Ⅱ．①王…　Ⅲ．①会计电算化 - 中等专业学校 - 教材　Ⅳ．① F232

中国版本图书馆 CIP 数据核字（2018）第 287194 号

中国劳动社会保障出版社出版发行
（北京市惠新东街 1 号　邮政编码：100029）
*
河北品睿印刷有限公司印刷装订　　新华书店经销
787 毫米 ×1092 毫米　16 开本　15.25 印张　255 千字
2018 年 12 月第 2 版　　2025 年 12 月第 9 次印刷
定价：29.00 元

营销中心电话：400-606-6496
出版社网址：http://www.class.com.cn
http://jg.class.com.cn

前　言

全国中等职业学校会计专业教材自出版以来，在学校教学中发挥了重要作用。近年来随着会计行业的发展变化，企业对从业人员的知识水平和职业能力提出了更高的要求。为适应这一变化，满足学校培养人才的需求，我们组织一批教学经验丰富、实践能力强的教师与行业、企业专家，在充分调研的基础上，对现有教材进行了修订。

本次教材修订工作的重点主要体现在以下几个方面：

◆ 更新教材内容。根据近年来会计政策和法规的变化，调整、更新了企业会计准则以及增值税、营业税等税收法规的内容；补充了会计理论的最新知识，强调了互联网时代在会计记账、核算、报税过程中对新技术和新设备的应用；完善了最新会计软件的操作方法，使得教材内容更加具有前瞻性，符合时代发展特点。

◆ 强化职业技能和职业素质培养。教材进一步加大技能训练的比重，在涉及到记账、出纳、成本核算、纳税等主要会计技能的教材中，更多地加入实践题例和操作指导，方便教师开展一体化教学。同时，将与会计行业相关的职业道德、职业操守等内容融入到教学知识、课堂问答、课后训练等各环节，以加强对学生职业素质的培养。

◆ 提升教材表现力。通过设置案例分析、知识链接、能力提示等不同栏目，增加教材的亲和力，激发学生的学习兴趣。同时，尽可能多地以图表代替冗长的文字叙述，使教材更加生动，易于学习。

◆ 加强立体化资源建设。习题册修订和教材修订同步进行，同时补充开发配套的电子课件。习题册答案及电子课件可登录 zyjy.class.com.cn，搜索相应的书目，在相关资源中下载。

本套教材的编写得到了有关学校的大力支持，教材的编审人员做了大量的工作，在此，我们表示衷心的感谢！同时，恳切希望广大读者对教材提出宝贵的意见和建议。

人力资源社会保障部教材办公室

目　录

CONTENTS

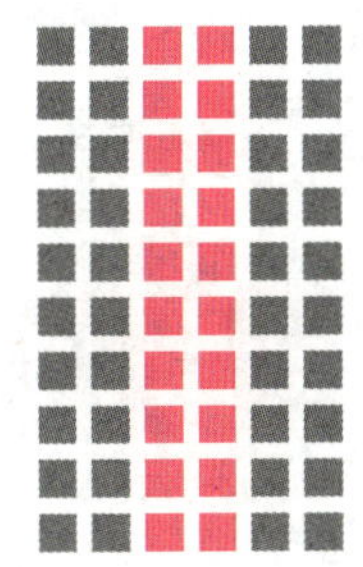

第一章
会计电算化概述

学习目标

- 掌握会计电算化的基本含义
- 了解会计电算化核算与手工会计核算的关系
- 了解我国会计电算化的发展
- 了解会计电算化的主要内容和岗位设置、会计电算化法规制度

会计电算化是指将电子计算机技术应用到会计业务处理工作中，应用计算机设备及会计软件替代手工完成会计工作的活动。会计电算化是传统会计与以计算机为核心的信息处理技术的结合，也是传统会计发展到一定阶段的产物。

第一节　会计电算化含义

一、会计电算化的概念

会计电算化的概念有狭义和广义之分。狭义的会计电算化是指以电子计算机为主体，实现当代电子信息技术在会计工作中的应用。广义的会计电算化是指与实现会计电算化有关的所有工作，包括会计软件的研发和应用、会计电算化的人才培训、制度建设等。

综上所述，会计电算化是通过电子计算机代替人工记账、算账、报账以及部分代替人脑完成对会计信息的分析、预测、决策的全过程，它是一门集电子计算机科学、管理科学、信息科学和会计科学为一体的边缘科学。

二、会计电算化核算与手工会计核算的关系

1. 会计电算化核算和手工会计核算的相同点

（1）目标一致

两者都是为了通过提供会计信息加强企业管理，遵循的基本会计理论和会计方法相同，遵守的会计法规和会计准则相同。

（2）工作要求相同

两者都需要采用复式借贷记账法进行账务登记与处理，均必须保存会计档案。

2. 会计电算化核算和手工会计核算的区别

（1）系统的设计方法不同

手工会计系统按职能组进行分工，以会计事项性质为依据组织会计工作。一般由会计师根据会计法规、会计准则、会计制度和行业特点，针对本企业工作的需要来设计。

会计电算化系统可分为数据信息收集、凭证编码、数据录入和处理、系统维护等专业组。以对数据编码的方式进行信息处理，是以数据的不同形态为主要依据来组织会计工作。一般由高级会计师、系统分析师和程序员在手工会计系统基

础上进行电算化系统分析和设计、编制程序并调试，以及对一系列计算机处理过程进行开发等。

由于会计电算化数据处理的代码化、程序化和自动化，其系统设计除要遵循基本的会计准则和会计制度外，还必须遵循特定的电算化制度，如账册、报表设计等要符合输出、打印要求等。

（2）账户设置和账簿登记方法不同

手工会计按会计要素类别设置账户，并据此设置和登记明细账、日记账和总账。而会计电算化的信息处理实现了代码化和自动化，通过规定不同的科目代码，对账户进行分类并据此对总账、明细账和日记账进行区分，按不同代码自动进行登记。

（3）账簿记录错误更正方法不同

结账前两者的处理方式基本相同，结账后手工会计可以采用划线更正法，并要求保持原有字迹仍可辨认。在会计电算化条件下，不存在手工会计条件下的划线更正法来更正差错。对于账簿记录，因合法性而出现的错误，可采用补充登记法或红字更正法予以修改。有些核算软件提供了反结账功能，可对已发生的错误凭证进行修改并删除原错误凭证，但一般情况下不提倡使用反结账的方法修改。

（4）对账、结账及期末账项调整的方式方法不同

手工会计在结账前往往需进行一系列对账工作，一般包括账证核对、账账核对和账实核对。在会计电算化条件下，除账实核对以外其他两项的核对要求及核对方式都发生了变化：一是账证核对需要进一步加强，因为计算机对资料的自动处理和共享调用，使记账凭证向计算机系统的录入近乎是会计核算的唯一数据输入环节，它的正确与否决定了后续其他各环节；二是账账核对基本可以取消，因为根据已录入到计算机的记账凭证登记总账、明细账、日记账的过程是由计算机程序自动完成的，它们之间的资料是一致的，所以以核对为目的的账账核对就基本失去了原来的意义。手工会计的结账和账项调整是由人工通过编制各种转账凭证来进行的，电算化会计的结账和账项调整则是由计算机根据结账指令自动进行的。

（5）会计信息处理和使用的方式方法不同

手工会计成本计算、编制报表等存在只能在月末进行的限制，而会计电算化只要发出指令，计算机可随时根据机内数据完成上述工作。

例如，如果在程序中作出标识，计算机完全可以将特定期间权责发生制下的会计数据和信息，按收付实现制进行归集，从而改进现行现金流量表的编制方法。

总之，会计电算化不仅引起了会计系统内在的变化，改变了系统的功能，同时也最大程度地提高了会计工作和会计信息的质量。

两者数据处理流程对比如图 1—1、图 1—2 所示。

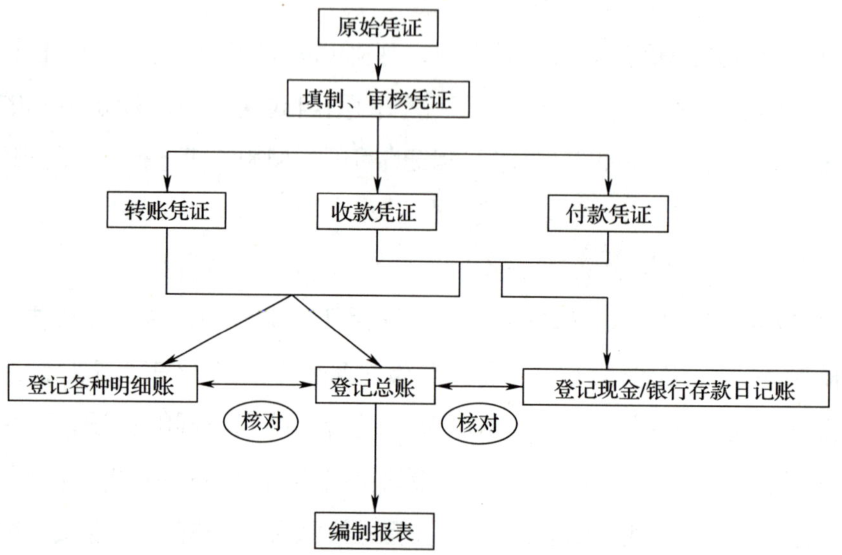

图 1—1　手工会计核算数据处理流程图

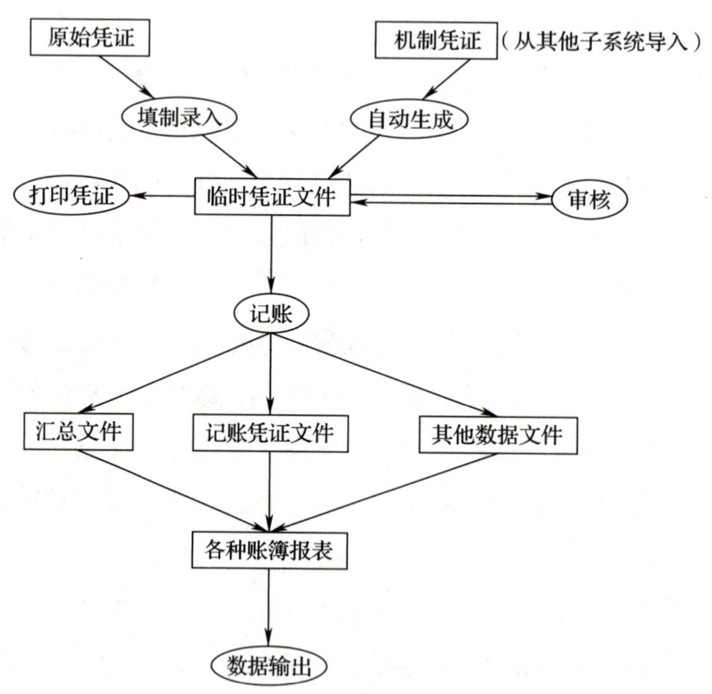

图 1—2　会计电算化核算系统数据处理流程图

第二节　会计电算化内容和岗位设置

一、会计电算化的主要内容

从会计电算化信息系统的角度看，会计电算化是一个人机结合的系统。它的基本内容包括人员、计算机硬件、计算机软件和会计规范。

1. 从会计电算化发展过程划分

从会计电算化发展过程看，会计电算化主要分为会计核算电算化和会计管理电算化两个阶段。

（1）会计核算电算化内容

运用会计核算软件设置会计科目、填制会计凭证、登记会计账簿、进行成本计算、编制会计报表等，以实现会计数据处理电算化。

（2）会计管理电算化内容

利用会计核算提供的数据和其他经济数据，借助计算机会计管理软件帮助会计人员合理地筹措资金、运用资金、控制成本费用开支、编制财务计划，辅助管理者进行投资、筹资、生产、销售等决策分析。

2. 从会计电算化工作划分

从会计电算化工作的角度看，会计电算化工作的基本内容包括：会计电算化工作的组织和规划、会计电算化信息系统的建立、会计电算化管理制度的建立、会计人员的培训、会计电算化信息系统的管理、计算机审计等。

二、会计电算化条件下会计工作岗位的设置

在会计电算化条件下，科学、合理地设置会计工作岗位，明确各岗位的职责和权限是十分必要的，一方面可以加强内部监督，保护资金财产的安全；另一方面可以提高会计电算化的工作效率。

会计电算化岗位是指直接管理、操作、维护计算机及会计软件系统的岗位。会计电算化岗位的设置，除要考虑会计人员工作规则外，还要受单位电算化系统

模式及规模的制约，这种制约甚至是决定性的。单位采用的系统大小、复杂程度都能对岗位设置产生重要影响。具体来说，比较完善的会计电算化系统应设置以下会计工作岗位：

1. 电算主管岗位

负责协调计算机及会计软件系统的运行工作，可以由会计主管兼任。

2. 软件操作岗位

负责输入记账凭证和原始凭证等会计数据，输出记账凭证、会计账簿、报表和进行部分会计数据处理，要求具备会计知识及上机操作知识，达到掌握会计电算化初级知识和技能的水平，可由基本会计岗位的会计人员兼任此岗位。

3. 审核记账岗位

负责对输入计算机的记账凭证和原始凭证等数据进行审核，要求具备会计和计算机知识，由具有会计师以上职称的财会人员担任。

4. 系统维护岗位

负责计算机硬件、软件的正常运行，管理机内会计数据，要求具备计算机和会计知识，由经过会计电算化中级培训的人员担任。采用大型、小型计算机和计算机网络会计软件的单位应专门设立此岗位，由专职人员担任。

5. 电算审查岗位

负责监督计算机及会计软件系统的运行，防止利用计算机进行舞弊，可以由会计稽核人员担任。

6. 数据分析岗位

负责对计算机内的会计数据进行分析，可以由主管会计兼任。

7. 会计档案资料保管员岗位

负责存档数据盘、程序软盘及输出的账表、凭证和各种会计档案资料的保管工作，做好软盘、数据及资料的安全保密工作。

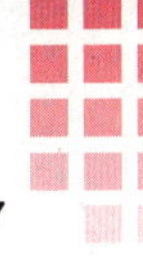

注意：基本会计岗位和电算化会计岗位可在保证会计数据安全的前提下交叉设置，以保持相对稳定。中小型单位和使用小规模会计电算化系统的单位，可根据本单位的工作情况，设立一些必要的电算化岗位，多个岗位可以由一个人担任。

第三节　会计核算软件

会计核算软件是以会计理论和会计方法为核心，以会计制度为依据，以计算机及其应用技术为技术基础，以会计数据为处理对象，以为会计核算、财务管理和企业管理提供信息资料为目标，将计算机技术应用于会计工作的软件系统。

一、会计核算软件的含义及类别

会计核算软件是专门用于会计核算工作的计算机应用软件，包括采用各种计算机语言编制的用于会计核算工作的计算机程序。

会计核算软件分为通用会计核算软件和专用会计核算软件两类。

1. 通用会计核算软件

通用会计核算软件一般是指由专业软件公司研制，在市场上销售，能适应不同行业、不同单位会计核算与管理基本需要的会计核算软件，其特点是一次开发、多次使用，并可供多个单位使用。我国通用软件以商品软件为主，研制效益比较高，价格相对较低，因此，通用会计核算软件是会计核算软件的发展主流。

2. 专用会计核算软件

专用会计核算软件一般是指由使用单位自行开发或委托其他单位开发，供本单位使用的会计核算软件，其特点是只针对本单位实际情况而开发。

二、会计核算软件的功能模块

1. 会计核算软件功能模块的含义

会计核算软件功能模块是指会计核算软件中有相对独立的会计数据输入、处理和输出功能的各个组成部分。会计核算软件功能模块通常也被称为子系统或系统。

2. 会计核算软件功能模块的基本构成

一个完整的会计核算软件必定包含账务处理模块，其他职能模块将直接或间接与账务处理模块发生联系，会计核算软件的功能模块一般可以划分为账务处理系统、工资管理系统、固定资产管理系统、报表管理系统以及存货核算系统、成本核算系统、应收应付款核算系统、销售核算系统和财务分析系统等。

（1）账务处理系统

账务处理系统是会计核算软件的核心模块，各系统之间存在着密切的信息传递关系，通常采用财务处理中心式，如图 1—3 所示。

账务处理系统主要包括：账务初始、建账、凭证处理、输入、审核、汇总查询、对账、结账、打印输出、其他辅助功能等。

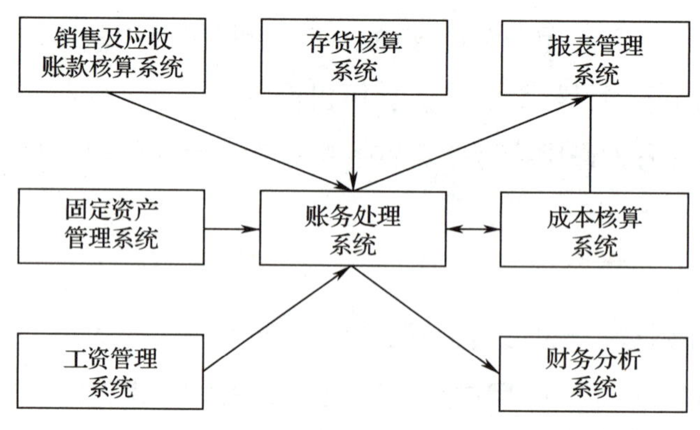

图 1—3　财务处理中心式

（2）工资管理系统

工资管理系统主要包括：设计工资项目及项目计算公式、录入职工工资基础资料、增减变动及修改、计算汇总、查询、打印输出等。

（3）固定资产管理系统

固定资产管理系统主要包括：建立固定资产卡片、建立固定资产账簿、录入固定资产变动情况、计提固定资产折旧、汇总计算、查询及打印输出、编制转账凭证等。

（4）报表管理系统

报表管理系统主要包括：报表定义、报表计算、报表汇总、报表查询、报表输出等。

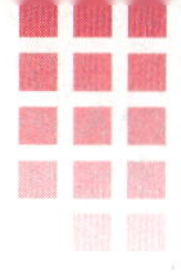

（5）其他系统

其他系统主要包括：存货核算系统、成本核算系统、应收应付款核算系统、销售核算系统和财务分析系统等。根据行业的特点，又可分为零售业进销存核算系统、批发业进销存核算系统等。根据管理的需要，还可分为劳资人事管理系统、国有资产管理系统等。

三、会计核算软件的选择

由于会计核算软件比较多，分别适用于不同的行业和运行环境，其功能和性能也各具特色，在选择时应进行全面考虑，主要包括以下几个方面：

1. 满足会计制度的要求

会计核算软件一般按行业分为不同的版本，如工业版、商品流通版、行政事业版等，应选择适合本行业特点的会计软件。同时，也应充分考虑软件是否满足会计制度的要求，满足会计核算与会计管理的需要。

企事业单位的规模、管理模式和业务处理的程序不同，对会计软件的要求也不相同。会计软件所提供的功能必须满足本单位具体会计业务和管理的需要，特别是一些特殊的业务要求，如外币核算、自动汇兑损益、部门管理、项目管理、预算管理等。

2. 满足会计业务变化和发展的需要

单位经济业务的发展可能引起会计业务的变化，如业务量的增加、业务处理流程的调整等。会计软件应当能够根据经济业务的变化，进行灵活的设置和扩充以适应经济发展的需要。

3. 会计核算软件的易用性、稳定性和安全可靠性

会计核算软件的易用性是指软件是否操作方便、界面是否友好、是否符合会计人员的习惯等，这些会直接影响会计核算软件的使用。

会计核算软件的稳定性是评价会计核算软件的一项重要指标，是指软件运行过程中是否会意外中断等。

会计核算软件的安全可靠性是指会计核算软件防止会计信息被泄露和破坏的能力以及会计软件防错、查错和纠错的能力。

4. 会计核算软件需要的计算机硬件和软件环境

会计核算软件需要的计算机硬件和软件环境包括网络体系结构、操作系统和数据库等，不同的软件对环境有不同的要求，应在保证软件要求的基础上，充分利用现有的条件，减少投资。

5. 会计核算软件售后服务

会计核算软件售后服务对用户来说至关重要，会计信息系统是一个连续运行的系统，不能间断。一旦系统中断正常运行，会给用户带来重大的损失。因此应认真考察会计核算软件售后服务情况，包括技术服务反应时间等。

第四节 会计电算化法规制度

一、我国颁布过的有关会计电算化的法规制度概述

我国会计电算化的管理体制，是财政部管理全国的会计电算化工作，地方各级财政部门管理本地区的会计电算化工作。各单位在遵循国家统一的会计制度和财政部门会计电算化发展规划的前提下，结合本单位情况，具体组织实施本单位的会计电算化工作。

财政部门管理会计电算化的基本任务是制定会计电算化发展规划并组织实施制定会计电算化法规制度，对会计核算软件及生成的会计资料是否符合国家统一的会计制度情况实施监督，组织开展会计电算化人才培训，以帮助各单位逐步实现会计电算化，提高会计工作水平。

为加强对会计核算软件的管理，财政部在 1989 年和 1990 年先后制定和颁布了《会计核算软件管理的几项规定（试行）》和《关于会计核算软件评审问题的补充规定（试行）》，对会计核算软件的基本要求、商品化会计软件的评审和会计软件使用单位的基本要求等都作出了规定。

在 1994 年重新修订的《中华人民共和国会计法》（以下简称《会计法》）中，我国第一次把会计电算化问题从法律上加以规范。《会计法》第十条第二款规定：“用电子计算机进行会计核算的，对使用的软件及其生成的会计凭证、会计账簿、

会计报表和其他会计资料的要求，应当符合国务院财政部的规定。”

1994 年 6 月 30 日，财政部以财会字〔1994〕27 号印发《会计电算化管理办法》(以下简称《办法》)。该《办法》共 12 条，由财政部负责解释，自 1994 年 7 月 1 日起施行。同时，1989 年 12 月 9 日财政部发布的《会计核算软件管理的几项规定（试行）》予以废止。2013 年 12 月 6 日，财政部以财会字〔2013〕20 号印发《企业会计信息化工作规范》(以下简称《规范》)。该《规范》第 49 条决定废止 1994 年 6 月 30 日财政部发布的《会计电算化管理办法》(财会字〔1994〕27 号)。

目前，《企业会计信息化工作规范》是指导会计电算化工作的法规制度。

二、我国相关法规中对企业实行会计电算化的具体要求

1. 企业应当充分重视会计信息化工作，加强组织领导和人才培养，不断推进会计信息化在本企业的应用。企业应当指定专门机构或者岗位负责会计信息化工作。未设置会计机构和配备会计人员的企业，由其委托的代理记账机构开展会计信息化工作。

2. 企业开展会计信息化工作，应当根据发展目标和实际需要，合理确定建设内容，避免投资浪费。

3. 企业开展会计信息化工作，应当注重信息系统与经营环境的契合，通过信息化推动管理模式、组织架构、业务流程的优化与革新，建立健全适应信息化工作环境的制度体系。

4. 大型企业、企业集团开展会计信息化工作，应当注重整体规划，统一技术标准、编码规则和系统参数，实现各系统的有机整合，消除信息孤岛。

5. 企业配备会计软件，应当根据自身技术力量以及业务需求，考虑软件功能、安全性、稳定性、响应速度、可扩展性等要求，合理选择购买、定制开发、购买与开发相结合等方式。定制开发包括企业自行开发、委托外部单位开发、企业与外部单位联合开发等。

6. 企业应当促进会计信息系统与业务信息系统的一体化，通过业务的处理直接驱动会计记账，减少人工操作，提高业务数据与会计数据的一致性，实现企业内部信息资源共享。

7. 企业应当根据实际情况，开展本企业信息系统与银行、供应商、客户等外部单位信息系统的互联，实现外部交易信息的集中自动处理。

8. 企业进行会计信息系统前端系统的建设和改造，应当安排负责会计信息

化工作的专门机构或者岗位参与，充分考虑会计信息系统的数据需求。

9. 企业应当遵循企业内部控制规范体系要求，加强对会计信息系统规划、设计、开发、运行、维护全过程的控制，将控制过程和控制规则融入会计信息系统，实现对违反控制规则情况的自动防范和监控，提高内部控制水平。

10. 对于信息系统自动生成且具有明晰审核规则的会计凭证，可以将审核规则嵌入会计软件，由计算机自动审核。未经自动审核的会计凭证，应当先经人工审核再进行后续处理。

11. 处于会计核算信息化阶段的企业，应当结合自身情况，逐步实现资金管理、资产管理、预算控制、成本管理等财务管理信息化。

12. 处于财务管理信息化阶段的企业，应当结合自身情况，逐步实现财务分析、预算管理、风险控制、绩效考核等决策支持信息化。

13. 分公司或子公司数量多、分布广的大型企业、企业集团应当探索利用信息技术促进会计工作的集中，逐步建立财务共享服务中心。

14. 实行会计工作集中的企业以及企业分支机构，应当为外部会计监督机构及时查询和调阅异地储存的会计资料提供必要条件。

15. 外商投资企业使用的境外投资者指定的会计软件或者跨国企业集团统一部署的会计软件，应当符合国家有关规定。数据服务器部署在境外的，应当在境内保存会计资料备份，备份频率不得低于每月一次。境内备份的会计资料应当能够在境外服务器不能正常工作时，独立满足企业开展会计工作的需要以及外部会计监督的需要。

16. 企业会计资料中对经济业务事项的描述应当使用中文，可以同时使用外国或者少数民族文字对照。

17. 企业应当建立电子会计资料备份管理制度，确保会计资料的安全、完整和会计信息系统的持续、稳定运行。

18. 企业不得在非涉密信息系统中存储、处理和传输涉及国家秘密，关系国家经济信息安全的电子会计资料；未经有关主管部门批准，不得将其携带、寄运或者传输至境外。

19. 企业内部生成的会计凭证、账簿和辅助性会计资料，同时满足下列条件的，可以不输出纸面资料：

（1）所记载的事项属于本企业重复发生的日常业务。

（2）由企业信息系统自动生成。

（3）可及时在企业信息系统中以人类可读形式查询和输出。

（4）企业信息系统具有防止相关数据被篡改的有效机制。

（5）企业对相关数据建立了电子备份制度，能有效防范自然灾害、意外事故和人为破坏的影响。

（6）企业对电子和纸面会计资料建立了完善的索引体系。

20. 企业获得的需要外部单位或者个人证明的原始凭证和其他会计资料，同时满足下列条件的，可以不输出纸面资料：

（1）会计资料附有外部单位或者个人的、符合《中华人民共和国电子签名法》的可靠的电子签名。

（2）电子签名经符合《中华人民共和国电子签名法》的第三方认证。

21. 企业会计资料的归档管理，遵循国家有关会计档案管理的规定。

22. 实施企业会计准则通用分类标准的企业，应当按照有关要求向财政部报送 XBRL（可扩展商业报告语言）财务报告。

练习题

1. 简述会计电算化的含义。
2. 简述会计电算化核算与手工会计核算的关系。
3. 会计电算化条件下有哪些会计工作岗位?
4. 通用会计核算软件有哪些特点?
5. 选择会计核算软件需要考虑哪些因素?

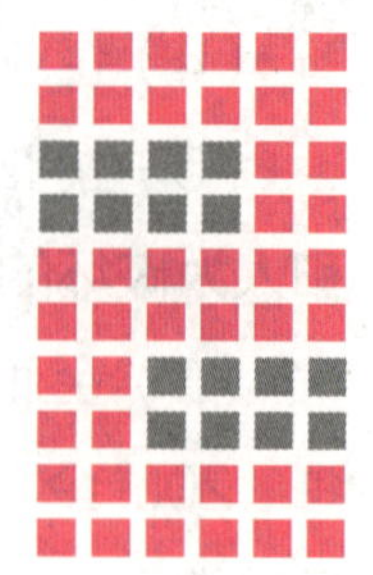

第二章 系统初始设置

学习目标

- 掌握用友管理软件的安装方法
- 掌握用友管理软件账套管理方法
- 掌握用友管理软件操作员权限设置
- 掌握用友管理软件账套基础档案设置
- 掌握用友管理软件总账系统初始设置方法

用友管理软件是实现全面精细化财务管理与业务控制的一体化管控信息平台，能够帮助企业快速准确地应对市场变化，促进企业安全、稳定、可持续的发展，同时满足企业决策者和管理者随时对内部信息的需求，提供方便、快捷、高效率的实时交互动态信息，实现实时管理。

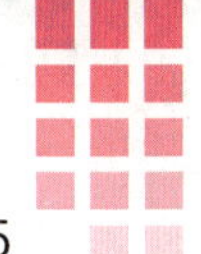

第一节 系统安装

一、用友管理软件的运行环境

1. 系统运行的硬件环境

（1）服务器最低配置：CPU：1.4 GB 以上；HD：40 GB 以上；RAM：512 MB 以上。

（2）客户端最低配置：CPU：800 MB 以上；HD：20 GB 以上；RAM：256 MB 以上。

2. 系统运行的软件环境

（1）操作系统：Windows2000/XP/Vista/7/8/10。

（2）数据库支持：MSDE2000+MSDECriticalUpdate（关键更新）/SQL2000/SQL2005（支持 Enterprise 与 server2005express）。

（3）网络协议：TCP/IP。

二、用友管理软件的安装步骤

1. 安装前准备工作

（1）根据用友管理软件运行环境要求，配置硬件环境和软件环境。

（2）检查计算机名称是否为全英文或全拼音，否则需要更改名称（计算机名称不能带中文和"—"，也不能以中文和数字打头）。

（3）关闭所有杀毒软件。

2. 具体安装步骤

（1）安装数据库

放入光盘，选择打开"MSDE2000"文件夹，双击"setup. exe"或

“MSDEStp 2000. exe”执行文件，如图2—1所示，单击“安装MSDE数据库”。

名称	修改日期	类型	大小
Msi	2014/11/13 星期...	文件夹	
MSM	2014/11/13 星期...	文件夹	
Setup	2014/11/13 星期...	文件夹	
autorun	2004/11/22 星期...	安装信息	2 KB
license	2005/4/27 星期...	文本文档	6 KB
msvcr71.dll	2004/11/29 星期...	应用程序扩展	340 KB
readme	2004/12/2 星期...	文本文档	2 KB
ReadmeSql2k32desksp4	2005/5/4 星期三 ...	360 Chrome HT...	119 KB
setup	2005/5/3 星期二 ...	应用程序	232 KB
setup	2004/1/5 星期一 ...	配置设置	1 KB
setup.rll	2005/5/4 星期三 ...	应用程序扩展	52 KB
sqdedev.dll	2005/5/4 星期三 ...	应用程序扩展	124 KB
sqlresld.dll	2005/5/4 星期三 ...	应用程序扩展	35 KB
sqlsut.dll	2005/5/4 星期三 ...	应用程序扩展	272 KB
sqlunirl.dll	2005/5/4 星期三 ...	应用程序扩展	188 KB

图2—1 安装数据库

（2）安装用友管理软件

放入光盘，选择打开“用友T3标准版”，双击“AutoRun. exe”或“setup. exe”可执行文件，选择安装路径，进行软件安装，如图2—2所示。程序安装完成后，系统将提示“重新启动计算机”，单击“完成”进行重启。计算机重启后，系统将自动创建系统数据库，提示“是否立即建立账套”，单击“否”。上述操作完成后则表示软件已安装成功。

名称	修改日期	类型	大小
AutoRun	2011/11/21 星期...	应用程序	6,406 KB
autorun	2008/11/4 星期...	安装信息	1 KB
MSDE2000RelA	2012/6/6 星期三 ...	文件夹	
MSSQLSERVER2005	2012/6/6 星期三 ...	文件夹	
SQL2KSP4	2012/6/6 星期三 ...	文件夹	
T3-用友通标准版	2012/6/6 星期三 ...	文件夹	
UU通	2012/6/6 星期三 ...	文件夹	
帮助	2012/6/6 星期三 ...	文件夹	
产品插件	2012/6/6 星期三 ...	文件夹	
环境检测	2012/6/6 星期三 ...	文件夹	
会计桌面	2012/6/6 星期三 ...	文件夹	
远程通	2012/6/6 星期三 ...	文件夹	

图2—2 安装用友管理软件

安装要点：

● 安装数据库和用友管理软件时，一定要注意安装顺序，先安装数据库，再安装用友管理软件，顺序不能颠倒。

● 若计算机操作系统为Windows7/8，或者按顺序正确安装数据库和用友管理软件后，计算机重启提示“不能连接到服务器”以及“SQL Server需要输入超级用户（sa）口令”，均需要右键单击“我的计算机”，选择“管理”，启

动“服务”中的“MSSQL SERVER”“SQL SERVERAGENT”和“用友通”，并将“启动类型”和“服务状态”修改为“启动”。

● 使用杀毒软件杀毒时，需要注意数据库和用友管理软件相关插件，避免因误删而造成用友管理软件无法运行。

第二节　建立账套与操作员权限设置

一、系统管理

系统管理模块是用友管理系统为各个子系统提供的公共管理平台，其主要作用是对整个系统实行统一的操作管理和数据协调，系统管理员通过该模块可以管理整个账套。账套就是系统为用户所建立的一整套账。该模块中可以实现账套的建立、修改、删除、备份和恢复、操作员的设置以及权限分配等功能。

系统管理模块只允许两种身份注册进入，一是系统管理员身份；二是账套主管身份。第一次启动该模块，必须以系统管理员的身份注册登录。

操作步骤为：

（1）双击桌面上的“系统管理”图标，打开系统管理模块，如图2—3所示。

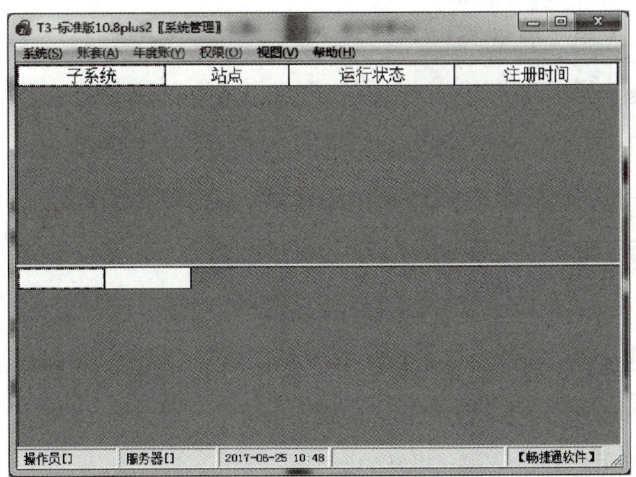

图2—3　“系统管理”界面

（2）单击“系统”菜单中的“注册”命令，弹出“注册控制台”对话框，如图2—4所示。

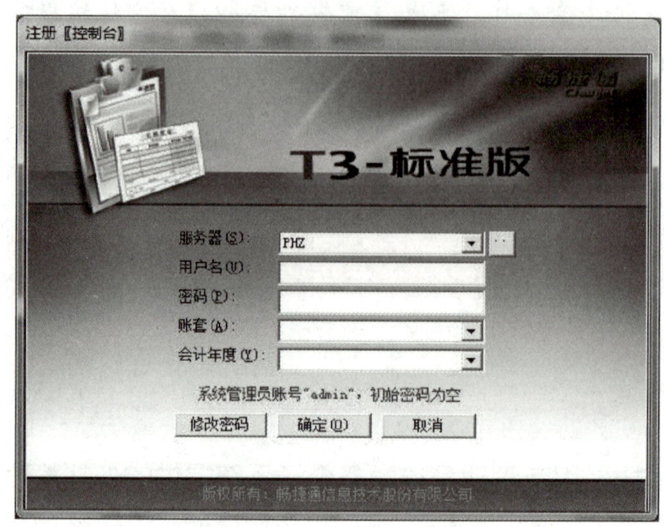

图2—4 “注册控制台”对话框

（3）在用户名栏输入“admin”，单击“确定”按钮，即以系统管理员身份进入系统管理。系统管理注册完毕后，就可以进行系统管理的其他操作。

注意：admin是系统默认的系统管理员，不允许任何删改，本教材为教学方便，设定其密码为空，在实际工作中为了保证系统的安全，必须为其设置密码。

二、操作员管理

操作员是指有权登录并使用系统的人。使用财务软件时，首先应明确指定各系统授权的操作人员，并对其使用权限进行明确规定，以避免无关人员对系统进行非法操作。操作员管理包括操作员的增加、修改和删除，由系统管理员进行管理。

增加操作员时，应录入操作员编号、姓名、口令和所属部门。其中操作员编号在系统中必须是唯一的，即使在不同的账套中操作员编号也不能重复。操作员姓名应为真实姓名，因为操作员姓名会出现在所处理的票据和凭证上。口令是操作员身份的识别标记，第一次输入时由系统管理员赋予，操作员登录系统后应立即修改密码，以确保密码的安全性。

下面举例说明增加操作员的操作步骤。

【例2—1】根据以下资料进行操作员的增加设置（见表2—1）。

表 2—1 操作员信息

编号	姓名	口令	所属部门
01	陈晓燕	01	财务部
02	王萍	02	财务部
03	刘鹏	03	财务部

操作步骤为：

（1）在系统管理窗口单击“权限”菜单中的“操作员”命令，弹出“操作员管理”对话框，并显示系统预设的几位操作员，如图 2—5 所示。

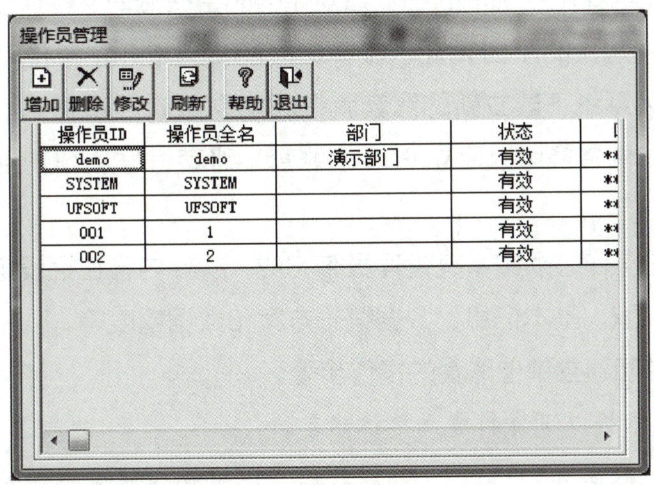

图 2—5 “操作员管理”对话框

注意：仅系统管理员有设置操作员权限。

（2）单击“增加”按钮，出现“增加操作员”对话框，在编号栏输入表 2—1 中的操作员信息，如图 2—6 所示。

增加操作员

编号：01

姓名：陈晓燕

口令：*** 确认口令：***

所属部门：财务部

Ш通号：

帮助(H) 增加 退出

图 2—6 “增加操作员”对话框

（3）单击“增加”按钮可继续增加其他操作员，单击“退出”按钮表示放弃本次操作。

（4）操作员增加后，除操作员编号外，其他信息都可以进行修改，即在“操作员管理”窗口选中所要修改的操作员，单击“修改”按钮，对相应内容进行修改。

另外，也可单击“删除”按钮删除选中的操作员，但所设置的操作员一旦登录系统进行了业务操作，便不能再进行修改或者删除。

三、建立单位账套

账套是会计电算化系统下的一个独立完整的空白账簿文件体系，通俗地说就像是手工核算中购买的空白凭证、账本和报表。通常一个单位需要设置一个账套，会计电算化系统下建立新的账套就是利用财务软件建立一套计算机账簿文件。用友管理软件最多可以建立999个账套，账套编号从001到999，不允许重复。

建立账套的工作必须由系统管理员来完成，操作内容包括设置账套信息、单位信息、核算类型、基本信息、数据编码方案和数据精度等。

下面举例说明建立单位账套的操作步骤。

【例2—2】根据以下资料建立单位账套。

账套信息：账套号“111”，账套名称“广州曼丽服装有限公司”，采用默认账套路径，启用会计期为2017年1月，会计期间设置为1月1日至12月31日。

单位信息：单位名称“广州曼丽服装有限公司”，单位简称“曼丽服装”。

核算类型：该企业的记账本位币为人民币，企业类型为工业，行业性质为2007年新会计准则，账套主管为陈晓燕，按行业性质预置科目。

基本信息：该企业有外币核算，进行经济业务处理时需要对存货、客户、供应商进行分类。

分类编码方案：科目编码级次为4-2-2-2-2，其他编码采用系统默认设置。

数据精度：该企业对存货数量、单价需精确到小数点后两位。

系统启用：总账模块的启用日期为2017年1月1日。

操作步骤为：

（1）以系统管理员身份登录“系统管理”模块，单击“账套”菜单中的“建立”命令，出现“创建账套”对话框，如图 2—7 所示。

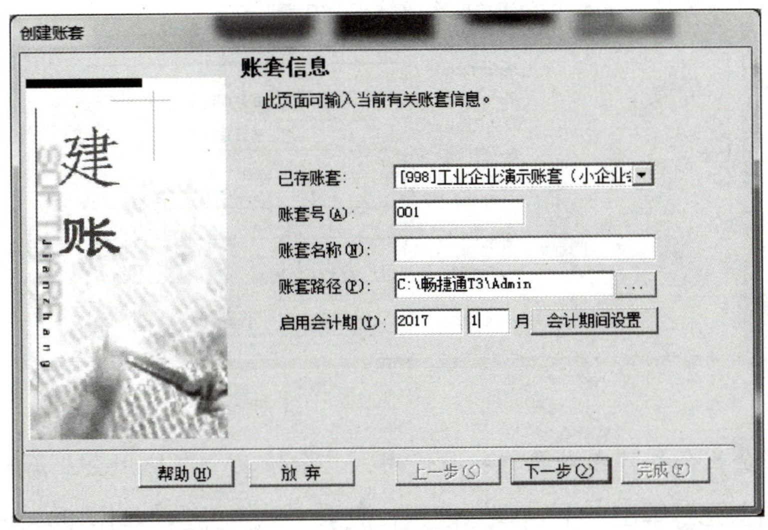

图 2—7　“创建账套”对话框

（2）输入相应账套信息。已存账套是系统中已经存在的账套，用户只能查看，不能输入或者修改。本例应在“账套号”栏输入“111”，“账套名称”栏输入“广州曼丽服装有限公司”，“账套路径”栏采用默认路径，“启用会计期”栏输入“2017 年 1 月”，如图 2—8 所示。

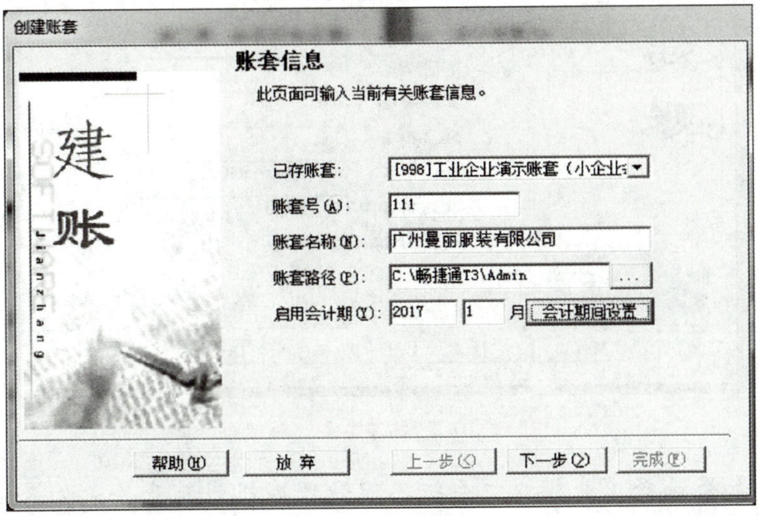

图 2—8　输入账套信息

（3）输入完毕单击“下一步”按钮，进入“单位信息”对话框。在“单位名称”栏输入用户单位全称“广州曼丽服装有限公司”，“单位简称”栏输入“曼丽服装”，其他栏目为任选项，如图 2—9 所示。

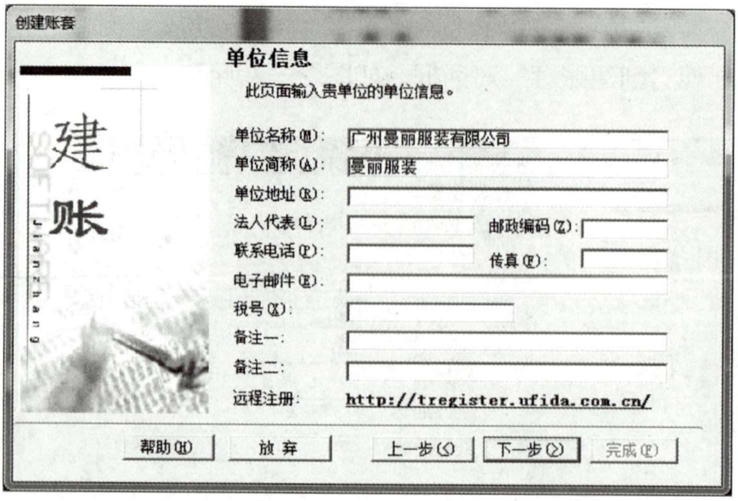

图 2—9 “单位信息”对话框

注意：企业全称只在发票打印时使用，其余情况全部使用企业简称。

（4）输入完毕单击“下一步”按钮，进入“核算类型”对话框。在“本币代码”栏默认 RMB，“本币名称”栏默认人民币，“企业类型”栏默认工业，“行业性质”选择“2007 年新会计准则”，“账套主管”选择“[01] 陈晓燕”，选中“按行业性质预置科目”复选框，如图 2—10 所示。

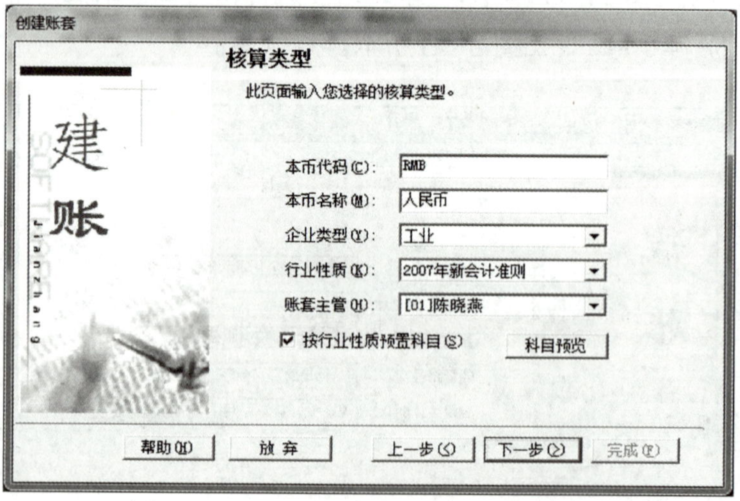

图 2—10 “核算类型”对话框

注意：如果选择工业模式，系统不能受理委托代销业务；如果选择商业模式，委托代销和受托代销业务都能进行处理。

（5）输入完毕单击“下一步”按钮，进入“基础信息”对话框。在“基础信息”对话框中，对“存货是否分类”“客户是否分类”“供应商是否分类”和“有无外币核算”四个复选框均进行选中操作，如图 2—11 所示。

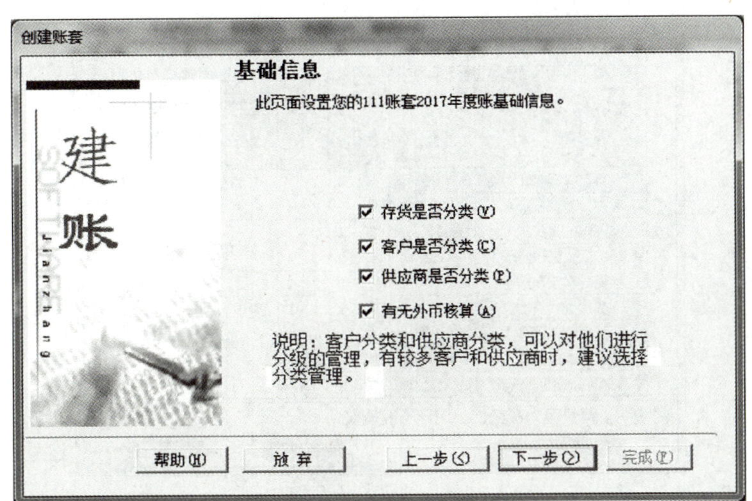

图 2—11 “基础信息”对话框

（6）输入完毕单击“下一步”按钮，进入“业务流程”对话框。在“业务流程”对话框中，“采购流程”和“销售流程”均采用默认标准流程，如图 2—12 所示。

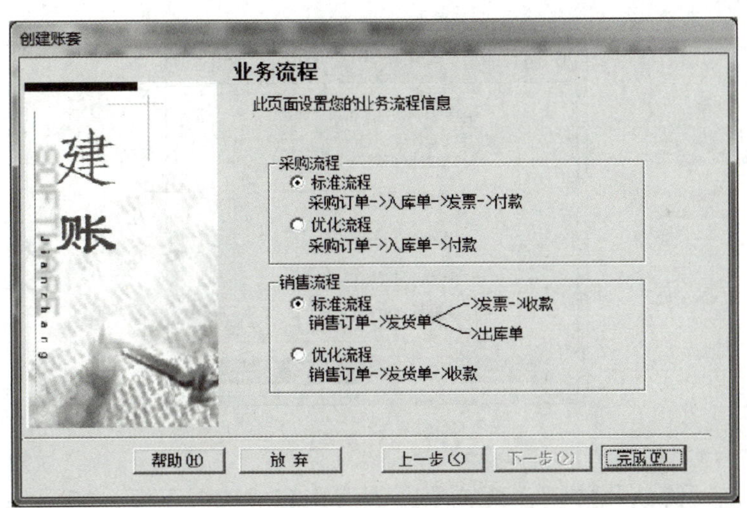

图 2—12 “业务流程”对话框

（7）输入完毕后单击“完成”按钮，系统出现“可以出现账套了吗”对话框，单击“是”按钮，进入“分类编码方案”对话框。该对话框主要是为了对经济业务数据进行分级核算、统计、管理而预先设置某些基础档案的编码规则，即规定各种编码的级次和各级的编码长度。如果需要删除级次必须从最后一级开始删除。本例应修改“科目编码级次”为“4-2-2-2-2”，其他项目采用默认值，如图 2—13 所示。

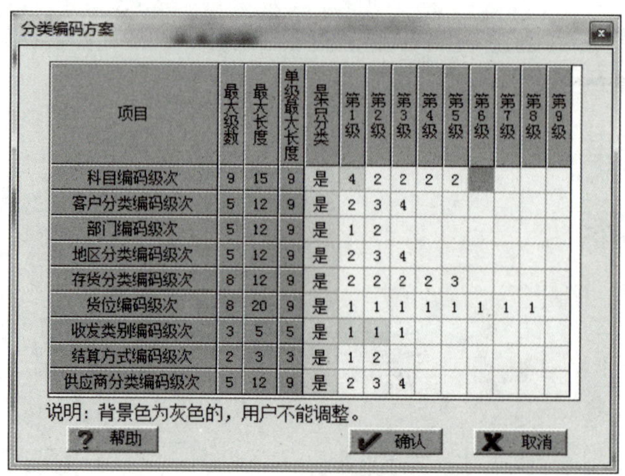
分类编码方案

项目	最大级数	最大长度	单级最大长度	是否分类	第1级	第2级	第3级	第4级	第5级	第6级	第7级	第8级	第9级
科目编码级次	9	15	9	是	4	2	2	2	2				
客户分类编码级次	5	12	9	是	2	3	4						
部门编码级次	5	12	9	是	1	2							
地区分类编码级次	5	12	9	是	2	3	4						
存货分类编码级次	8	12	9	是	2	2	2	2	3				
货位编码级次	8	20	9	是	1	1	1	1	1	1	1	1	
收发类别编码级次	3	5	5	是	1	1	1						
结算方式编码级次	2	3	3	是	1	2							
供应商分类编码级次	5	12	9	是	2	3	4						

说明：背景色为灰色的，用户不能调整。

帮助 确认 取消

图 2—13 “分类编码方案”对话框

注意：科目编码级次的第 1 级是由行业性质决定的，系统不支持修改操作。

（8）输入完毕后单击“确认”按钮，进入“数据精度定义”对话框，该对话框主要用于定义数据的保留小数位数，本例采用默认值，如图 2—14 所示。

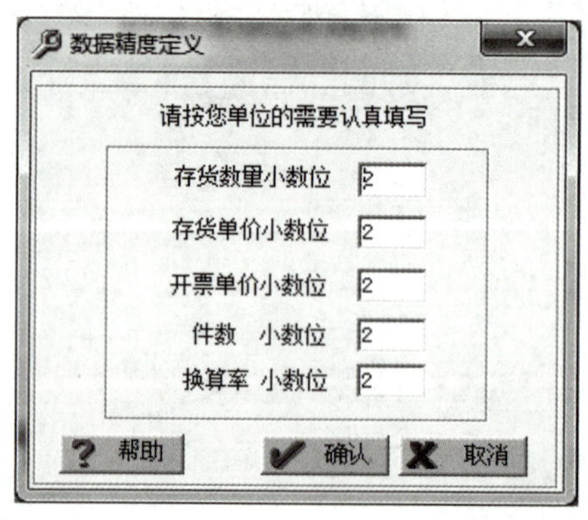

图 2—14 “数据精度定义”对话框

（9）单击“确认”按钮，系统出现创建账套成功提示框，如图 2—15 所示。

图 2—15 创建账套成功提示框

（10）单击“确认”按钮，系统出现“是否启用账套”提示对话框，选择“是”按钮，系统自动进入“系统启用”界面；如果选择“否”按钮，则返回

“系统管理”窗口，在“账套”菜单的“启用”命令中再进行设置。“系统启用”界面如图 2—16 所示。

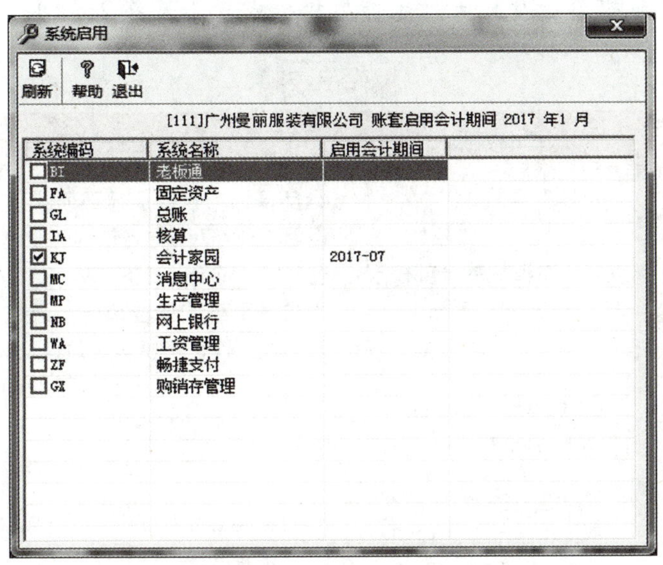

图 2—16 “系统启用”界面

注意：只有系统管理员和账套主管拥有系统启用权限。

（11）选中“总账”复选框，弹出“日历”对话框，选择日期 2017 年 1 月 1 日，如图 2—17 所示，单击“确定”按钮后退出系统。

日历

一月 2017

日	一	二	三	四	五	六
1	2	3	4	5	6	7
8	9	10	11	12	13	14
15	16	17	18	19	20	21
22	23	24	25	26	27	28
29	30	31	1	2	3	4
5	6	7	8	9	10	11

今天　确定

图 2—17 “日历”对话框

注意：建账所启用的会计期间必须涵盖总账的启用日期。

四、操作员权限设置

操作员权限设置就是对允许登录系统的操作员规定操作权限，也就是常说的岗位分工，以防止一切非法操作，保证会计电算化系统的安全性与保密性。

系统管理员和账套主管都可以对操作员权限进行设置，但两者的权限又有所区别。系统管理员负责指定或取消账套主管，并可以对系统内所有操作员进行授权，而账套主管则只能对其所管账套的操作员进行权限设置。

【例 2—3】根据以下资料进行操作员权限设置（见表 2—2）。

表 2—2　　操作员权限

姓名	岗位	具有权限	负责工作
陈晓燕	账套主管	系统所有模块的全部权限	负责财务软件运行环境的建立以及各项初始设置工作；负责财务软件的日常运行管理工作，监督并保证系统的有效、安全、正常运行；负责总账系统的凭证审核、记账、账簿查询、月末结账工作；负责报表管理及其财务分析工作
王萍	出纳	“现金管理”的全部权限 “总账－出纳签字”权限	负责现金、银行账管理工作
刘鹏	会计	“总账”的全部权限 “往来”的全部权限 “财务报表”的全部权限	负责总账系统的凭证管理工作、往来管理工作及报表管理工作

操作步骤为：

（1）以系统管理员（admin）身份登录系统管理模块，选择“权限”菜单中的“权限”命令，出现“操作员权限”对话框。在左侧的操作员列表中选择“01 陈晓燕”，在右侧第一行账套主管右边的下拉列表中选择“[111] 广州曼丽服装有限公司”，年度选择“2017”，账套主管复选框已被选中，这是因为在建立账套时已指定陈晓燕为账套主管，所以此处无须再设置，如图 2—18 所示。

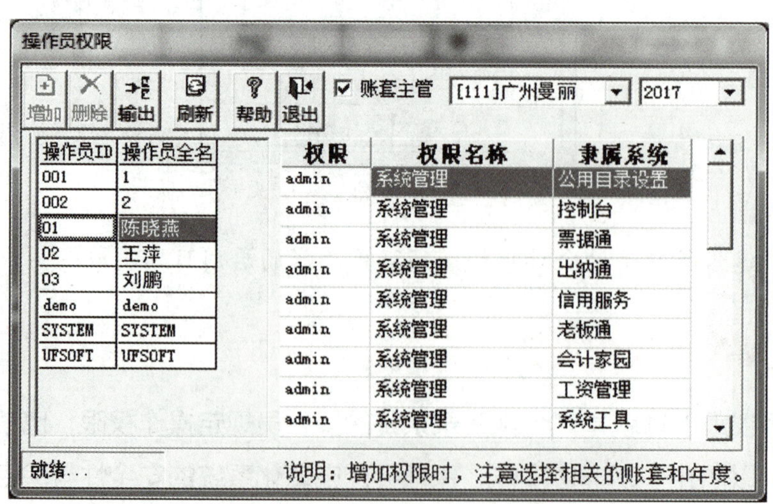

图 2—18 “操作员权限”对话框

注意：一个账套可以设置多个账套主管，账套主管自动拥有该账套的所有权限。

（2）在左侧的操作员列表中选择“02 王萍”，单击“增加”按钮，出现“增加权限——［02］”对话框，如图 2—19 所示。

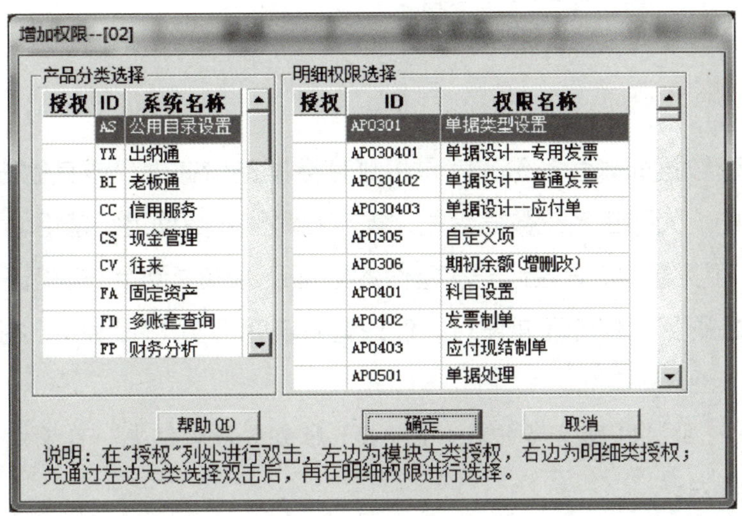

图 2—19 “增加权限——［02］”对话框（一）

（3）双击“产品分类选择”列表中“CS 现金管理”目录左侧的授权框，变为深蓝色表示选中，“明细权限选择”列表中显示已增加的权限。单击“总账”目录，双击选择右侧“明细权限选择”列表中的“出纳签字”权限，如图 2—20 所示。

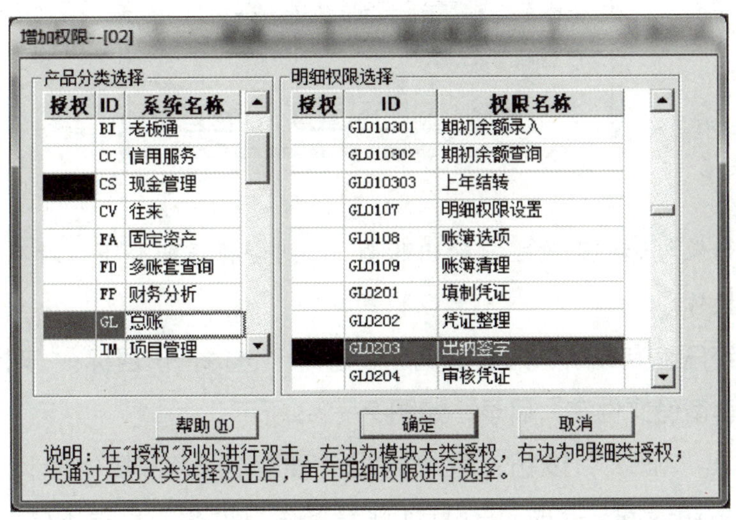

图 2—20 “增加权限——［02］”对话框（二）

注意：出纳签字的目的是为了加强对现金和银行存款增减业务的管理。

（4）同理，按上述步骤可以设置操作员刘鹏的权限为总账的凭证管理权限、往来管理权限及财务报表管理权限。设置完毕单击“退出”按钮，返回“系统管理”界面。

五、备份和恢复账套数据

1. 备份账套数据

备份账套数据即账套备份，就是将账套数据备份在硬盘或其他磁性介质上。在实际工作中，为防止系统数据丢失，需定期对账套数据进行备份，一旦系统内数据损坏，可以通过恢复最近一次备份的数据及时恢复到上一次备份的状态上，从而保证企业财务工作的正常进行，但只有系统管理员（admin）才能进行账套备份。

【例 2—4】将 111 账套备份在“E:\111 账套备份文件夹”目录中。

操作步骤为:

（1）以系统管理员（admin）身份登录系统管理模块。

（2）选择“账套”菜单中的“备份”命令，出现“账套输出”对话框，账套号选择“[111]广州曼丽服装有限公司”，如图 2—21 所示，单击“确认”按钮。

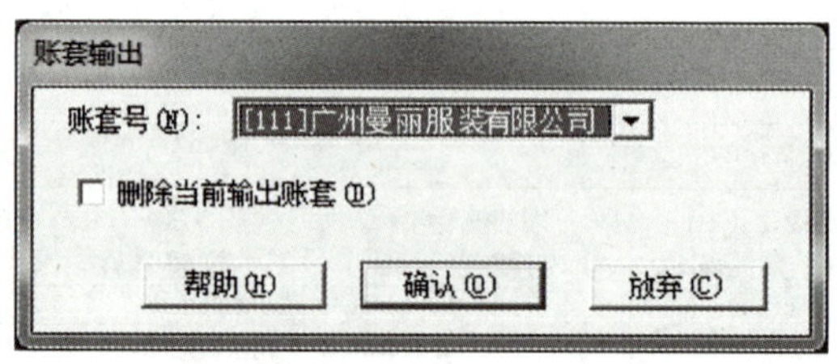

图 2—21 “账套备份”对话框

注意：如果勾选“删除当前输出账套”，则会将该账套下的所有数据彻底清除，需谨慎操作。

（3）系统压缩完成所选账套数据后，出现“选择备份目标:”对话框，选择“E:\111 账套备份文件夹”目录，如图 2—22 所示。

（4）单击“确认”按钮，系统出现“硬盘备份完毕”提示对话框，单击“确定”按钮返回。此时“E:\111 账套备份文件夹”目录下生成两个文件:UF2KAct. Lst 和 UFDATA. BA_。

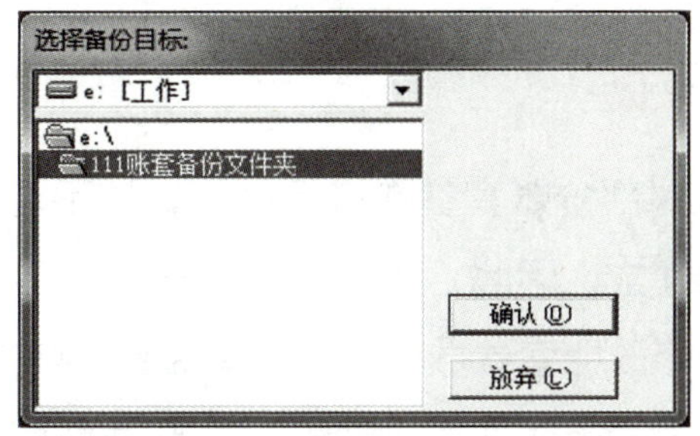

图 2—22 “选择备份目标:”对话框

2. 恢复账套数据

恢复账套数据即账套引入，就是将系统之外的某个账套数据引入到本系统中。通过账套备份输出的账套数据，必须通过账套恢复功能引入系统后才能使用。在实际工作中，一旦系统中的账套数据受损，可以引入备份好的账套数据，以保证后续工作正常开展。恢复账套数据将覆盖系统中同账号内的所有数据，且一旦覆盖便不能恢复，所以应谨慎操作，只有系统管理员才能进行账套恢复。

【例 2—5】将“E: \111 账套备份文件夹”目录中账套备份数据恢复到系统中。

操作步骤为:

（1）以系统管理员（admin）身份登录系统管理模块。

（2）选择“账套”菜单中的“恢复”命令，出现“恢复账套数据”对话框，选择“E: \111 账套备份文件夹”目录中的 UF2KAct. Lst 文件，单击“打开”按钮。因为系统内已存在 111 账套，所以系统会出现“此操作将覆盖［111］账套当前的所有信息，继续吗？”的提示，如图 2—23 所示。

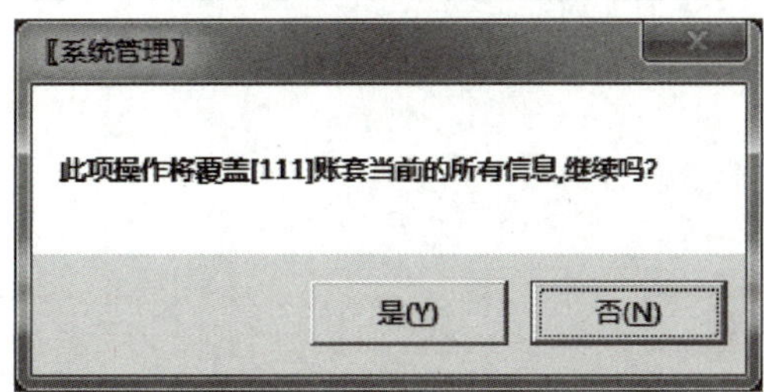

图 2—23 提示对话框

（3）单击“是”按钮，系统解压缩后出现“账套［111］恢复成功”提示对话框，单击“确定”按钮返回。

六、修改账套数据

账套建立后，可以对部分账套参数进行修改，如不能修改错误的账套参数，则只能删除此账套重新建立。因此，建立账套、设置账套参数时要慎重操作。

只有账套主管才能修改账套参数，如果此前是以系统管理员（admin）的身份登录系统管理，那么需要首先选择“系统”菜单中的“注销”命令，注销当前系统操作员。

【例 2—6】以“[111]广州曼丽服装有限公司”账套为例，修改账套数据。

操作步骤为：

（1）在系统管理界面，直接以账套主管的身份登录，即“用户名”栏输入“01”，“密码”栏输入“123”，单击“确定”按钮，进入“系统管理”模块。

（2）选择“账套”菜单中的“修改”命令，出现“修改账套”对话框，如图 2—24 所示。按建立账套的步骤一步步地进行修改（灰色项为不能修改的项目），直到账套修改成功。

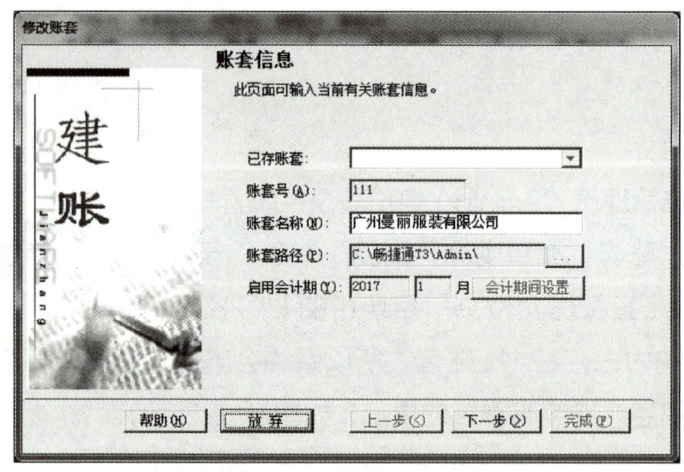

图 2—24 “修改账套”对话框

第三节 基础档案设置

一、设置基础档案信息

企业在进行日常操作之前，可以根据自身的实际情况和业务要求，建立公用基础信息资料，由各模块共享。一般需要设置以下基础档案信息，见表 2—3。

表 2—3 基础档案信息设置

基础档案内容	设置内容	
机构设置	部门档案	设置企业各个需要实行核算与管理的部门，设置的目的是为了方便按部门进行数据汇总和分析
	职员档案	设置企业需要对其进行核算和业务管理的职工信息，以便于进行相关处理
往来单位	客户分类	根据企业的实际需要按照某种分类标准对客户进行分类管理，以便于分类汇总统计
	客户档案	有利于企业更好地对客户进行管理
	供应商分类	根据企业的实际需要，按照某种分类标准对供应商进行分类管理，以便于分类汇总统计
	供应商档案	有利于企业更好地对供应商进行管理
	地区分类	根据客户和供应商所属地区进行分类，便于进行业务数据的录入、统计、分析
存货	存货分类	有利于企业更好地对存货进行管理
	存货档案	便于对存货进行核算、分析、统计
财务	会计科目	设置企业核算需要的会计科目
	凭证类别	设置企业核算需要的凭证类别
	外币	设置企业需要的外币和汇率
	项目目录	设置产品的各级分类名称
收付结算	结算方式	设置资金收付业务中需要的结算方式
	付款条件	设置企业与往来单位之间规定的现金折扣优惠条件
	开户银行	设置企业开户银行相关信息

【例 2—7】 以“[111] 广州曼丽服装有限公司”账套为例，录入基础档案。

操作步骤为：

（1）录入基础档案前，以账套主管身份登录用友管理软件，单击“开始”按钮，选择“所有程序”中“T3 系列管理软件”下的“T3”命令，打开“注册控制台”对话框。

（2）在“用户名”栏输入“01”，“密码”栏输入“123”，“账套”栏选择“[111] 广州曼丽服装有限公司”，“会计年度”栏输入“2017”，“操作日期”栏输入“2017-01-01”，如图 2—25 所示。

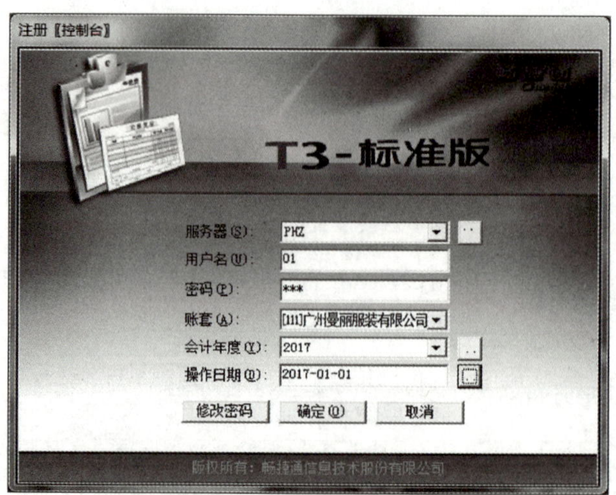

图 2—25 “注册控制台”对话框

（3）单击“确定”按钮，进入“期初档案录入”窗口，如图 2—26 所示。

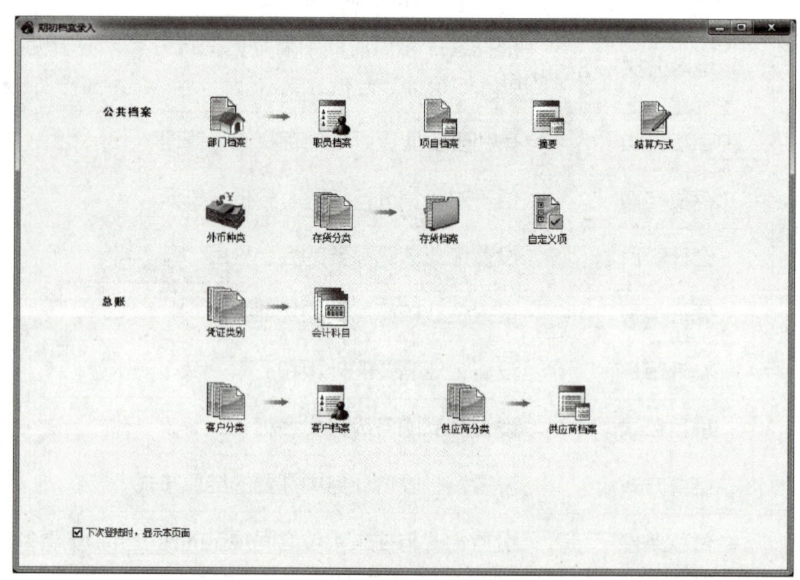

图 2—26 “期初档案录入”窗口

（4）可以关闭此窗口，然后从主界面中的“基础设置”菜单中选择相应的内容进行录入，如图 2—27 所示。

二、设置部门档案

这里的部门可以指构成整个企业的各职能部门，也可以指各个需要实行核算与管理的单元，不一定与企业设置的现存部门一一对应。设置部门档案的目的是为了方便按部门进行数据汇总和分析。部门设置后一经使用，就不能被修改或删除。

【例 2—8】根据以下资料进行部门档案设置（见表 2—4）。

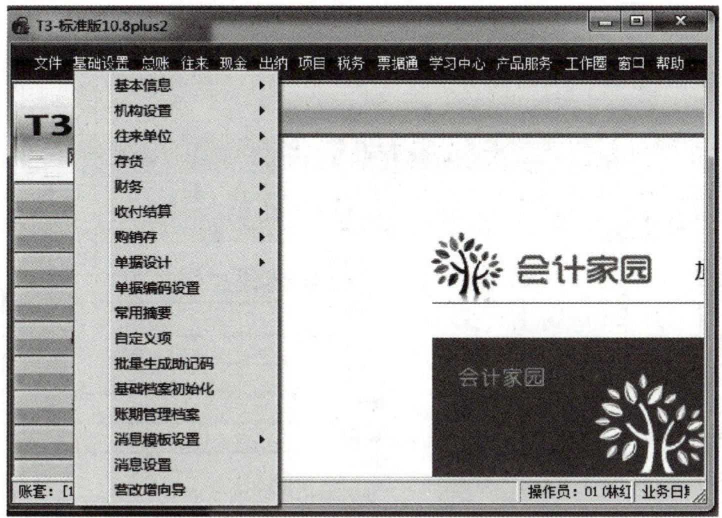

图 2—27　“基础设置”菜单

表 2—4　部门档案

部门编码	部门名称	部门编码	部门名称
1	总经理办公室	5	生产部
2	财务部	501	裁剪车间
3	销售部	502	加工车间
4	采购部		

操作步骤为：

（1）以账套主管的身份登录用友管理软件，在主界面中选择“基础设置”菜单中“机构设置”下的“部门档案”命令，进入“部门档案”对话框，如图 2—28 所示。

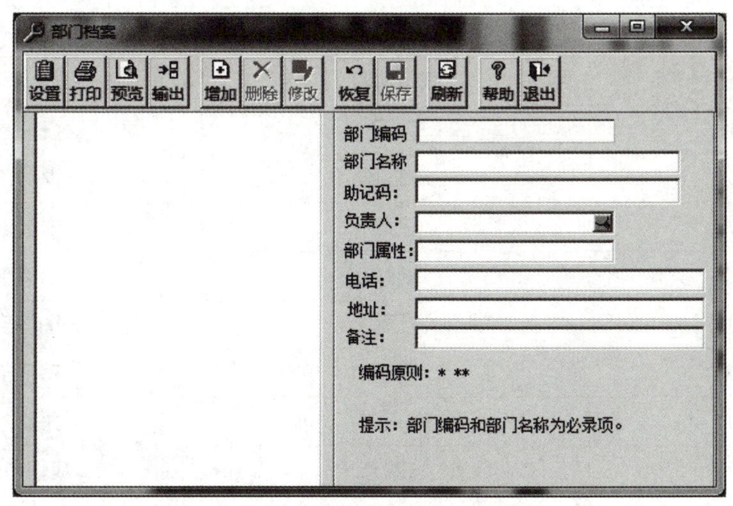

图 2—28　“部门档案”对话框（一）

（2）单击“增加”按钮，在“部门编码”栏输入1，“部门名称”栏输入“总经理办公室”，如图2—29所示。

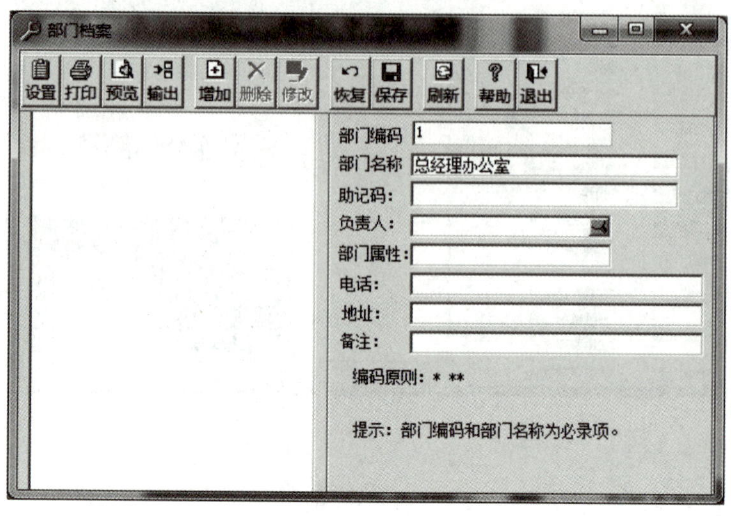

图2—29 “部门档案”对话框（二）

注意：负责人信息必须在职员档案建立完成后，通过修改功能补充输入。

（3）单击“保存”按钮，依次根据资料增加其他部门档案，增加完毕后，单击“退出”按钮退出系统。

三、设置职员档案

职员档案主要录入企业需要对其进行核算和业务管理的职员信息，以便于按照职员进行相关处理。

【例2—9】根据以下资料设置职员档案（见表2—5）。

表2—5　　职员档案

职员编号	职员名称	所属部门
101	张明	总经理办公室
201	陈晓燕	财务部
202	王萍	财务部
203	刘鹏	财务部
301	杜雨	销售部
302	周建	销售部
401	许云飞	采购部
501	马瑞芳	裁剪车间
502	徐晓新	加工车间

操作步骤为：

（1）以账套主管的身份登录用友管理软件，在主界面中选择“基础设置”菜单中“机构设置”下的“职员档案”命令，进入“职员档案”对话框，如图 2—30 所示。

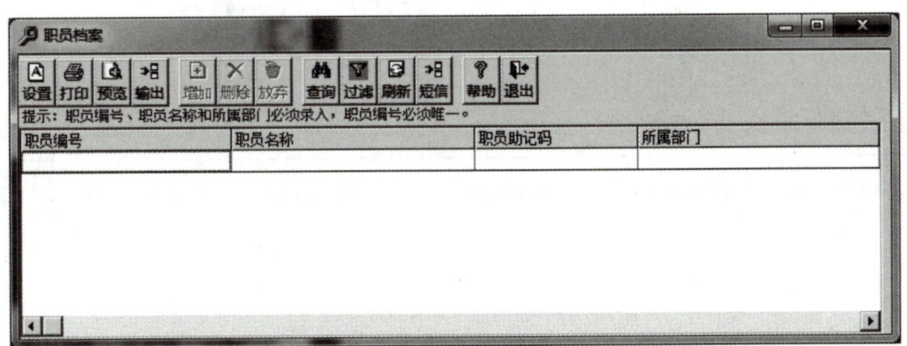

图 2—30　“职员档案”对话框

（2）双击职员编号，在“职员编号”栏输入 101，“职员名称”栏输入“张明”，双击“所属部门”栏，出现按钮，单击按钮，出现“部门参照”窗口（见图 2—31），双击“总经理办公室”选项后返回，此处也可直接输入部门名称或部门编码。本行输入完成后，按“回车”键或者点击“增加”按钮进入下一行，上一行内容会自动保存。输入一个职员的档案信息后，可单击“刷新”按钮查看最新输入的职员信息。

部门参照

部门编号	部门名称	部门助记码	负责人
1	总经理办公室	ZJLBGS	
2	财务部		
3	销售部		
4	采购部		
501	裁剪车间		
502	加工车间		

图 2—31　“部门参照”窗口

（3）依次根据资料增加其他职员档案，增加完毕后，如图 2—32 所示，单击“退出”按钮退出系统。

注意：输入一个职员的档案信息后，必须按“回车”键或点击“增加”按钮才能保存。

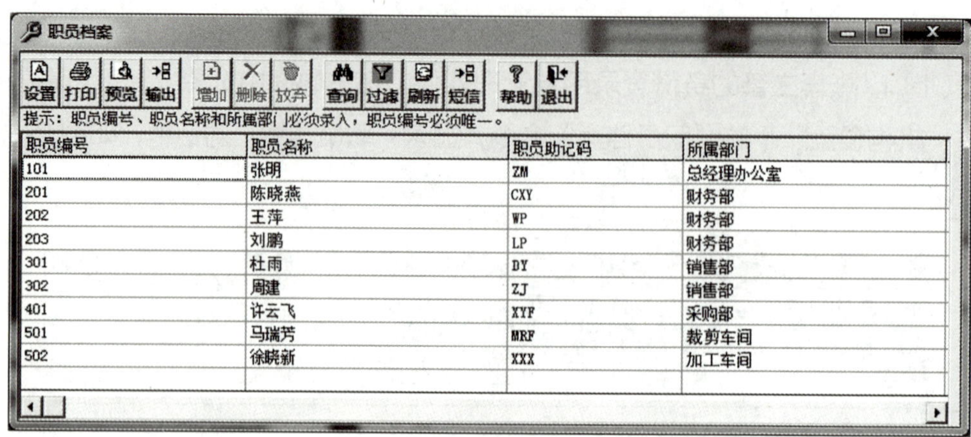

职员编号	职员名称	职员助记码	所属部门
101	张明	ZM	总经理办公室
201	陈晓燕	CXY	财务部
202	王萍	WP	财务部
203	刘鹏	LP	财务部
301	杜雨	DY	销售部
302	周建	ZJ	销售部
401	许云飞	XYF	采购部
501	马瑞芳	MRF	裁剪车间
502	徐晓新	XXX	加工车间

图 2—32 “职员档案”窗口

四、设置客户、供应商、地区分类信息

1. 设置客户分类信息

当企业的往来客户较多时，为便于分类汇总统计，可以根据企业的实际需要按照某种分类标准对客户进行分类管理。

如果在建立账套时选择了客户分类，就需要先在此设置好客户分类，再进一步增加客户档案；如果在建立账套时没有选择客户分类，则可以直接建立客户档案。

【例 2—10】根据以下资料设置客户分类信息（见表 2—6）。

表 2—6 客户分类

分类编码	分类名称
01	国有企业
01001	本地
01002	外地
02	非国有企业
02001	本地
02002	外地

操作步骤为：

（1）以账套主管的身份登录用友管理软件，在主界面中选择“基础设置”菜单中“往来单位”下的“客户分类”命令，进入“客户分类”对话框，如图 2—33 所示。

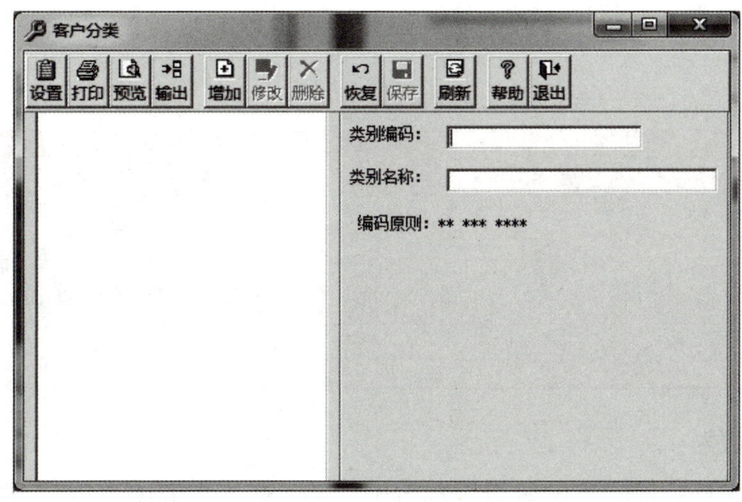

图 2—33 “客户分类”对话框（一）

（2）单击“增加”按钮，在“类别编码”栏输入“01”，“类别名称”栏输入“国有企业”，单击“保存”按钮。依次根据资料增加其他客户分类信息，增加完毕后，如图 2—34 所示，单击“退出”按钮退出系统。

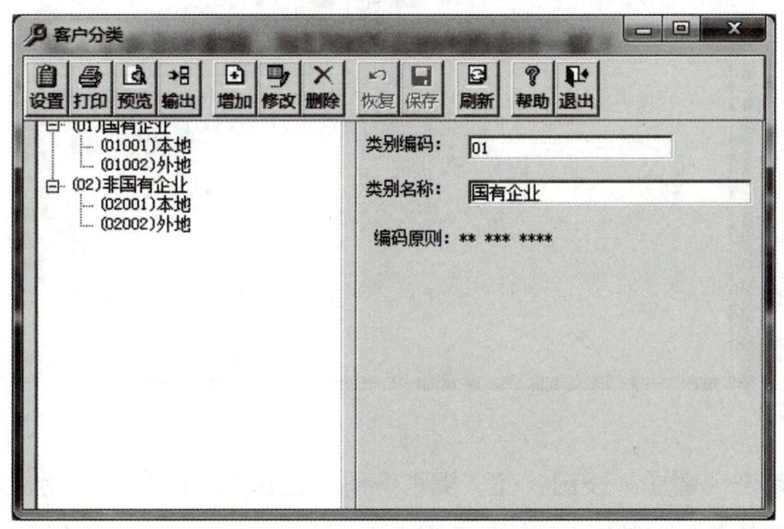

图 2—34 “客户分类”对话框（二）

2. 设置供应商分类信息

当企业的供应商较多时，为便于分类汇总统计，可以根据企业的实际需要按照某种分类标准对客户进行分类管理。

如果在建立账套时选择了供应商分类，就需要先在此设置好供应商分类，再进一步增加供应商档案；如果在建立账套时没有选择供应商分类，就可以直接建立供应商档案。

【例 2—11】根据以下资料设置供应商分类信息（见表 2—7）。

表 2—7 供应商分类

分类编码	分类名称
01	主料供应商
02	辅料供应商
03	其他

操作步骤为：

（1）以账套主管的身份登录用友管理软件，在主界面中选择“基础设置”菜单中“往来单位”下的“供应商分类”命令，进入“供应商分类”对话框，如图 2—35 所示。

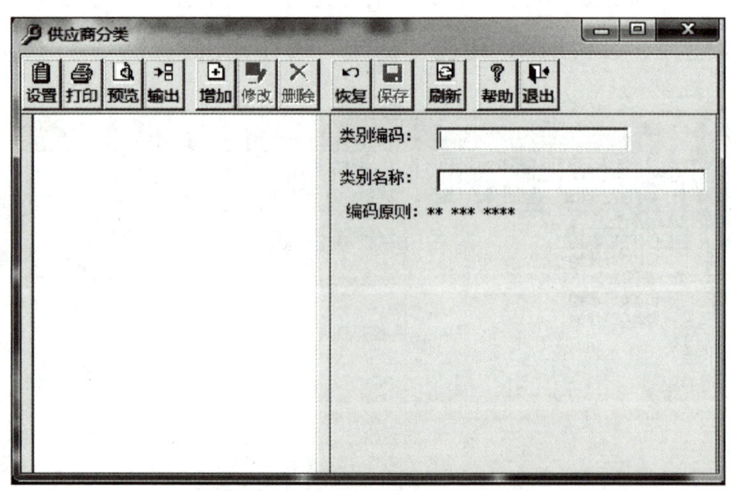

图 2—35 “供应商分类”对话框

（2）单击“增加”按钮，在“类别编码”栏输入“01”，“类别名称”栏输入“纸张供应商”，单击“保存”按钮。

（3）依次根据资料增加其他地区分类信息，增加完毕后，单击“退出”按钮退出系统。

3. 设置地区分类信息

将客户和供应商所属地区进行分类，可以便于业务数据的录入、统计、分析工作。

【例 2—12】根据以下资料设置地区分类信息（见表 2—8）。

表 2—8 地区分类

分类编码	分类名称
01	华东地区
02	华北地区
03	华南地区
04	其他

操作步骤为：

（1）以账套主管的身份登录用友管理软件，在主界面中选择“基础设置”菜单中“往来单位”下的“地区分类”命令，进入“地区分类”对话框，如图 2—36 所示。

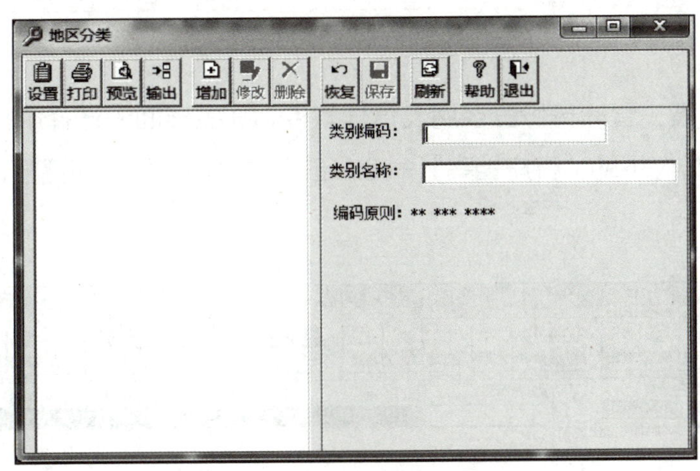

图 2—36 “地区分类”对话框

（2）单击“增加”按钮，在“类别编码”栏输入“01”，“类别名称”栏输入“华东地区”，单击“保存”按钮。

（3）依次根据资料增加其他地区分类信息，增加完毕后，单击“退出”按钮退出系统。

五、设置客户、供应商档案

1. 设置客户档案

客户是企业的重要资源，利用计算机进行相应资料档案的设置，有利于企业更好地对客户进行管理。

【例 2—13】根据以下资料设置客户档案信息（见表 2—9）。

表 2—9 客户档案信息

客户编号	客户名称	客户简称	所属分类码	所属地区码	地址	邮政编码
001	广州市广百股份有限公司	广州广百	01001	03	广州市西湖路 12 号	510030
002	北京邦达公司	北京邦达	02002	02	北京市朝阳区劲松路 115 号	100035
003	长沙利群超市	长沙利群	01002	03	长沙市黄花路 78 号	410001
004	大连友谊有限公司	大连友谊	01002	04	大连市尖山街 45 号	116020

操作步骤为：

（1）以账套主管的身份登录用友管理软件，在主界面中选择“基础设置”菜单中“往来单位”下的“客户档案”命令，进入“客户档案”对话框，如图 2—37 所示。

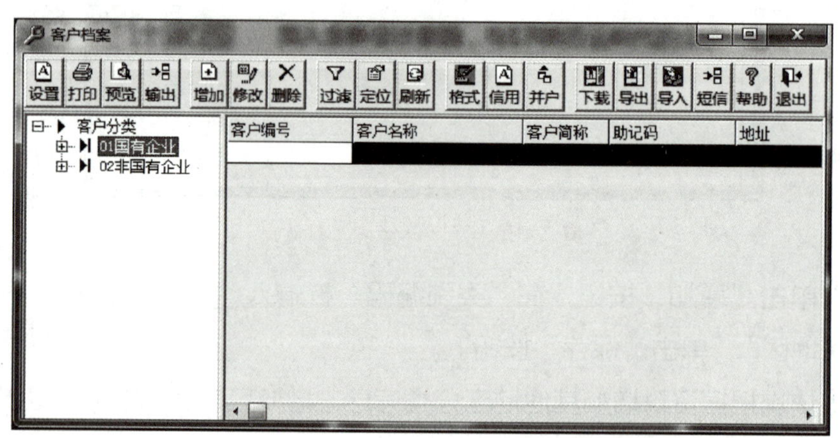

图 2—37 “客户档案”对话框

注意：客户档案必须建立在最末级客户分类下。

（2）单击“01 国有企业”，选择“01001 本地”，单击“增加”按钮，出现“客户档案卡片”对话框，如图 2—38 所示。

（3）在基本选项卡中，“客户编号”栏输入“001”，“客户名称”栏输入“广州市广百股份有限公司”，“客户简称”栏输入“广州广百”，“所属地区码”栏输入“03”。在联系选项卡中，“地址”栏输入“广州市西湖路 12 号”，“邮政

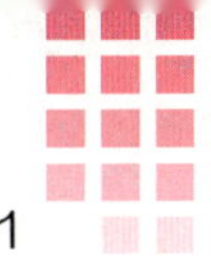

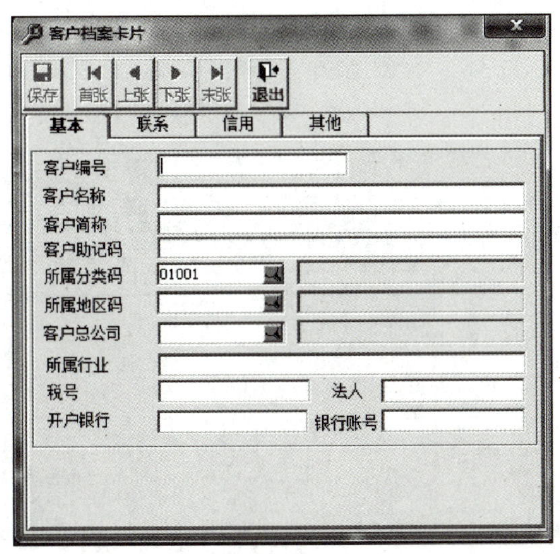

图 2—38 “客户档案卡片”对话框

编码”栏输入“510030”，输入完毕单击“保存”按钮，然后单击“退出”按钮返回“客户档案”对话框。

（4）依次根据资料增加其他客户档案信息，增加完毕后，单击“退出”按钮退出系统。

2. 设置供应商档案

建立供应商档案主要是为企业的存货管理、应收应付账管理服务。在进行应付款结算和有关供货单位统计时都会用到供货单位档案，因此必须先设立供应商档案，以便减少工作差错。在输入单据时，如果单据上的供货单位不在供应商档案中，则必须在此建立该供应商的档案。

【例 2—14】根据以下资料设置供应商档案（见表 2—10）。

表 2—10 供应商档案信息

供应商编号	供应商名称	供应商简称	所属分类码	所属地区码	地址	邮政编码
001	深圳市明彩有限公司	深圳明彩	01	03	深圳市益田路108号	518017
002	福州英卡有限公司	福州英卡	02	01	福州市仓山区永南路6号	350018

操作步骤为：

（1）以账套主管的身份登录用友管理软件，在主界面中选择“基础设置”菜单中“往来单位”下的“供应商档案”命令，进入“供应商档案”对话框，如图2—39所示。

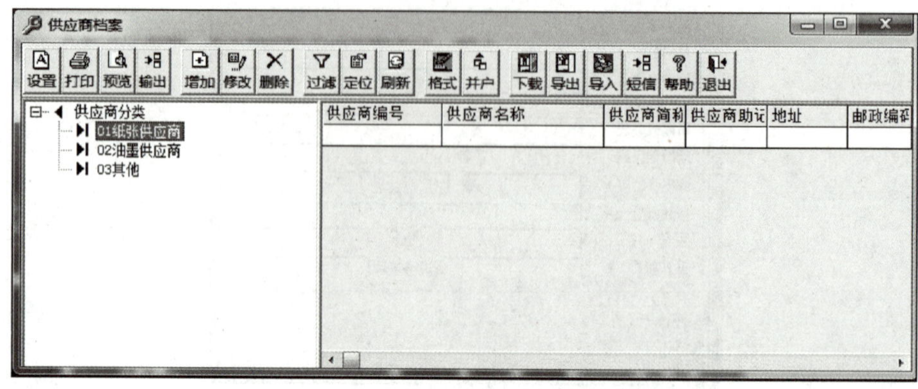

图 2—39 “供应商档案”对话框

（2）单击“01 纸张供应商”，单击“增加”按钮，出现“供应商档案卡片”对话框，如图2—40所示。

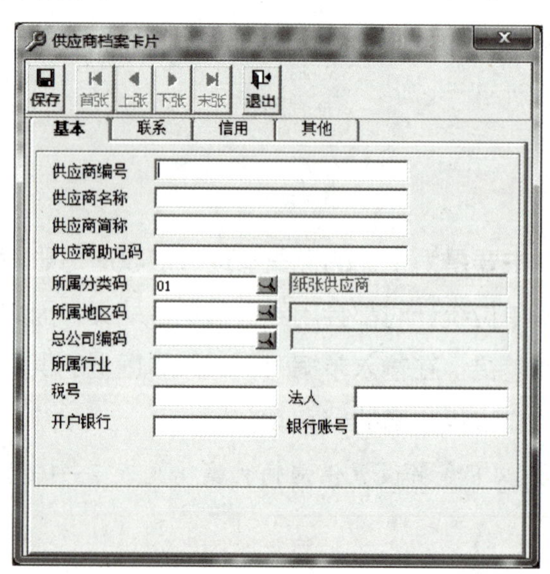

图 2—40 “供应商档案卡片”对话框

（3）在基本选项卡中“供应商编号”栏输入“001”，“供应商名称”栏输入“深圳市明彩有限公司”，“供应商简称”栏输入“深圳明彩”，“所属地区码”栏输入“03”。在联系选项卡中“地址”栏输入“深圳市益田路108号”，“邮政编码”栏输入“518017”，输入完毕单击“保存”按钮，然后单击“退出”按钮返回“供应商档案”对话框。

（4）依次根据资料增加其他供应商档案信息，增加完毕后，单击“退出”按钮退出系统。

第四节　总账系统初始化设计

总账系统是用友管理软件的核心子系统，其主要任务是通过输入和处理记账凭证，完成记账、月末处理工作，最终输出各种账簿资料，为会计报表的编制提供有用信息。该系统的主要功能包括总账系统初始设置、日常业务处理、出纳管理和期末管理等。

总账系统初始设置也称建账，是指将手工会计中形成的业务数据移植到计算机中去，而将通用会计软件变成企业专用会计软件的工作过程。通俗地讲，就像手工会计购买了统一格式的空白凭证、账簿和报表，要想进行日常业务处理，必须根据企业实际情况先设置好账户、登记好期初余额、设置好凭证类别等。

总账系统初始设置主要包括设置总账系统控制参数、设置会计科目、设置凭证类别、设置项目目录、录入期初余额等。总账系统初始设置由账套主管操作。

一、设置总账系统控制参数

在系统管理中已经建立了企业账套，并启用总账系统的前提下，就可以设置总账控制参数了。总账控制参数是反映企业具体核算要求的各种参数，设置时系统将其归并为“凭证”“账簿”“会计日历”“其他”四张选项卡，主要包括以下内容，见表 2—11。

表 2—11　　　　总账控制参数

选项卡	具体参数		作用
凭证	制单控制	制单序时控制	填制凭证时随凭证编号的递增，凭证日期按从小到大顺序排列
		支票控制	在启用票据管理的情况下制单时，录入未登记的支票号起到支票登记簿的功能
		资金及往来赤字控制	制单时当现金银行科目的最新余额出现负数，系统予以提示
		制单权限控制到科目	允许设置有制单权限的操作员使用那些特定科目制单
		允许修改作废他人填制的凭证	当前操作员可以修改或作废他人填制的凭证

续表

选项卡	具体参数		作用
凭证	凭证控制	打印凭证页脚姓名	打印时自动打印制单、出纳、审核、记账人员的姓名
		凭证审核控制到操作员	只允许某操作员审核本部门操作员填制的凭证
		出纳凭证必须经由出纳签字	含有现金银行科目的凭证必须由出纳人员核对签字后才能记账
		未审核的凭证允许记账	未审核的凭证也可以进行记账
	凭证编号方式		系统编号就是按照凭证类别按月自动编号，手工编号就是允许制单时手工录入凭证编号
	外币核算		固定汇率就是日常业务按月初汇率处理，月末进行汇兑损益调整；浮动汇率就是日常业务按当日汇率折算本位币金额，月末无须进行调整
账簿	打印位数宽度		定义正式打印账簿时的摘要、金额、外币数量、汇率和单价的宽度
	明细账查询权限控制到科目		只允许某操作员查询或打印某科目明细账
会计日历	启用会计年度和启用日期等		查看各会计期间的起始日期与结束日期
其他	数量单价小数位		设置在制单或查账时系统对于数量单价小数位的显示形式
	部门个人项目排序方式		有按编码排序和按名称排序两种方式

【例题 2—15】以账套主管的身份进入用友管理软件，进行总账参数设置，设置“出纳凭证必须经由出纳签字”参数。

操作步骤为：

（1）以账套主管身份登录用友管理软件，在主界面单击“总账”选项，显示总账系统应用流程，如图 2—41 所示。

（2）选择“总账”菜单中的“设置”命令，对参数进行设置，如图 2—42 所示。

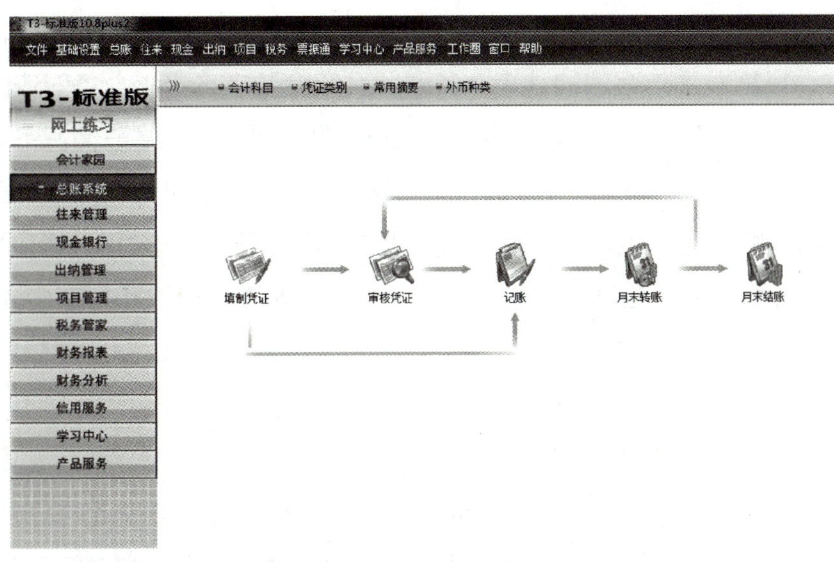

图 2—41　总账系统应用流程

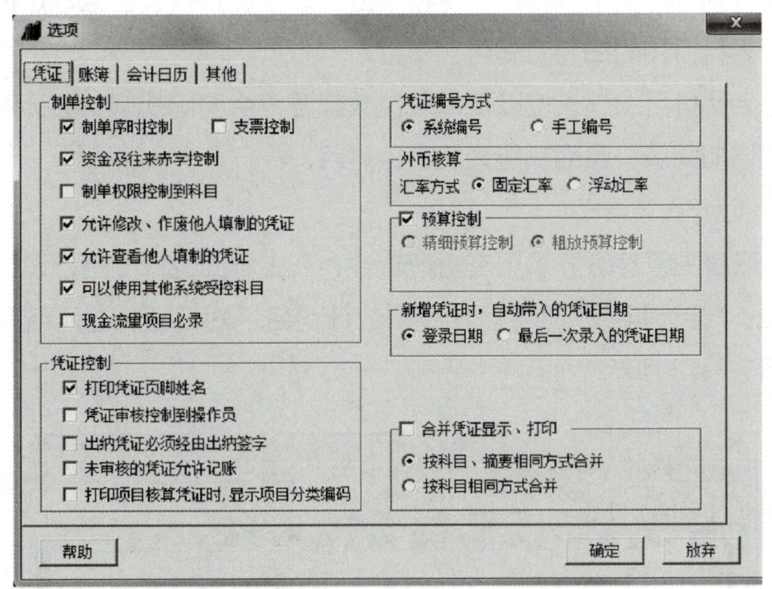

图 2—42　参数设置

二、设置会计科目

设置会计科目是会计核算方法之一，也是总账系统初始化的关键。在总账系统中，无论是制单、审核、记账，还是账簿查询、辅助核算都是围绕着会计科目进行的，所以建立一套科学完整的会计科目体系是非常重要的。

设置会计科目的同时还可以设置辅助核算，包括部门核算、个人往来、客户往来、供应商往来和项目核算。用户可根据需要进行选择，类似于手工会计中明细科目的设置。如应收账款科目在手工会计中一般按照客户设置明细账，而在会计电算化中，可以不设明细科目而设置辅助核算客户往来，将客户作为辅助核算目录建立。日常发生与客户的往来业务时，系统会要求选择该业务对应的客户，记账时将该业务同时记录于总账和客户往来辅助明细账中。一般情况下，收入、费用类科目可设置部门核算；收入、成本类科目可设置项目核算；应收账款、应收票据和预收账款可设置客户往来；应付账款、应付票据和预付账款可设置供应商往来。设置会计科目主要包括会计科目的增加、修改、删除和指定会计科目等内容。

1. 增加会计科目

如果在建立账套时，未选择按行业性质预留科目，则需要企业自行设置所有会计科目；如果在建立账套时，选择了按行业性质预留科目，则系统会自动提供按现行会计准则规定的一级会计科目和部分二级会计科目，企业只需根据需要增加缺少的一级科目和明细科目即可。

增加的会计科目编码长度以及每段位数都要符合编码规则，会计科目一经使用，就只能增加同级科目而不能增加下级科目。

操作步骤为：

（1）以账套主管身份登录用友管理软件，在主界面选择“基础设置”菜单中“财务”下的“会计科目”命令，出现“会计科目”对话框，显示所有默认会计科目，如图 2—43 所示。

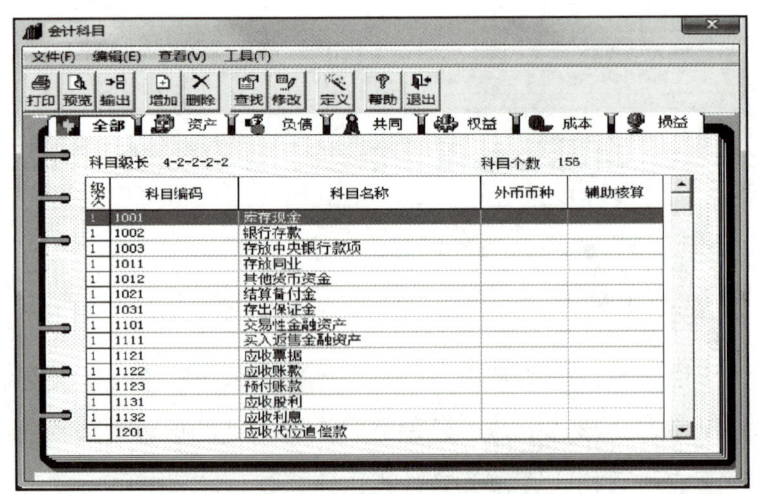

级次	科目编码	科目名称	外币币种	辅助核算
1	1001	库存现金		
1	1002	银行存款		
1	1003	存放中央银行款项		
1	1011	存放同业		
1	1012	其他货币资金		
1	1021	结算备付金		
1	1031	存出保证金		
1	1101	交易性金融资产		
1	1111	买入返售金融资产		
1	1121	应收票据		
1	1122	应收账款		
1	1123	预付账款		
1	1131	应收股利		
1	1132	应收利息		
1	1201	应收代位追偿款		

图 2—43 “会计科目”对话框

（2）单击“增加”按钮，出现“会计科目 _ 新增”对话框，在此对话框中录入科目编码、科目中文名称等信息，如图 2—44 所示。

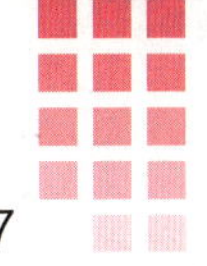

会计科目_新增

科目编码
科目中文名称
科目英文名称
科目类型 资产
账页格式 金额式
助记码
外币核算
币种
数量核算
计量单位
汇总打印
汇总到
封存
科目性质（余额方向）
借方 贷方
辅助核算
部门核算
个人往来
客户往来
供应商往来
项目核算
日记账
银行账
受控系统
确定 取消
提示：辅助核算项一般只针对末级科目，如果上级科目也想设置辅助核算，下级科目必须也设辅助核算，客户往来和供应商往来不能同时设置。

图 2—44　新增会计科目

注意：增加会计科目时，应先设置上级科目，再设置下级科目。

2. 修改会计科目

如会计科目的某些内容需要修改，如账页格式、辅助核算等，可以通过单击选中要修改的会计科目，单击“修改”按钮完成修改。

3. 删除会计科目

如会计科目未经使用，可对其进行删除，即在“会计科目”窗口中选中要删除的会计科目，单击“删除”按钮，系统出现“记录删除后不能修复！真的删除此记录吗？”提示对话框，单击“确定”按钮即可删除该科目。已使用或已指定为现金银行科目的会计科目不能删除，如需删除必须先取消指定。另外会计科目在删除时必须从最末一级科目删起。

4. 指定会计科目

指定会计科目是指定现金和银行存款总账科目为出纳专管的科目。只有指定了科目，才能执行出纳签字，实现凭证的审核记账及现金、银行存款管理的安全性、保密性，也才能查看现金、银行存款日记账，进行银行对账等。

操作步骤为：

（1）在“会计科目”对话框中，选择“编辑”菜单中的“指定科目”命令，出现“指定科目”对话框，如图 2—45 所示。

（2）单击“现金总账科目”，在“待选科目”中选择“库存现金”科目，单击“>”按钮，将“库存现金”由待选科目变为已选科目。

（3）单击“银行总账科目”，在“待选科目”中选择“银行存款”科目，单击“>”按钮，将“银行存款”由待选科目变为已选科目。

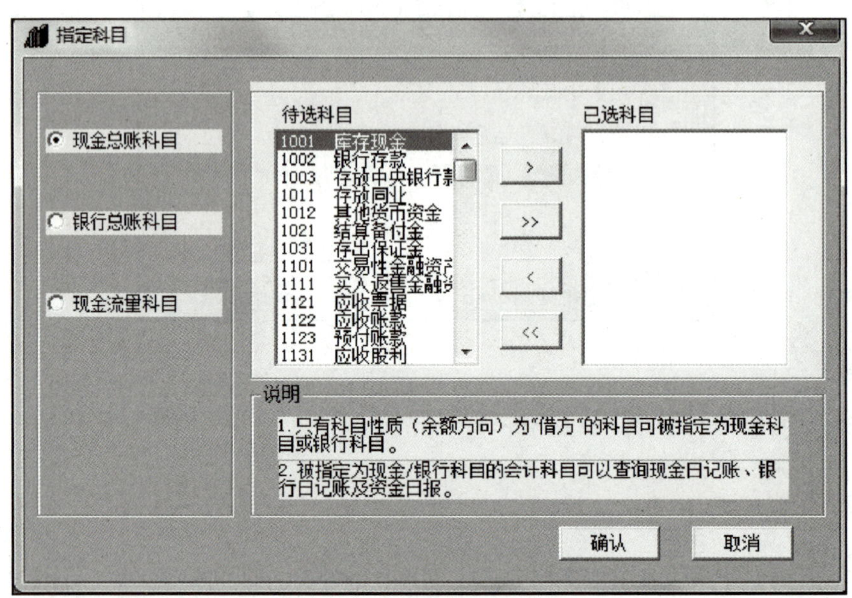

图 2—45 “指定科目”对话框

三、设置凭证类别

企业为了便于管理和登账方便，一般对记账凭证进行分类编制。但各单位的分类方法不尽相同，所以系统提供了“凭证类别”功能，用户完全可以按照企业的实际需要对凭证进行分类。如果是第一次进行凭证类别设置，系统提供了“记账凭证”“收款凭证 付款凭证 转账凭证”“现金凭证 银行凭证 转账凭证”“现金收款凭证 现金付款凭证 银行收款凭证 银行付款凭证 转账凭证”和“自定义”五种常用分类方式供选择。

某些类别的凭证在制单时对科目有一定限制，需要用户选择“限制类型”和“限制科目”。如选科目限制，则至少要输入一个限制科目，多个限制科目之间要用逗号分开，数量不限但不能重复输入，在保存凭证时系统会自动进行检查，不符合限制条件的，系统会给出提示信息。如选择无限制则不能输入限制科目。

操作步骤为：

（1）以账套主管身份登录用友管理软件，在主界面选择“基础设置”菜单中

“财务”下的“凭证类别”命令，出现“凭证类别预置”对话框，如图2—46所示。

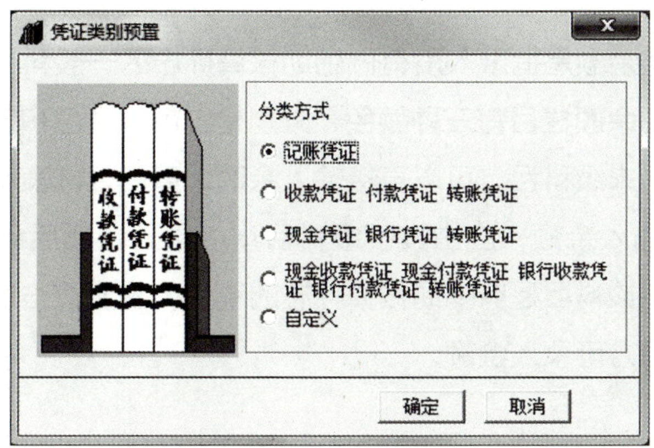

图 2—46　“凭证类别预置”对话框

（2）选中合适的选项，然后单击“确定”按钮，出现“凭证类别”对话框，如图2—47所示。

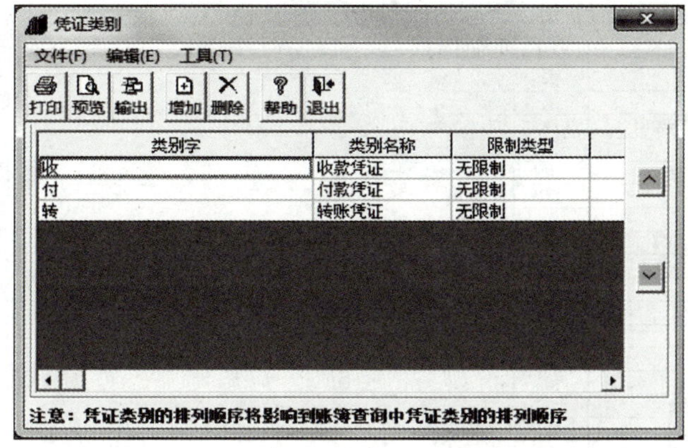

图 2—47　“凭证类别”对话框

四、录入期初余额

录入期初余额是将期初手工业务数据移植到电算化系统的初始化工作。为了保证电算化系统的数据同手工系统的数据相互衔接，第一次使用账务处理系统必须使用本功能，将经过整理的手工科目期初余额录入到计算机中。

电算化系统需要的期初数据包括各科目的年初数、建账当前月的借方累计发生额、建账当前月的贷方累计发生额和期末余额四项数据，其中年初数可由计算机根据另外三项自动计算得出。如果企业是年初建账，则只需录入期初余额即可，可大大简化数据准备工作。另外尽量选择年初建账，这样可以保证年度数据完整，也有利于今后数据的对比和分析。

1. 录入总账期初余额

录入总账期初余额是指录入没有做辅助核算标志的一般科目余额。在期初余额录入界面，期初余额栏目有三种颜色，分别是白色、黄色和蓝色。其中白色区域表示该科目为最末级科目，可以直接输入余额；黄色区域表示该科目为非末级科目，不能直接输入余额，应由其下级科目直接录入余额后计算机自动汇总显示；蓝色区域表示该科目是有辅助核算标志的科目，需要双击该区域进入辅助账期初余额录入界面方可录入金额。

操作步骤为：

以账套主管身份登录用友管理软件，在主界面选择“总账”菜单中的“设置期初余额”命令，出现“期初余额录入”对话框即可录入，如图 2—48 所示。

期初余额录入

设置 打印 预览 输出 方向 刷新 试算 查找 对账 清零 帮助 退出　□ 非末级科目　□ 辅助科目　□ 末级科目

科目编码	科目名称	方向	币别/计量	期初余额
1001	库存现金	借		
1002	银行存款	借		
1003	存放中央银行款项	借		
1011	存放同业	借		
1012	其他货币资金	借		
1021	结算备付金	借		
1031	存出保证金	借		
1101	交易性金融资产	借		
1111	买入返售金融资产	借		
1121	应收票据	借		
1122	应收账款	借		
1123	预付账款	借		
1131	应收股利	借		
1132	应收利息	借		
1201	应收代位追偿款	借		
1211	应收分保账款	借		
1212	应收分保合同准备金	借		
1221	其他应收款	借		
1231	坏账准备	贷		
1301	贴现资产	借		
1302	拆出资金	借		
1303	贷款	借		
1304	贷款损失准备	贷		
1311	代理兑付证券	借		
1321	代理业务资产	借		

提示：“科目余额录入从明细科目录入，如遇有辅助科目核算，则先完成辅助科目余额的初始”完成期初余额录入后，应进行“对账”和“试算”二个功能操作，在系统已经记账后，不能进行期初余额的修改操作。

期初：2017年01月

图 2—48 “期初余额录入”对话框

2. 试算平衡

期初余额录入完毕，为验证数据的正确性，依据“所有账户的借方余额合计 = 所有账户的贷方余额合计”和“资产 = 负债 + 所有者权益 + 收入 − 费用”的原理，进行全部科目余额的试算平衡，以保证初始数据准确可靠。期初余额录入后，如已经记过账，则不能再输入、修改，也不能执行“结转上年余额”功能。

操作步骤为：

（1）在“期初余额录入”对话框，单击“试算”按钮，出现“期初试算平衡表”对话框，如图 2—49 所示。

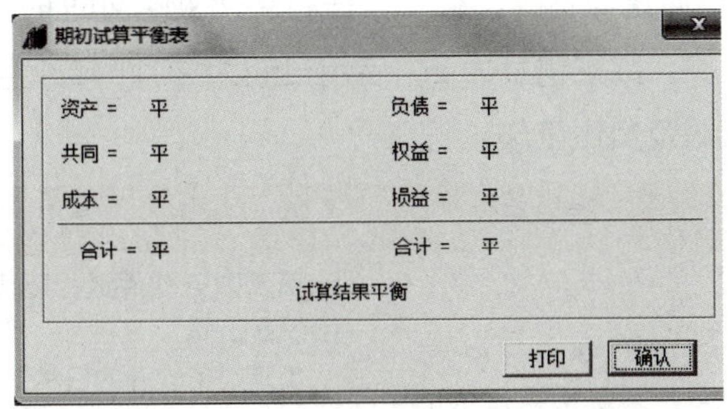

图 2—49 “期初试算平衡表”对话框

（2）单击“确认”按钮，如期初余额不平衡则修改期初余额直到平衡为止。

（3）在“凭证”选项卡，选中“出纳凭证必须经由出纳签字”参数，单击“确定”按钮，完成参数设置。

练习题

一、系统管理练习题

1. 资料

广州豪杰食品有限公司账套相关资料如下：

（1）操作员资料

操作员资料

编号	姓名	口令	所属部门
011	李心	011	财务部
022	崔昆	022	财务部
033	赵平	033	财务部

（2）账套资料及账套信息

1）账套基本资料：账套号“222”，账套名称“广州豪杰食品有限公司”，采用默认账套路径，启用会计期为 2017 年 1 月，会计期间设置为 1 月 1 日至

12月31日。

2）单位信息：单位名称“广州豪杰食品有限公司”，单位简称“豪杰食品”。

3）核算类型：该企业的记账本位币为人民币，企业类型为工业，行业性质为2007年新会计准则，账套主管为李心，按行业性质预置科目。

4）基本信息：该企业有外币核算，进行经济业务处理时，需要对存货、客户、供应商进行分类，数据精度为2，启用日期为2017年1月1日。

（3）操作员权限及负责工作

姓名	岗位	具有权限	负责工作
李心	账套主管	系统所有模块的全部权限	负责财务软件运行环境的建立以及各项初始设置工作 负责财务软件的日常运行管理工作 监督并保证系统的有效、安全、正常运行 负责总账系统的凭证审核、记账、账簿查询、月末结账工作 负责报表管理及其财务分析工作
崔昆	出纳	现金管理的全部操作权限及总账出纳签字权限	负责现金、银行账管理工作
赵平	会计	总账往来和财务报表的全部权限	负责总账系统的凭证管理、往来管理及报表管理工作

2. 要求

根据以上资料进行增加操作员、建立单位账套、操作员权限设置、备份账套数据的操作。

二、基础档案设置练习题

1. 资料

接上题，广州豪杰食品有限公司相关档案资料如下：

（1）部门档案

部门编码	部门名称	部门编码	部门名称
1	总经理办公室	5	生产部
2	财务部	501	加工车间
3	销售部	502	包装车间
4	采购部		

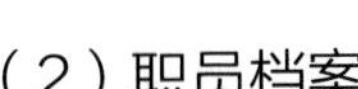

（2）职员档案

职员编号	职员名称	所属部门
101	高阳	总经理办公室
201	李心	财务部
202	崔昆	财务部
203	赵平	财务部
301	刘荣	销售部
302	王娜	销售部
401	梁霞	采购部
501	薛原	加工车间
502	刘星	包装车间

（3）客户分类

分类编码	分类名称
01	本地
01001	大型企业
01002	中小企业
02	外地
02001	大型企业
02002	中小企业

（4）供应商分类

分类编码	分类名称
01	面粉供应商
02	纸箱供应商
03	其他

（5）地区分类

地区分类	分类名称
01	辽宁地区
02	北京地区
03	山东地区
04	其他

（6）客户档案

客户编号	客户名称	客户简称	所属分类码	所属地区码	地址	邮政编码
001	锦州良友外贸有限公司	锦州良友	02001	01	锦州市凌河区五段街22号	120000
002	北京发达商厦	北京发达	02002	02	北京市石景山区双园路11号	100000
003	济南腾飞超市	济南腾飞	02001	03	济南市市中区济微路105号	250000
004	广州永华百货有限公司	广州永华	02002	04	广州市高新技术园区永华路11号	510000

（7）供应商档案

供应商编号	供应商名称	供应商简称	所属分类码	所属地区码	地址	邮政编码
001	宁波泉岭面粉厂	宁波泉岭	01	04	宁波市钱湖南路22号	315000
002	抚顺麒麟纸业有限公司	抚顺麒麟	02	01	抚顺市望花区45号	113000

（8）外币及汇率

币符：USD；币名：美元；固定汇率1:6.99。

（9）结算方式

结算方式编码	结算方式名称	票据管理
1	现金	否
2	支票	否
201	现金支票	是
202	转账支票	是
3	其他	否

2. 要求

根据以上资料进行基础档案设置的操作。

三、总账管理系统初始设置练习题

1. 资料

接上题，广州豪杰食品有限公司总账管理系统的相关资料如下：

（1）总账控制参数

设置“出纳凭证必须经由出纳签字”参数。

（2）相关会计科目及明细科目

科目名称	辅助核算	方向	币别计量
库存 1001	日记账、银行账	借	
建行存款 100201	日记账、银行账	借	
中行存款 100202	日记账、银行账	借	美元
面粉 140301	数量核算	借	1 斤 =0.5 千克
纸箱 140302		借	
其他 140303		借	
应收账款 1122	客户往来	借	
其他应收款 1221	个人往来	借	
应付账款 2202	供应商往来	贷	
应交增值税 222101		贷	
进项税额 22210101		贷	
销项税额 22210102		贷	
未分配利润 410401		贷	
直接材料 500101	项目核算	借	
直接人工 500102	项目核算	借	
制造费用 500103	项目核算	借	
工资 510101		借	
折旧费 510102		借	
其他 510103		借	
折旧费 660101		支出	
办公费 660102		支出	
工资 660201	部门核算	支出	
福利费 660202	部门核算	支出	
办公费 660203	部门核算	支出	
差旅费 660204	部门核算	支出	
招待费 660205	部门核算	支出	
折旧费 660206	部门核算	支出	
其他 660207	部门核算	支出	
利息支出 660301		支出	

（3）凭证类别

凭证类别	限制类型	限制科目
收款凭证	借方必有	1001，100201，100202
付款凭证	贷方必有	1001，100201，100202
转账凭证	凭证必有	1001，100201，100202

（4）期初余额

1）部分总账及所属明细账期初余额表。

科目名称	方向	期初余额（元）
库存现金	借	4 000
银行存款	借	560 000
建行存款	借	320 000
中行存款	借	240 000
原材料	借	48 000
面粉	借	16 000
纸箱	借	28 000
其他	借	4 000
库存商品	借	210 000
固定资产	借	282 080
累计折旧	贷	68 096
无形资产	借	200 000
应付职工薪酬	贷	7 800
其他应付款	贷	6 700
实收资本	贷	900 000
资本公积	贷	88 684
利润分配	贷	276 000
未分配利润	贷	276 000

2）辅助账期初余额表。

“其他应收款”余额

会计科目：其他应收款　　　　余额：借方 7 000 元

日期	部门	个人	摘要	方向	期初余额
2016-12-18	总经理办公室	高阳	出差借款	借	2 800
2016-12-22	采购部	梁霞	出差借款	借	4 200

"应收账款"余额

会计科目：应收账款　　　　余额：借方 92 000 元

日期	客户	摘要	方向	金额	业务员
2016-12-15	锦州良友外贸有限公司	销售冷冻食品	借	70 000	刘荣
2016-12-16	济南腾飞超市	销售中西式糕点	借	22 000	王娜

"应付账款"余额

会计科目：应付账款　　　　余额：贷方 76 000 元

日期	供应商	摘要	方向	金额	业务员
2016-10-21	宁波泉岭面粉厂	购买面粉	贷	76 000	梁霞

"生产成本"余额

会计科目：生产成本　　　　余额：借方 20 200 元

科目名称	冷冻食品	中西式糕点	合计
直接材料	4 000	2 500	6 500
直接人工	8 000	3 500	11 500
制造费用	1 500	700	2 200
合计	13 500	6 700	20 200

2. 要求

请根据以上资料进行总账管理系统初始设置的操作。

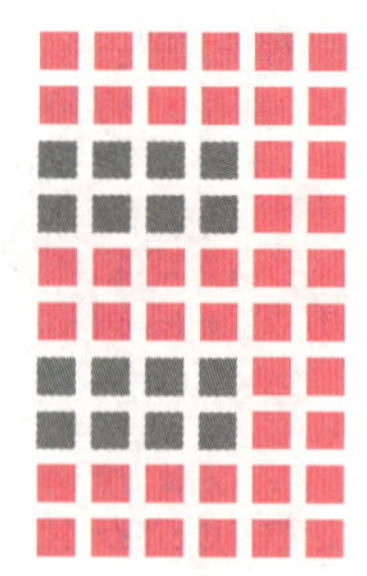

第三章
总账系统——日常业务处理

学习目标

- 能够熟练地根据经济业务编制记账凭证
- 了解各种账簿的查询、辅助查询以及相关打印规定
- 掌握记账凭证的填制、审核、记账的处理

在手工记账情况下，会计的日常业务处理是根据审核后的原始凭证填制记账凭证、审核凭证和记账。在会计电算化条件下，这些业务是在总账系统——日常业务处理系统中进行处理的。

第一节　凭证管理

一、填制凭证

记账凭证是登记账簿的直接依据。填制记账凭证是会计电算化日常账务处理工作中最基础、最频繁的工作。由于记账凭证的正确与否直接影响到整个会计电算化系统的信息质量，因此操作员必须确保记账凭证输入的准确与完整。

在实际工作中可直接在计算机上根据审核无误的原始凭证填制记账凭证，即前台处理；也可以先由人工制单而后集中输入，即后台处理。具体采用哪种方式应根据本单位实际情况来确定。一般来说，业务量不多、基础较好或使用网络版的用户可采用前台处理方式，而在第一年使用或人机并行阶段则比较适合后台处理方式。

1. 登录填制记账凭证窗口

填制记账凭证是日常业务处理工作的起始点，也是所有账簿数据的主要来源。

在账务处理系统中，记账凭证有三种来源：第一种来源是操作员直接在计算机上编制的记账凭证；第二种来源是从本账套其他子系统，如工资系统、固定资产系统等自动传递到账务处理系统的记账凭证；第三种来源是从外部导入的记账凭证，如凭证引入或接口开发等。在实际工作中，第一种凭证来源应用最为广泛。

【例 3—1】广州曼丽服装有限公司现以操作员“刘鹏”、操作员代码“03”、密码“03”的身份在 2017 年 6 月 30 日登录填制记账凭证窗口。

操作步骤为：

单击“总账”下拉菜单中的“填制凭证”命令（或单击总账系统界面中的“填制凭证”），系统弹出“填制凭证”窗口，如图 3—1 所示。

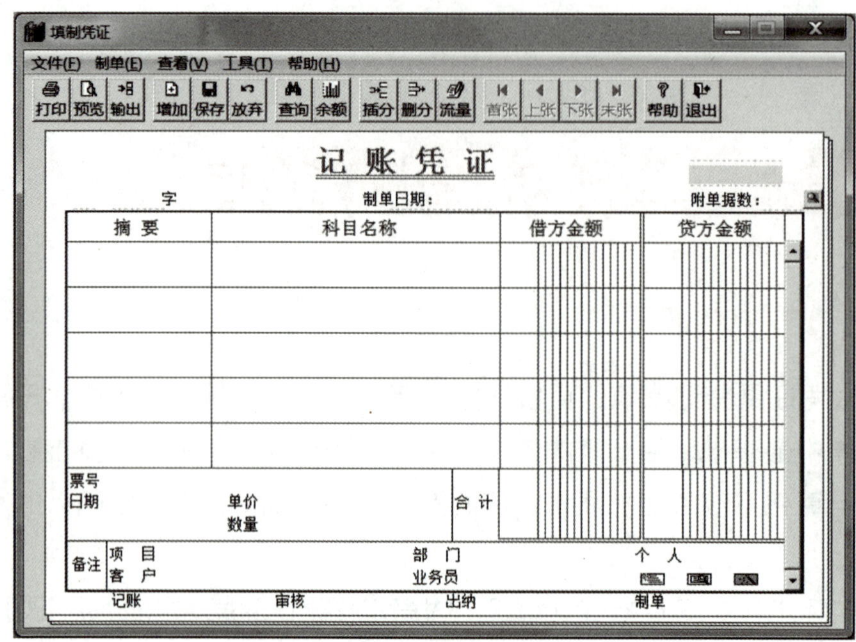

图 3—1 “填制凭证”窗口

2. 凭证一般要素的填制

电子记账凭证的基本要素由三部分组成：一是凭证头部分，包括凭证类别、制单日期、凭证编号和附单据数等；二是正文部分，包括摘要、科目名称和借贷金额等；三是凭证尾部分，包括各职责岗位的签名等。

【例 3—2】广州曼丽服装有限公司 6 月经济业务如下：6 月 3 日销售部杜雨购买了 300 元的办公用品，以现金支付（附原始凭证 1 张）。

会计分录如下：

借：销售费用——办公费（660102）　　300

　　贷：库存现金（1001）　　300

操作步骤为：

（1）增加新凭证

在“填制凭证”窗口，单击工具栏中“增加”按钮或按“F5”键，增加一张新凭证，这时光标定位在“凭证类别”上。

（2）凭证头部分输入内容

1）凭证类别。在凭证左上角的“凭证类别”对话框中，单击 [按钮图标] 按钮或按“F2”键，在弹出的对话框中双击选择“付款凭证”类别或单击“付款凭证”后按“Enter”键，如图 3—2 所示。

2）制单日期。系统自动将进入账务时输入的业务日期设为凭证填制的日期，单击该项，输入日期或按 按钮可以实现日期调整。本例中输入“2017.06.30”。

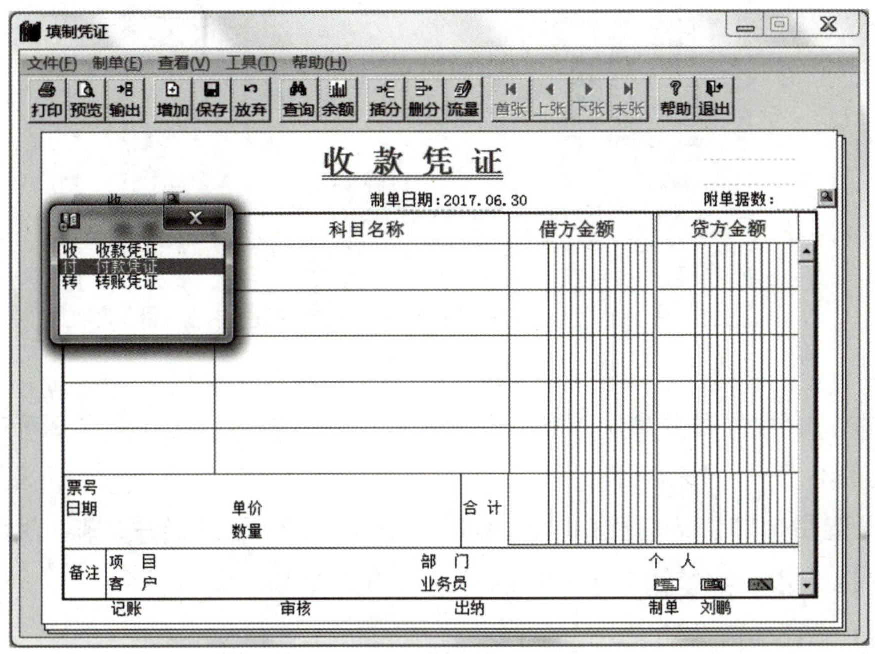

图 3—2　选择“付款凭证”类别

3）凭证编号。一般采用系统自动编号（前边已定义），由计算机自动按月、类别顺序编号，各凭证类别编号从 0001 号开始依次自然顺延。

4）附单据数。要求输入原始单据张数，输完后按“Enter”键。本例中输入“1 张”。

5）凭证自定义项。自定义的凭证补充信息，根据需要自行定义和输入，系统对这些信息不进行校验，只进行保存。单击凭证右上角的输入框后进行输入即可。

（3）凭证正文部分输入内容

1）摘要。输入经济业务的主要内容，摘要要求简洁明了，不同行的摘要可相同也可不同，但不能为空。

注意：对于一些常用的摘要，如“提现金”“报差旅费”等，可在主菜单“凭证”中的“常用摘要”里预先定义好，再在“填制凭证”中的摘要处调用，以便加快录入速度。

2）科目名称。可以直接输入科目编码，也可以单击 按钮打开“科目参照”窗口，进行科目选择并确定，如图 3—3 所示。

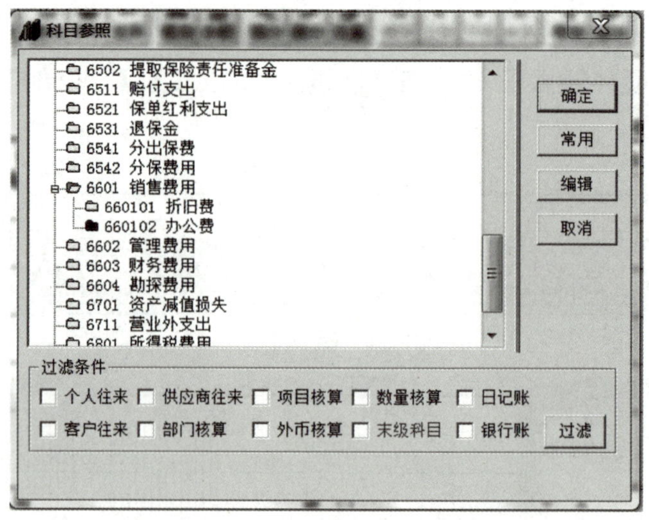

图 3—3 “科目参照”窗口

注意：会计科目必须输入或选择最末级科目的编码。借、贷方金额不能为零，红字以“—”号表示。

3）借贷金额。单击鼠标左键或按“Enter”键，输入借方金额，然后再次按“Enter”键，继续输入下一行的分录及贷方金额。

（4）凭证尾部分输入内容

系统自动为制单员“刘鹏”签名。

（5）保存凭证

如果借、贷方均无辅助账核算的科目，则输入完贷方金额后可单击“保存”按钮，出现系统提示后，单击“确定”按钮，即完成第一笔业务的凭证填制，如图 3—4 所示。

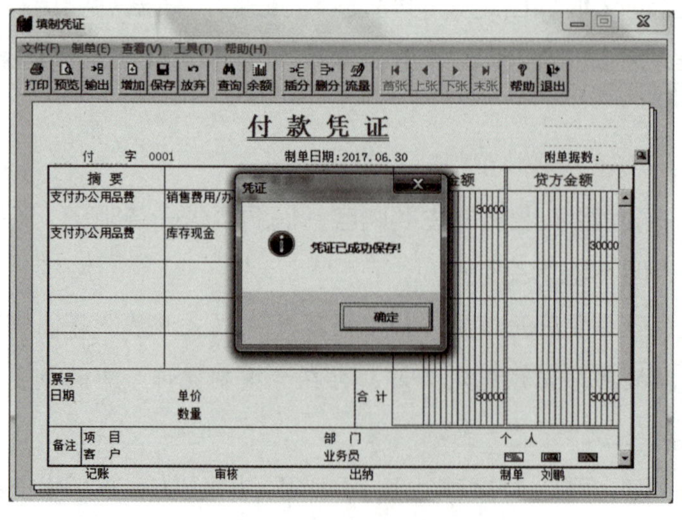

图 3—4 完成凭证填制

（6）其他凭证填制

重复第（1）至第（5）步，可继续填制其他经济业务的记账凭证。

注意：各功能按钮的主要作用如下。

序号	功能按钮	主要作用
1	放弃	凭证填制过程中如果想放弃当前凭证可使用此按钮
2	查询	输入查询条件可以查到目标凭证
3	插分	对于已保存过的凭证可在当前光标所在行的前边插入一行分录，但只有在修改凭证时才能使用本功能
4	删分	可将当前光标所在行的分录删除
5	余额	可以随时查询当前凭证中光标所在行的科目截止到本笔分录为止的所有余额信息，包括期初余额、本期借贷方发生额和期末余额

3. 记账凭证中特殊要素的填制

填制记账凭证时，一些会计科目还需要输入特殊要素，具体填制分类见表3—1。

表3—1 特殊要素填制分类表

特殊要素填制的分类		适用于
外币核算		科目为外币核算的科目
辅助核算	银行账辅助	科目为银行科目
	数量金额辅助	科目为数量核算的科目
	客户辅助	科目有客户往来的属性
	供应商往来辅助	科目有供应商往来的属性
	部门核算	科目为部门核算科目
	个人往来辅助	科目为个人往来核算科目
	项目辅助	科目为项目核算科目

（1）输入银行账辅助核算信息

【例3—3】6月5日，广州曼丽服装有限公司财务部王萍从工行提取现金5 000元，作为备用金（现金支票号05526001，附原始凭证1张）。

会计分录如下：

借：库存现金（1001） 5 000

贷：银行存款——工行存款（100201） 5 000

操作步骤为：

1）在“科目名称”栏，输入科目“100201 银行存款——工行存款”后，弹出“辅助项”对话框，单击结算方式右侧 按钮，双击并选择“201 现金支票”。输入“票号”内容为“05526001”，如图 3—5 所示。

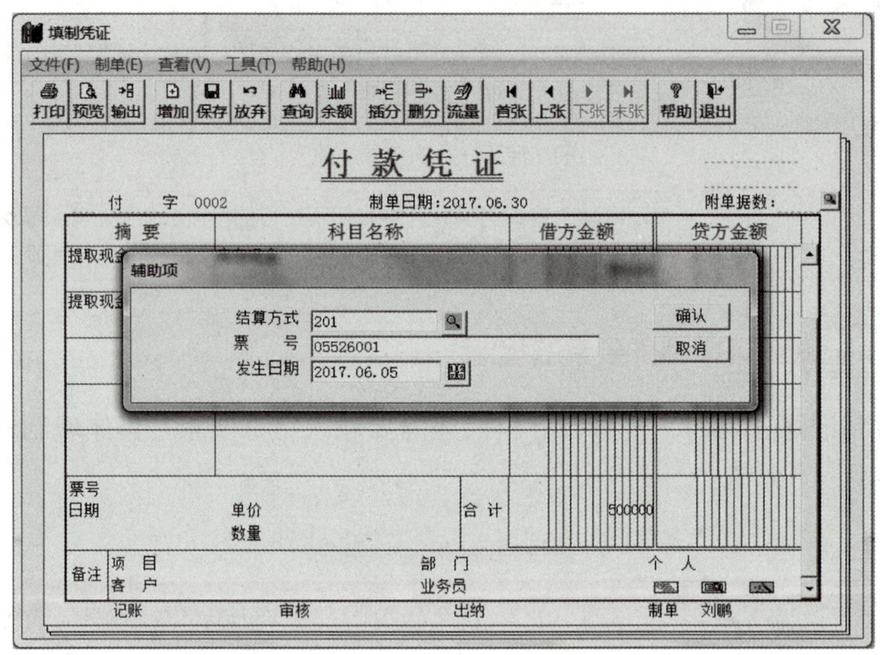

图 3—5 “辅助项”对话框

2）单击“确认”按钮返回“填制凭证”窗口。输入贷方金额后单击“保存”按钮，再单击“凭证已成功保存”提示对话框中的“确定”按钮。

（2）涉及外币核算

【例 3—4】 6 月 6 日，广州曼丽服装有限公司收到欧派投资集团投资资金 100 000 美元，汇率 1:7.02（转账支票号 06626045，附原始凭证 2 张）。

会计分录如下：

借：银行存款——中行存款（100202） 702 000

贷：实收资本（4001） 702 000

操作步骤为：

1）~ 2）步骤与【例 3—3】一致。

3）在“外币”金额栏内输入“100 000”，然后按“Enter”键，借方金额自动显示，如图 3—6 所示。

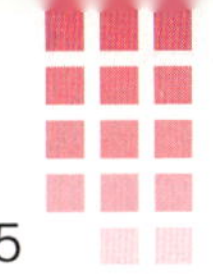

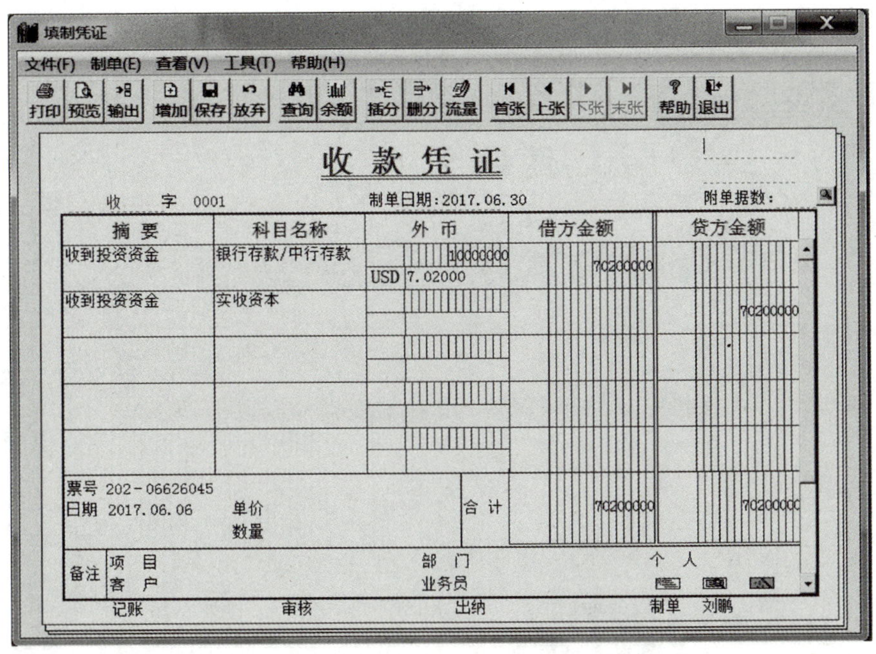

图 3—6 “借方金额自动显示”窗口

4）输入贷方科目和金额，单击“保存”按钮后，再单击“凭证已成功保存”提示对话框中的“确定”按钮。

注意：进行外币核算时，系统自动将凭证格式改为外币形式，如果系统有其他辅助核算，则先输入其他辅助核算后，再输入外币信息。

（3）输入数量金额辅助核算信息

【例 3—5】6 月 10 日，广州曼丽服装有限公司采购部许云飞采购布料 5 000 米，单价 8 元，增值税进项税 6 800 元，材料直接入库，款项以工行存款支付（转账支票号 08852578，附原始凭证 2 张）。

会计分录如下：

借：原材料——布料（140301）　　40 000

　　应交税费——应交增值税（进项税额）（22210101）　　6 800

　　贷：银行存款——工行存款（100201）　　46 800

操作步骤为：

1）增加新凭证后输入凭证头部分，在“科目名称”栏第一行中输入“原材料——布料”科目，按“Enter”键，系统弹出“辅助项”对话框，输入“数量”和“单价”，单击“确认”按钮，系统自动计算出借方金额，如图 3—7 所示。

注意：如果金额方向不符，可按“空格”键调整金额方向。

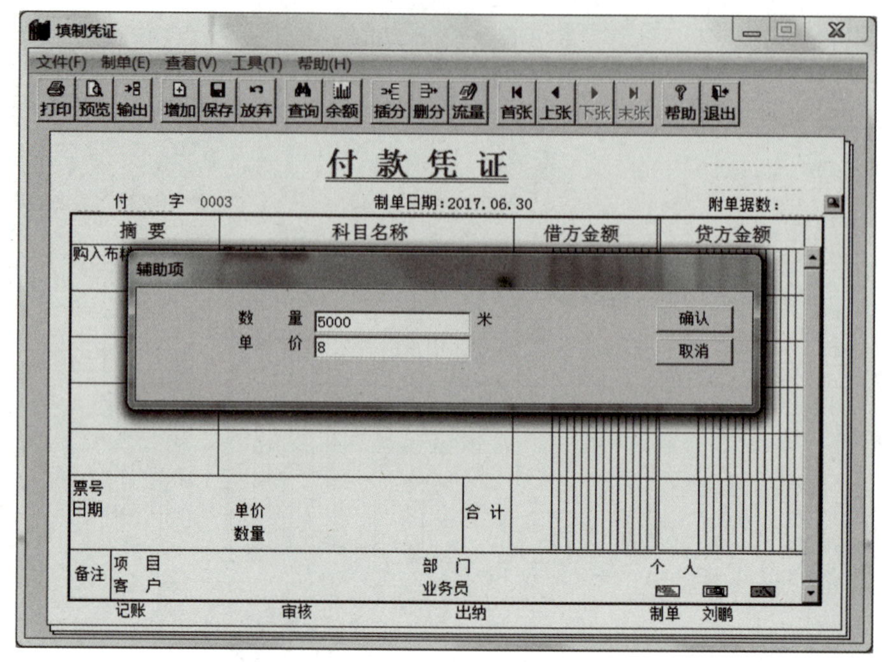

图 3—7　数量金额核算“辅助项”窗口

2）输入其余科目和金额及辅助项信息，单击“保存”按钮后，再单击“凭证已成功保存”提示对话框中的“确定”按钮。

（4）输入客户往来辅助核算信息

【例 3—6】6 月 12 日，广州曼丽服装有限公司销售部周建收到长沙利群转来的转账支票 1 张，金额 91 000 元，用以偿还前欠货款（转账支票号 95872625，附原始凭证 1 张）。

会计分录如下：

借：银行存款——工行存款（100201）　　　　91 000

　　贷：应收账款（1122）　　　　91 000

操作步骤为：

1）增加凭证，输入凭证头部分及借方相关内容后，在“科目名称”栏输入“应收账款”科目后，将光标指向贷方金额，系统弹出“辅助项”窗口，单击客户右侧 按钮，选中“长沙利群”，并选择业务员“周建”，如图 3—8 所示。

2）单击“确认”按钮，相关信息就出现在下方备注栏中，如图 3—9 所示。

3）输入贷方金额后，单击“保存”按钮后单击“确定”按钮，再单击“凭证已成功保存”提示对话框中的“确定”按钮。

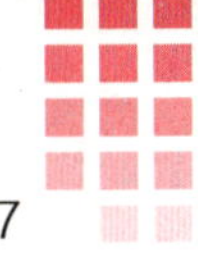

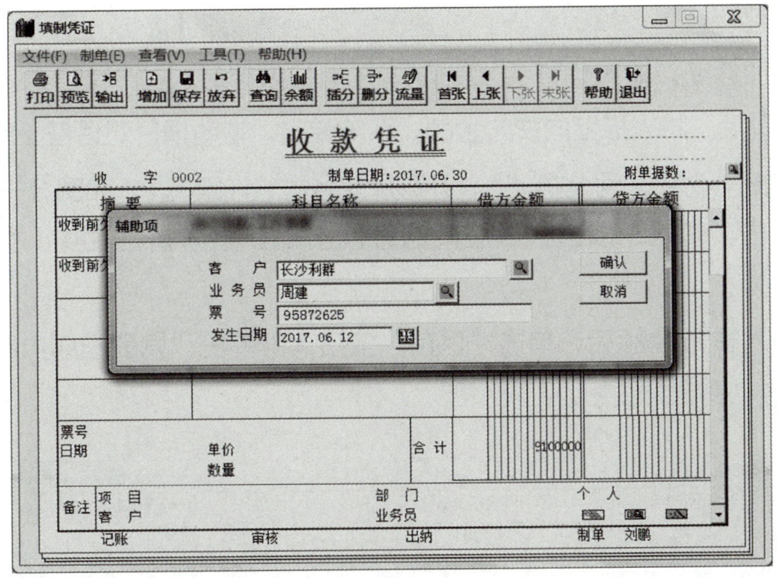

图 3—8　客户往来“辅助项”窗口

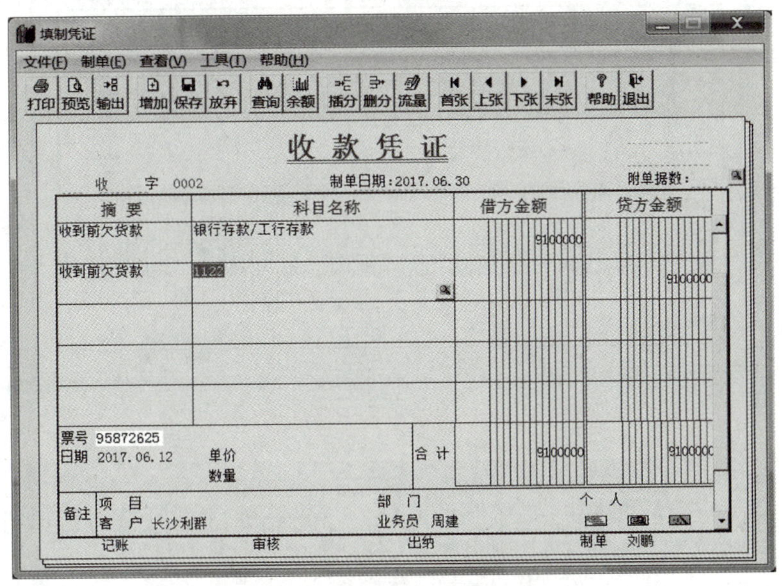

图 3—9　相关信息出现在下方备注栏中

（5）输入供应商往来辅助核算信息

【例 3—7】6 月 15 日，广州曼丽服装有限公司采购部许云飞从河北福瑞有限公司购入服装辅料 10 000 个，单价 0.7 元，增值税进项税额 1 190 元，税款暂欠，商品已验收入库（附原始凭证 2 张）。

会计分录如下：

借：原材料——辅料（140302）　　7 000

　　应交税费——应交增值税（进项税额）（22210101）　　1 190

　　贷：应付账款（2202）　　8 190

操作步骤为：

1）增加凭证，输入凭证头部分及借方相关内容后，在“科目名称”栏输入“应付账款”后，将光标指向贷方金额，系统弹出“辅助项”对话框，单击供应商右侧 按钮，选中“河北福瑞”，并选择业务员“许云飞”，如图3—10所示。

2）单击“确认”按钮，供应商信息就出现在下方备注栏中，如图3—11所示。

3）输入贷方金额后，单击“保存”按钮，再单击“凭证已成功保存”提示对话框中的“确定”按钮。

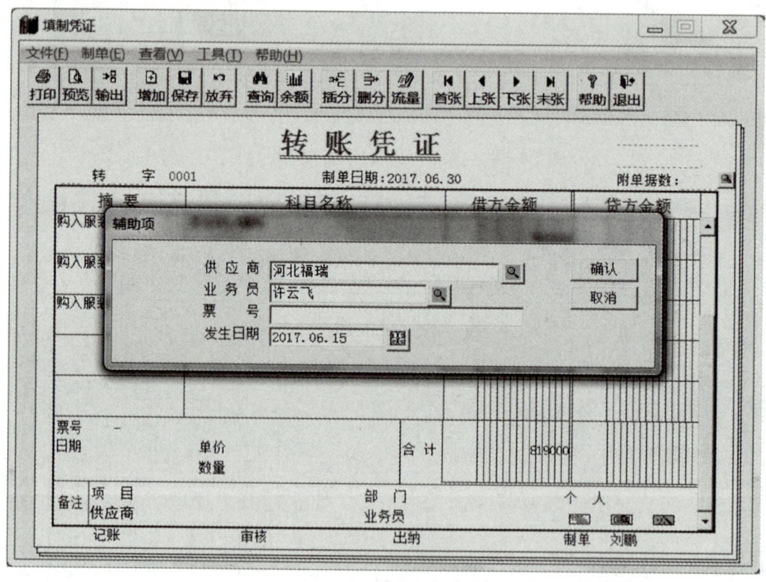

图3—10 供应商往来“辅助项”窗口

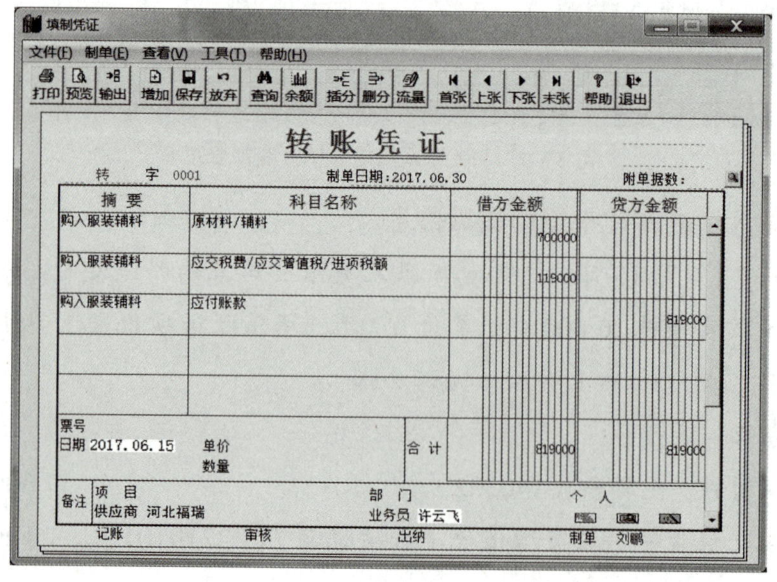

图3—11 供应商信息出现在下方备注栏中

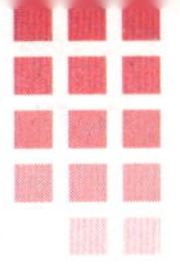

（6）输入部门和个人往来辅助核算信息

系统为用户提供了三种部门名称的输入方法，第一种是直接输入部门的中文名称，第二种是输入部门的代码，第三种是从参照窗口录入。无论采用哪一种方法，系统都要求用户预先在部门目录中完成对要输入部门的定义，再填制凭证。

【例 3—8】6 月 18 日，广州曼丽服装有限公司总经理办公室张明出差归来，报销差旅费 3 000 元（附原始凭证 6 张）。

会计分录如下：

借：管理费用——差旅费（660204）　　3 000

　　贷：其他应收款（1221）　　3 000

操作步骤为：

1）增加凭证，输入凭证头部分相关内容后，在“科目名称”栏第一行中输入“管理费用”，将光标指向借方金额，系统弹出“辅助项”对话框，单击部门右侧 按钮，选择“总经理办公室”，单击“确认”按钮，如图 3—12 所示。

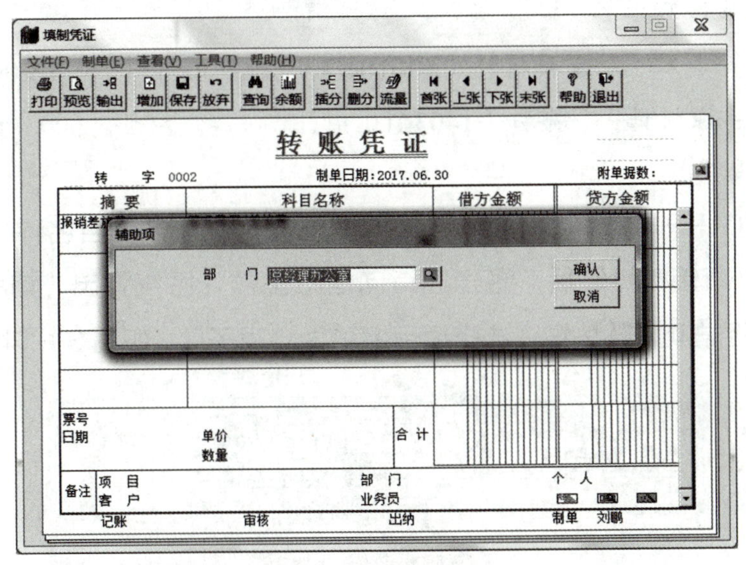

图 3—12　部门往来“辅助项”窗口

2）输入借方金额后，在“科目名称”栏第二行中输入“其他应收款”，将光标指向贷方金额，系统弹出“辅助项”对话框，此时，根据前面用户输入的信息，系统自动显示部门信息。单击“参照选择”按钮，选择个人“张明”，如图 3—13 所示。

3）单击“确认”按钮，输入贷方金额后，单击“保存”按钮，再单击“凭证已成功保存”提示对话框中的“确定”按钮。

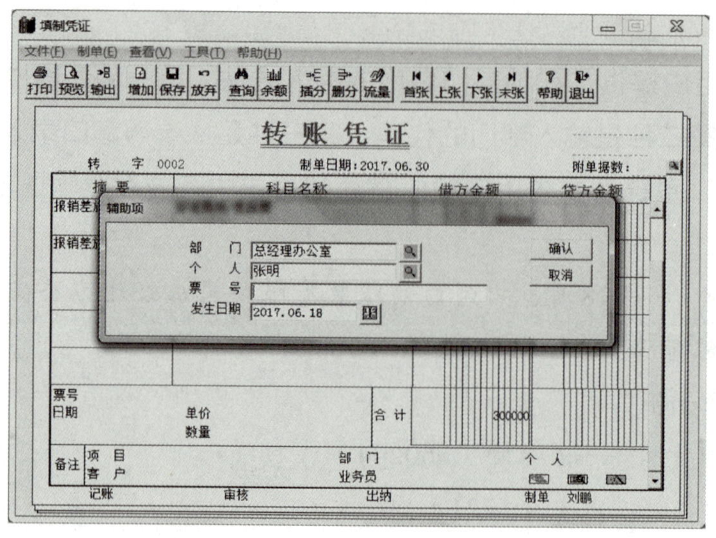

图 3—13　个人往来“辅助项”窗口

（7）输入项目辅助核算信息

【例 3—9】6 月 8 日，广州曼丽服装有限公司裁剪车间领用布料 2 000 米，单位成本 8 元，用于制作裙子（附原始凭证 1 张）。

会计分录如下：

借：生产成本——直接材料（500101）　　　　16 000

　　贷：原材料——布料（140301）　　　　16 000

操作步骤为：

1）增加凭证，输入凭证头部分相关内容后，在“科目名称”栏中输入“生产成本 / 直接材料”后，将光标指向借方金额，系统弹出“辅助项”对话框，单击项目右侧 按钮，选择项目名称为“裙子”，如图 3—14 所示。

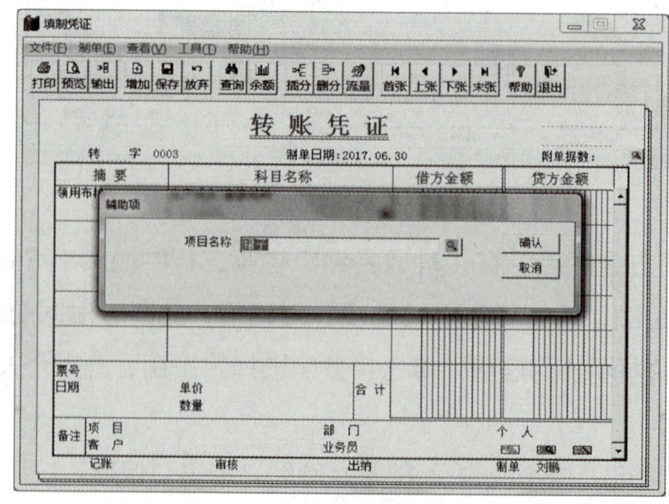

图 3—14　“辅助项”窗口

2）单击“确认”按钮，继续完成借方金额及贷方金额相关内容的输入，单击“保存”按钮，再单击“凭证已成功保存”提示对话框中的“确定”按钮。

（8）其他凭证填制

广州曼丽服装有限公司6月份发生的其他经济业务见【例3—10】至【例3—13】，相关记账凭证的填制如下。

【例3—10】6月23日，广州曼丽服装有限公司销售部杜雨售给大连友谊有限公司裙子100条，每条80元，增值税销项税额1 360元，货款未收到（附原始凭证1张）。

会计分录如下：

借：应收账款（1122）　　　　9 360

　　贷：主营业务收入（6001）　　　　8 000

　　　　应交税费——应交增值税（销项税额）（22210102）　　1 360

本例填制的记账凭证如图3—15所示。

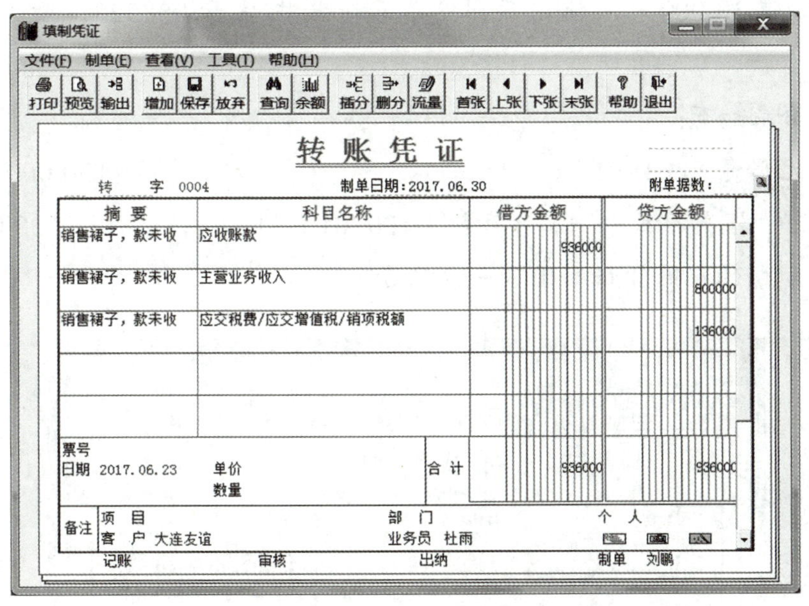

填制凭证

文件(F)　制单(E)　查看(V)　工具(T)　帮助(H)

打印　预览　输出　增加　保存　放弃　查询　余额　插分　删分　流量　首张　上张　下张　末张　帮助　退出

转 账 凭 证

转　字 0004　　制单日期：2017.06.30　　附单据数：

摘要	科目名称	借方金额	贷方金额
销售裙子，款未收	应收账款	936000	
销售裙子，款未收	主营业务收入		800000
销售裙子，款未收	应交税费/应交增值税/销项税额		136000
票号 日期 2017.06.23　单价 数量	合计	936000	936000

备注　项　目　　部　门　　个　人

客　户　大连友谊　　业务员　杜雨

记账　　审核　　出纳　　制单　刘鹏

图3—15　【例3—10】记账凭证

【例3—11】6月28日，广州曼丽服装有限公司总经理办公室支付业务招待费1 000元（转账支票号08852579，附原始凭证2张）。

会计分录如下：

借：管理费用——招待费（660205）　　　　1 000

　　贷：银行存款——工行存款（100201）　　　　1 000

本例填制的记账凭证如图 3—16 所示。

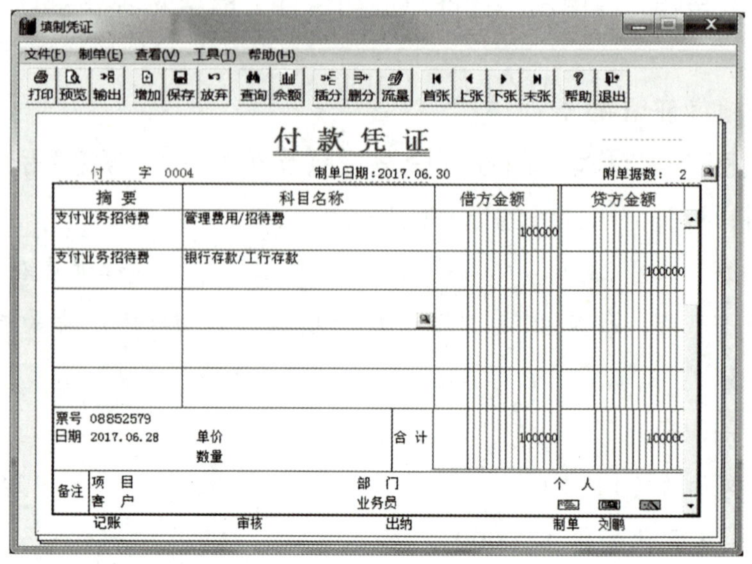

摘要	科目名称	借方金额	贷方金额
支付业务招待费	管理费用/招待费	100000	
支付业务招待费	银行存款/工行存款		100000
票号 08852579 日期 2017.06.28 单价 数量	合计	100000	100000

图 3—16 【例 3—11】记账凭证

【例 3—12】6 月 28 日，广州曼丽服装有限公司以工行存款购入一项商标权价值 30 000 元，使用年限 5 年（转账支票号 088525，附原始凭证 3 张）。

会计分录如下：

借：无形资产（1701） 30 000

贷：银行存款——工行存款（100201） 30 000

本例填制的记账凭证如图 3—17 所示。

填制凭证

文件(F) 制单(E) 查看(V) 工具(T) 帮助(H)

打印 预览 输出 增加 保存 放弃 查询 余额 插分 删分 流量 首张 上张 下张 末张 帮助 退出

付款凭证

付 字 0005　　制单日期：2017.06.30　　附单据数： 3

摘要	科目名称	借方金额	贷方金额
购入商标权	无形资产	3000000	
购入商标权	银行存款/工行存款		3000000
票号 088525 日期 2017.06.28 单价 数量	合计	3000000	3000000

备注 项目 部门 个人

客户 业务员

记账 审核 出纳 制单 刘鹏

图 3—17 【例 3—12】记账凭证

【例 3—13】6 月 29 日，广州曼丽服装有限公司结转裙子的销售成本，数量 100 条，单位成本 50 元（附原始凭证 1 张）。

会计分录如下：

借：主营业务成本（6401） 5 000

　　贷：库存商品（1405） 5 000

本例填制的记账凭证如图 3—18 所示。

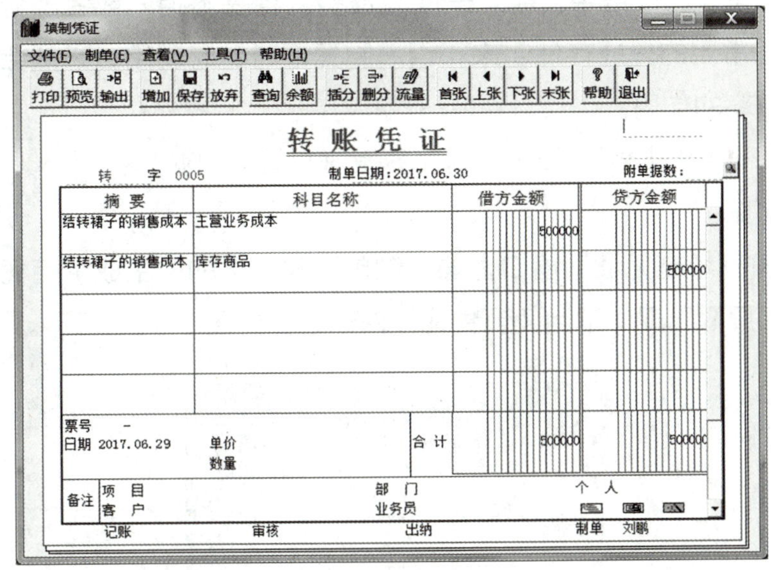

填制凭证

文件(F) 制单(E) 查看(V) 工具(T) 帮助(H)

打印 预览 输出 增加 保存 放弃 查询 余额 插分 删分 流量 首张 上张 下张 末张 帮助 退出

转 账 凭 证

转 字 0005　　制单日期：2017.06.30　　附单据数：

摘要	科目名称	借方金额	贷方金额
结转裙子的销售成本	主营业务成本	500000	
结转裙子的销售成本	库存商品		500000
票号 - 日期 2017.06.29　单价 数量	合计	500000	500000

备注　项目　部门　个人

　　　客户　业务员

记账　审核　出纳　制单 刘鹏

图 3—18 【例 3—13】记账凭证

4. 凭证的其他管理功能

（1）最新余额一览表

将鼠标指向当前凭证中的任一科目上，单击“余额”按钮，系统自动显示该科目的最新余额一览表。“银行存款 / 中行存款”的最新余额一览表如图 3—19 所示。

最新余额一览表

科　目：中行存款(100202)

辅助项：

时　间：2017.06　　计量单位：　　币种：美元

	方向	金额	外币	数量
期初余额	借	120,000.00		
本期借方发生		702,000.00	100,000.00	
本期贷方发生				
借方累计		702,000.00	100,000.00	
贷方累计				
期末余额	借	822,000.00	100,000.00	

图 3—19 “最新余额一览表”窗口

（2）联查单据

在“填制凭证”窗口中，单击“查看”菜单，在其下拉菜单中可以查看到与当前科目相关的“明细账”和“原始单据”。若该张凭证是其他子系统传递到总账系统中来的，可以将鼠标指向凭证名称，单击鼠标左键，可看到生成该凭证的来源信息。

（3）常用凭证

在填制凭证的过程中，会有一些凭证的内容基本相同或者部分相同。如果能将这些常用的凭证存储起来，供填制凭证时随时调用，必然会起到提高业务处理效率的作用。

【例 3—14】将【例 3—2】中的记账凭证设为常用凭证。

操作步骤为：

1）打开“填制凭证”窗口上的“制单”菜单下的“生成常用凭证”下拉菜单，然后屏幕出现“常用凭证生成”对话框，如图 3—20 所示。

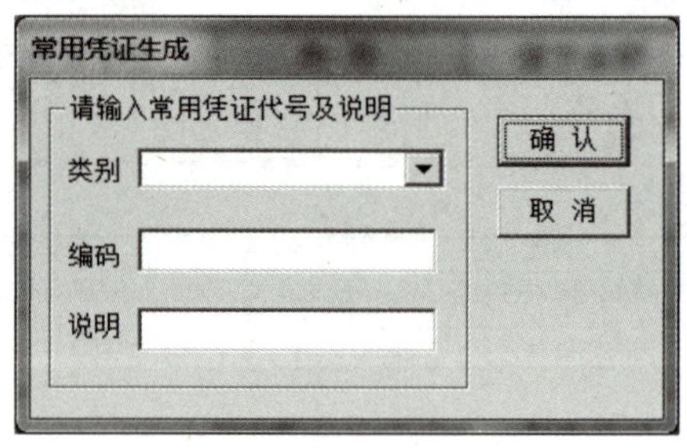

图 3—20 “常用凭证生成”对话框

2）给该张凭证确定一个代号和说明，该张凭证即被存入常用凭证库中，以后可按所存代号调用这张常用凭证。

3）如果在“常用凭证”中已有与目前将要填制的凭证相类似或完全相同的凭证，使用时可以将其调出并改成符合需要的凭证，这样会大大加快凭证的录入速度。

调用方法为：选择“填制凭证”对话框中“制单”菜单下的“调用常用凭证”下拉菜单，然后按屏幕提示输入常用凭证代号，并单击“确定”按钮。其他操作与修改或填制凭证步骤相同。

二、凭证查询与汇总

1. 凭证查询

在制单中，可通过查询功能对凭证进行查看，以随时了解经济业务的发生情

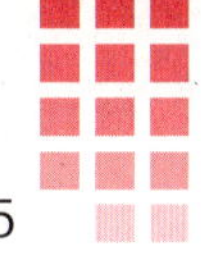

况，保证填制凭证的正确性。该功能可查看当前科目的最新余额、明细账等。

【例 3—15】查找广州曼丽服装有限公司 2017 年 6 月的转账凭证。

操作步骤为：

（1）在“填制凭证”窗口中，单击“查询”按钮，如图 3—21 所示。

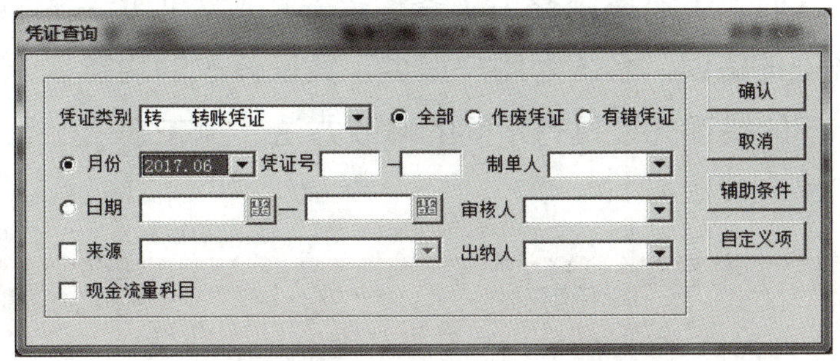

图 3—21 “凭证查询”对话框

（2）选择“凭证类别”为转账凭证，选择“月份”为“2017.06”，选中“全部”按钮，其他栏目可为空，单击“确认”按钮，即可显示符合条件的凭证。

（3）在各个凭证中的分录间移动光标，凭证下方的备注栏会动态地显示相应的辅助信息。单击“余额”按钮，显示当前光标所指科目包含的所有已保存凭证的最新余额。当光标定在某条分录上时，单击“查看”中“联查明细账”按钮，可显示该笔业务发生科目的明细账。

2. 凭证汇总

记账凭证全部填制完毕后，可以利用凭证汇总功能将未记账或已记账的凭证进行汇总，以便财务人员随时查看企业的财务信息。

操作步骤为：

（1）在用友管理软件工作窗口，单击“总账”下拉菜单“凭证”中的“科目汇总”命令，出现“科目汇总”对话框，如图 3—22 所示。

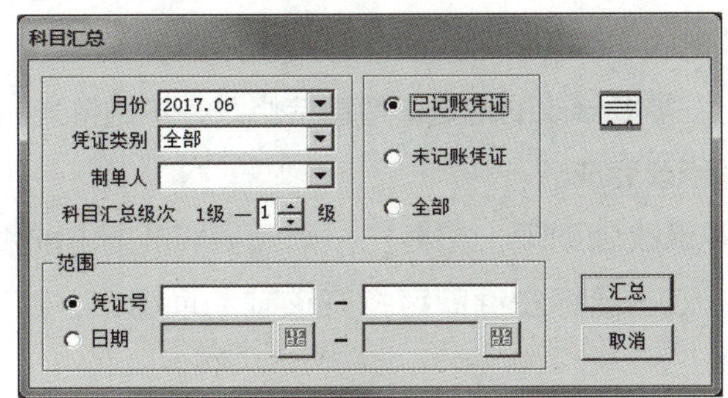

图 3—22 “科目汇总”对话框

（2）输入“月份”“凭证类别”等，其他条件可以为空，单击“汇总”按钮，系统显示本月份全部凭证的科目汇总表。

三、修改凭证

在凭证输入时，虽然系统提供了各种控错措施，但仍会有错误发生。为了及时纠正凭证的错误，系统为用户提供了凭证修改的功能。

不同状态下的错误凭证具有不同的修改方法，见表3—2。

表3—2　　凭证修改分类

修改方法	适用情况	修改过程
无痕迹修改法	已经填制完成但尚未审核签字的错误凭证	在“填制凭证”窗口通过查询找到错误凭证直接进行修改
	已经审核签字但尚未记账的错误凭证	先取消审核签字状态，使“填制凭证”窗口还原为未审核状态，直接进行修改
有痕迹修改法	已经记过账的错误凭证	采用“红字冲销法”和“补充登记法”进行更正

注意：财务制度要求对已经记账的错误凭证留下审计线索，所以通常采用“红字冲销法”和“补充登记法”进行更正。

“红字冲销法”既可以在“填制凭证”窗口编制红字凭证，又可以调用“制单”菜单下的“冲销凭证”功能，由系统自动生成一张红字凭证。

【例3—16】假设发现收字0002号凭证的金额有误，该凭证未经审核签字，如何修改？

操作步骤为：

（1）在“填制凭证”窗口中，通过“查询”按钮或者选择“上张”“下张”按钮找到需要修改的收字0002号凭证，如图3—23所示。

（2）将光标定在需要修改的地方即可直接修改，本例将光标指向金额，直接输入正确的金额即修改完成。

（3）如果需要修改辅助项，如客户，则需要将光标指向凭证下方备注栏处的“客户”上，双击鼠标左键即可打开该辅助项窗口，然后直接修改相关信息。

（4）单击“保存”按钮，保存已修改的内容。

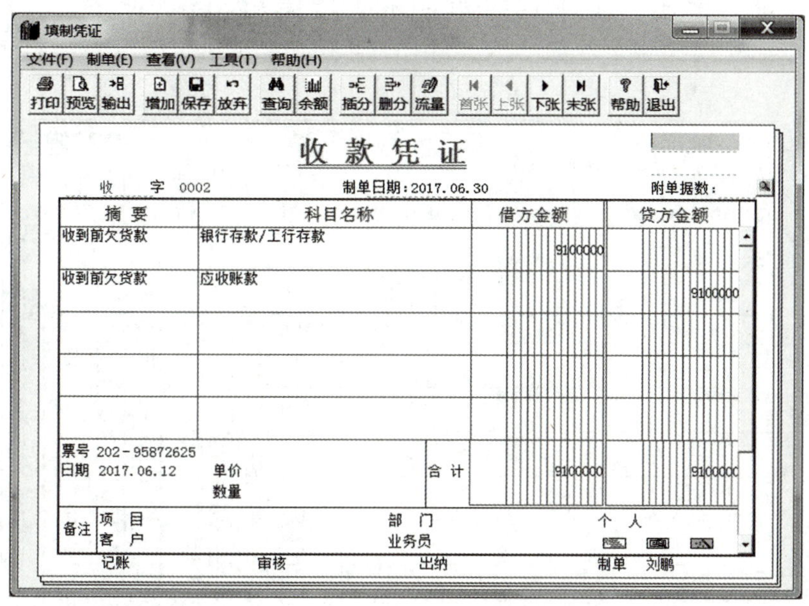

图 3—23 “填制凭证”窗口

注意：“空格”键可修改金额方向。单击“制单”菜单中的“插入分录”，可在当前分录之前增加一条分录；若想放弃增行，可按“删除分录”按钮。其他子系统传过来的凭证不能在总账系统中修改，只能回到生成该凭证的子系统中进行修改。

四、删除凭证

如果有错误或非法的未记账凭证需要删除时，可使用本功能。先在这些凭证上打上“作废字样”，再通过整理凭证功能，将其彻底删除并由系统对未记账凭证重新编号。

【例 3—17】假设发现付字 0005 号凭证需要删除，该凭证未审核、未记账，如何删除？

1. 作废凭证

作废凭证是指在未记账凭证左上角打上“作废”标记，不能参与修改和审核的记账凭证。记账时作废凭证相当于一张空白凭证，但仍然参与记账，否则月末无法结账。在进行账簿查询时，查不到作废凭证的数据。

操作步骤为：

（1）在“填制凭证”窗口中，利用凭证查询功能找到需要作废的付字

0005号凭证，单击“制单”菜单中的“作废/恢复”命令，如图3—24所示。

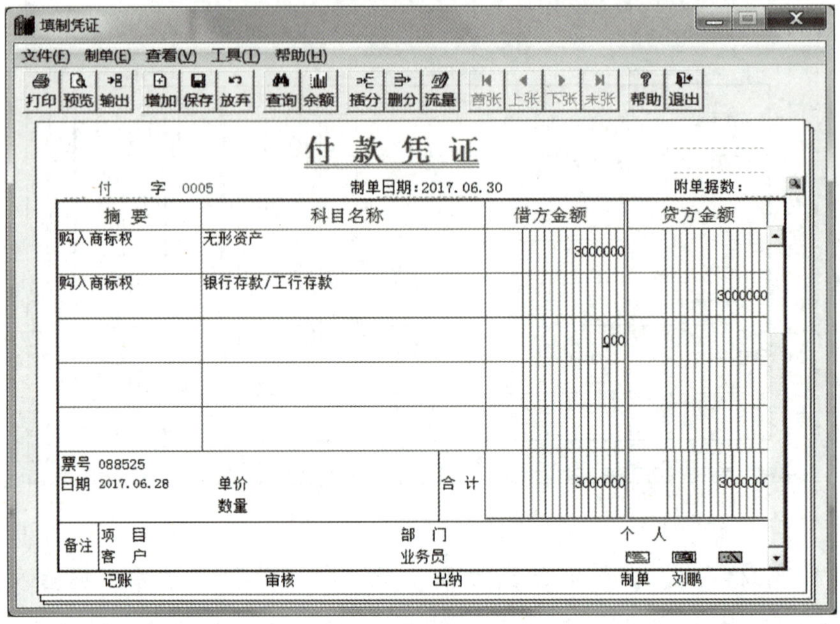

图3—24　作废凭证1

（2）在该张凭证的左上角显示“作废”字样，表明该凭证已经作废，如图3—25所示。

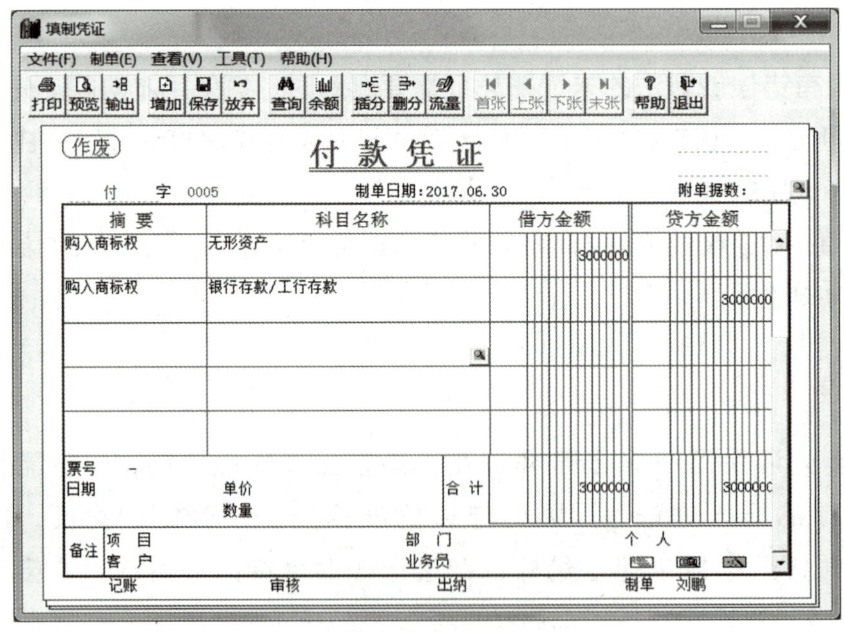

图3—25　作废凭证2

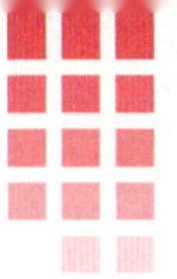

2. 整理凭证

整理凭证就是要删除所有打上“作废”标志的凭证，并对未记账凭证进行重新编号。凭证整理只能对未记账凭证进行整理。若是对已记账凭证进行整理，需要先取消记账状态，恢复到月初记账状态后再进行凭证整理。

操作步骤为：

（1）在“填制凭证”窗口中，单击“制单”菜单中的“整理凭证”命令，如图3—26所示。

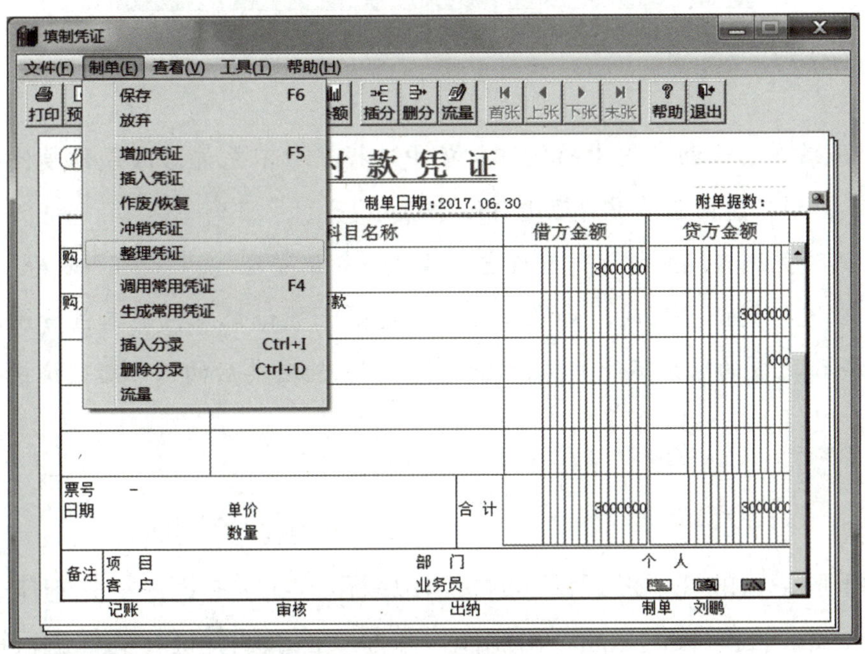

图3—26 整理凭证

（2）在弹出的“整理凭证”对话框中，选择要整理的月份“2017.06”单击“确定”按钮，如图3—27所示。

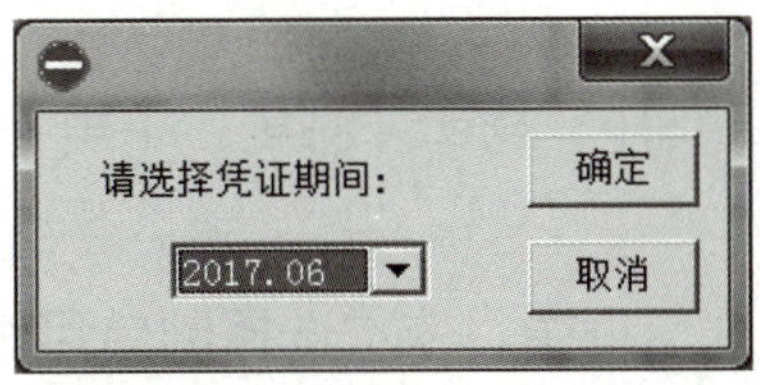

图3—27 “整理凭证”对话框

（3）在弹出的“作废凭证表”中单击“全选”按钮，再单击“确定”按钮，系统将会自动删除该张凭证，并对剩余的凭证重新编号，如图3—28所示。

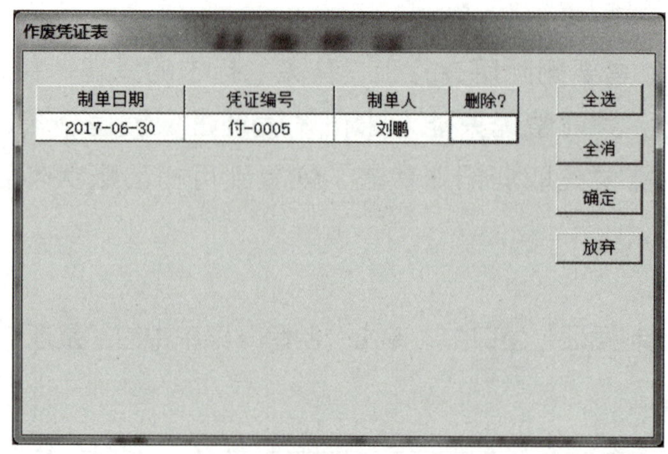

图 3—28 作废凭证表

注意：

● 如果在总账初始化中的凭证选项中选择了“不允许修改或作废他人填制的凭证”，则只能由制单员自己进行删除操作。

● 删除凭证只能先打上作废标志，再执行凭证整理。

● 在进行凭证整理时，如果本月份已有若干凭证记账，则本月份最后一张已记账凭证之前的凭证不能够执行凭证整理，只能对其后的未记账凭证执行凭证整理。

五、冲销凭证

对于已记账的凭证发现错误时，可以采用“红字冲销法”先制作一张红字冲销凭证，经审核记账后，再制作一张蓝字正确的凭证，同样进行审核记账。红字冲销凭证应视为正常的凭证进行保存和管理。

【例 3—18】假设发现转字 0005 号凭证的科目名称有误，该凭证已记账，如何冲销？

操作步骤为：

（1）在“填制凭证”窗口中，单击“制单”菜单下的“冲销凭证”命令，如图 3—29 所示。

（2）在“冲销凭证”对话框中，依次选择制单月份“2017.06”、凭证类别“转账凭证”及凭证号“0005”等内容。单击“确认”按钮，完成生成冲销凭证的工作，如图 3—30 所示。

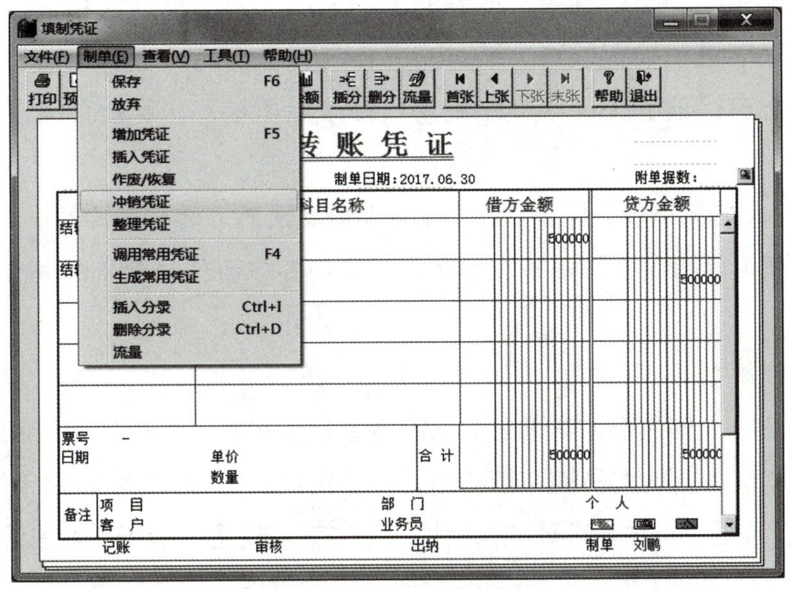

图 3—29 冲销凭证

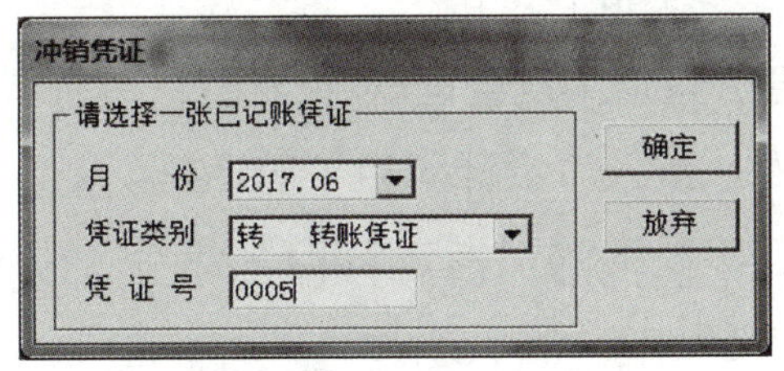

图 3—30 “冲销凭证”对话框

注意：生成红字冲销凭证后，应将其审核并记账。填制正确的记账凭证后，也应审核并记账。

六、审核记账凭证

审核记账凭证是指由具有审核权限的操作员按照会计制度的相关规定，对制单人填制的记账凭证进行合法性和合理性检查，其目的是防止错误、舞弊的发生。只有经审核通过的记账凭证才可以进行记账。

根据前面初始化的设置，应先由出纳人员对出纳凭证执行签字，再由审核员进行凭证审核。凭证审核的操作内容包括出纳签字和审核凭证两项内容。

【例 3—19】对广州曼丽服装有限公司 6 月的所有记账凭证进行出纳签字及审核凭证的操作。

1. 出纳签字

由于出纳凭证涉及企业资金的收入与支出，所以应加强管理。出纳人员可通过出纳签字功能对制单员填制的出纳凭证（即涉及现金和银行存款科目的记账凭证）进行检查核对，核对的主要内容是出纳凭证的科目金额是否正确，审查出有错误的凭证应交由制单员修改后再核对，若检查无误则由出纳签字。

注意：记账凭证填制完成后，如果在总账系统的“选项”设置中勾选了“出纳凭证必须由出纳签字”一项，那么未经出纳签字的凭证是不能进行审核签字的。

操作步骤为：

（1）在进行出纳签字操作之前，应检查是否已将“库存现金”和“银行存款”科目指定为出纳人员的专管科目，只有指定科目后才能执行出纳签字的操作，从而实现现金、银行存款的保密性，才能查看现金、银行存款日记账。

本教材前述例子中，尚未进行指定科目的操作，因此这里首先需要进行指定科目的操作，其操作步骤如下：

1）以账套主管身份登录用友管理软件，选择“基础设置”菜单中“财务”下的“会计科目”命令，进入“会计科目”对话框。

2）选择“编辑”菜单下的“指定科目”命令，进入“指定科目”对话框。

3）单击“现金总账科目”按钮，再单击选中“1001 库存现金”科目。

4）单击 > 按钮，将“1001 库存现金”科目由待选科目选入已选科目。

5）参照以上步骤，将“1002 银行存款”由待选科目选入已选科目。

6）最后单击“确认”按钮，完成指定科目的操作。

（2）完成指定科目的操作后，才可进行出纳签字的操作。

操作步骤为：

1）以出纳王萍的身份进入软件工作窗口，选择“总账”菜单中“凭证”下的“出纳签字”命令，如图 3—31 所示。

2）系统弹出“出纳签字”对话框。在月份中选择“2017.06”，选择单选按钮“全部”，其余选项可以为空，如图 3—32 所示。

3）单击“确认”按钮，进入“出纳签字”凭证列表窗口，如图 3—33 所示。

4）在“出纳签字”凭证列表窗口中，列示了所有符合条件的出纳凭证记录，双击某一待签字凭证或者选中后单击“确定”按钮，即可打开该记账凭证。

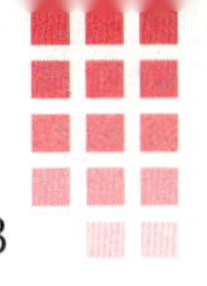

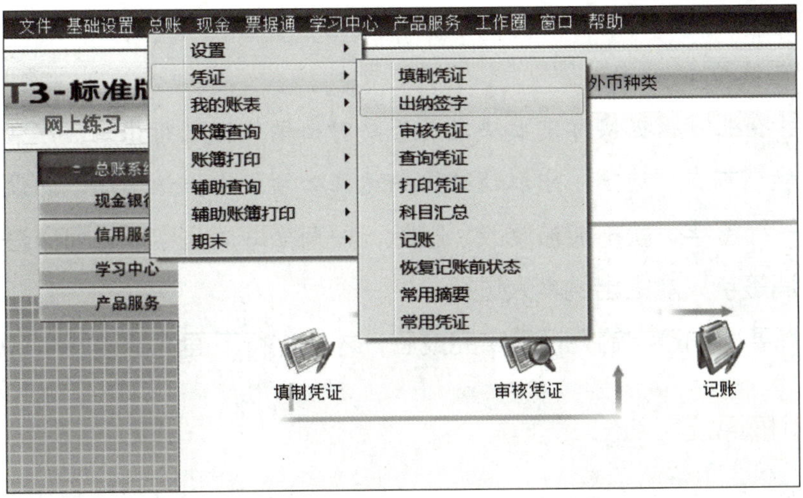

图 3—31　工作窗口

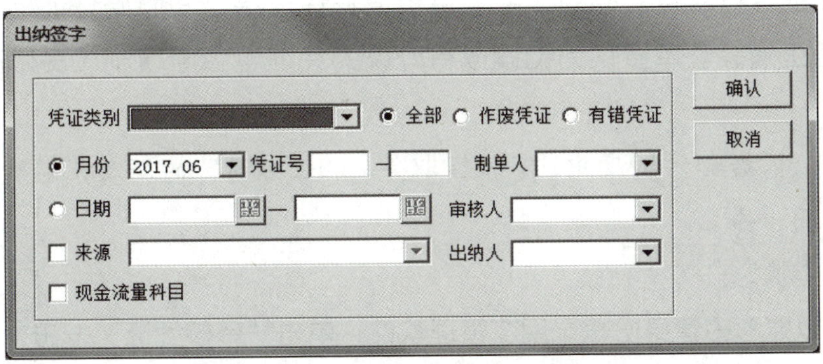

图 3—32　“出纳签字”对话框

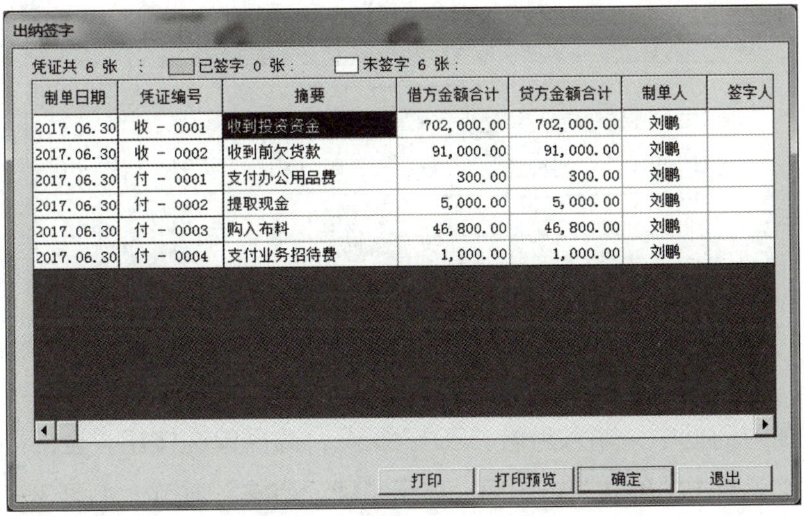

凭证共 6 张　已签字 0 张　未签字 6 张

制单日期	凭证编号	摘要	借方金额合计	贷方金额合计	制单人	签字人
2017.06.30	收 - 0001	收到投资资金	702,000.00	702,000.00	刘鹏	
2017.06.30	收 - 0002	收到前欠货款	91,000.00	91,000.00	刘鹏	
2017.06.30	付 - 0001	支付办公用品费	300.00	300.00	刘鹏	
2017.06.30	付 - 0002	提取现金	5,000.00	5,000.00	刘鹏	
2017.06.30	付 - 0003	购入布料	46,800.00	46,800.00	刘鹏	
2017.06.30	付 - 0004	支付业务招待费	1,000.00	1,000.00	刘鹏	

图 3—33　“出纳签字”凭证列表窗口

5）对打开的待签字凭证审核无误后，单击凭证上方的“签字”按钮，系统自动在当前凭证下方的“出纳”岗位签名位置上显示“王萍”。

为了提高工作效率，操作员可以在“出纳”菜单下单击“成批出纳签字”

按钮，快速地对所有出纳凭证进行一次性签字。签字完毕，单击“退出”按钮，返回主界面。

注意：企业可根据实际需要决定是否要对出纳凭证进行出纳签字管理，若不需要此功能，可在“选项”中取消“出纳凭证必须经由出纳签字”的设置。

凭证一经签字，就不能被修改、删除，只有被取消签字后才可以进行修改或删除。取消签字只能由出纳本人进行。

只有需要出纳签字的凭证签字完成后，才能进行下面的审核签字工作。

2. 审核凭证

审核凭证是指由具有审核权限的会计人员按照财会制度对制单员已填制的记账凭证进行检查、核对，主要审核记账凭证是否与原始凭证相符，会计分录是否正确等。审查认为错误或有异议的凭证应由原填制人员修改后再进行审核。

注意：根据会计制度中“不相容职务应相互分离”的规定，制单人和审核人不能为同一人。

操作步骤为：

（1）以账套主管身份登录用友管理软件，单击“审核凭证”按钮，弹出“凭证审核”对话框，如图 3—34 所示。

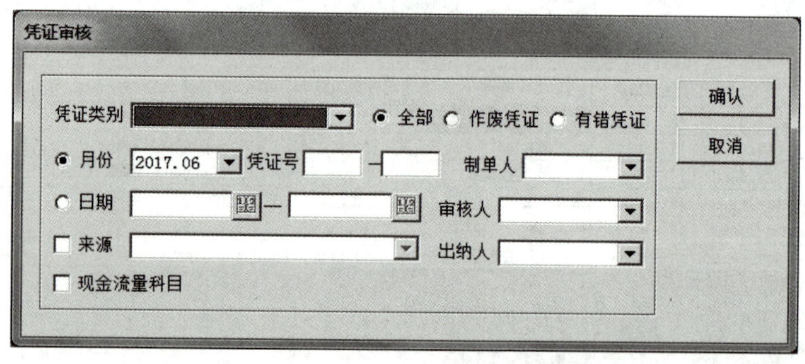

图 3—34 “凭证审核”对话框

（2）在对话框中，输入月份“2017.06”，选择单选按钮“全部”，其余选项可以为空，单击“确认”按钮后，显示“凭证审核”窗口，如图 3—35 所示。

（3）双击某一待审核凭证记录或单击选中后点击“确定”按钮，即可打开一张待审核凭证，审核无误后单击凭证工具栏中的“审核”按钮，系统自动在凭证下方“审核”处签上审核员的名字。单击“下张”按钮，可进行逐张凭证的审核签字。审核完毕后单击“退出”按钮返回主界面。

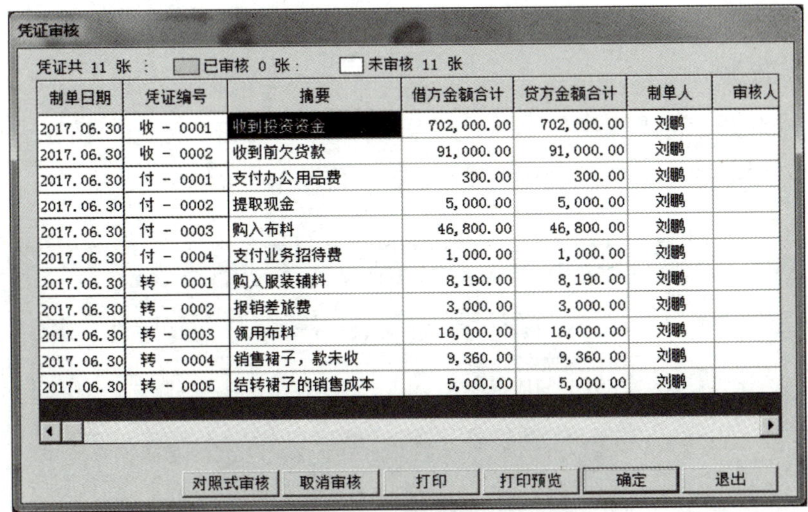
凭证审核

凭证共 11 张 ： 已审核 0 张 ： 未审核 11 张

制单日期	凭证编号	摘要	借方金额合计	贷方金额合计	制单人	审核人
2017.06.30	收 - 0001	收到投资资金	702,000.00	702,000.00	刘鹏	
2017.06.30	收 - 0002	收到前欠货款	91,000.00	91,000.00	刘鹏	
2017.06.30	付 - 0001	支付办公用品费	300.00	300.00	刘鹏	
2017.06.30	付 - 0002	提取现金	5,000.00	5,000.00	刘鹏	
2017.06.30	付 - 0003	购入布料	46,800.00	46,800.00	刘鹏	
2017.06.30	付 - 0004	支付业务招待费	1,000.00	1,000.00	刘鹏	
2017.06.30	转 - 0001	购入服装辅料	8,190.00	8,190.00	刘鹏	
2017.06.30	转 - 0002	报销差旅费	3,000.00	3,000.00	刘鹏	
2017.06.30	转 - 0003	领用布料	16,000.00	16,000.00	刘鹏	
2017.06.30	转 - 0004	销售裙子，款未收	9,360.00	9,360.00	刘鹏	
2017.06.30	转 - 0005	结转裙子的销售成本	5,000.00	5,000.00	刘鹏	

对照式审核 取消审核 打印 打印预览 确定 退出

图 3—35 “凭证审核”窗口

（4）相关功能按钮。在该环节，常用到以下功能按钮：

1）“成批审核凭证”功能。对所有准确无误的凭证成批签字，以加快审核签字速度。

2）“取消”按钮。可以对已审核的凭证取消审核，只有取消审核签字后才能对凭证进行修改和删除。

3）“标错”按钮。若审核人员发现该凭证有错误，可按此按钮对凭证进行标错，此时在错误凭证的左上角标有“有错”字样，以便制单人对其进行修改。若要取消“有错”字样，二次按键便可取消。

注意：审核人要具有审核权。凭证一经审核，就不能被修改、删除，只有被取消审核签字后才可以进行修改或删除。取消审核签字只能由审核人进行。

作废凭证既不能被审核，也不能被标错。已标错的凭证不能被审核，若想审核，需先取消标错后才能审核。

如果已经设置了“出纳凭证需由出纳签字”，那么凭证必须先进行出纳签字后方可执行审核签字。

3. 登记账簿

登记账簿是指以已经审核签字的会计凭证为依据，将经济业务全面、连续、系统地记录到各类账簿中。

（1）记账

记账是由计算机按照事先设置好的记账程序自动进行的账簿记录过程。

【例 3—20】对广州曼丽服装有限公司 6 月的所有已审核、未记账的凭证执行记账操作。

操作步骤为：

1）以记账员刘鹏的身份登录用友管理软件，单击“记账”按钮，进入“记账向导1——选择本次记账范围”对话框，如图3—36所示。

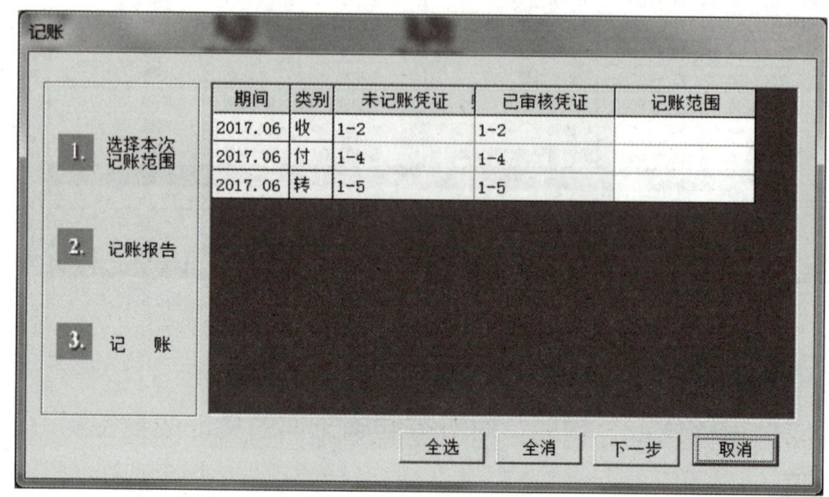

图3—36 “记账向导1——选择本次记账范围”对话框

2）单击“下一步”按钮，进入“记账向导2——记账报告”对话框，如图3—37所示。

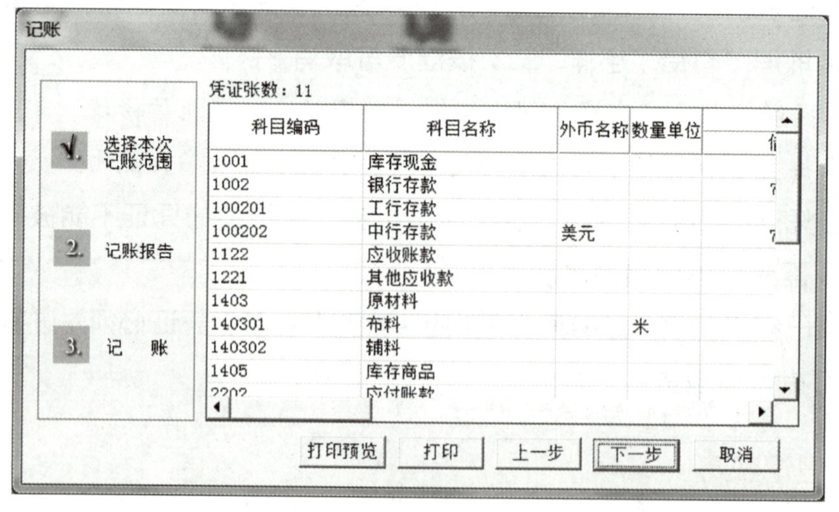

图3—37 “记账向导2——记账报告”对话框

3）单击“记账”按钮，显示“期初试算平衡表”窗口，表明期初余额是否平衡，如图3—38所示。第一次记账时若期初余额计算不平衡，则不能记账。若显示试算平衡，则单击“确认”按钮，系统开始登录有关的总账、明细账和辅助账，如图3—39所示。

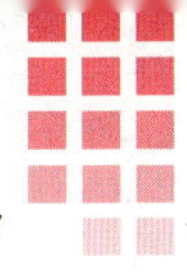

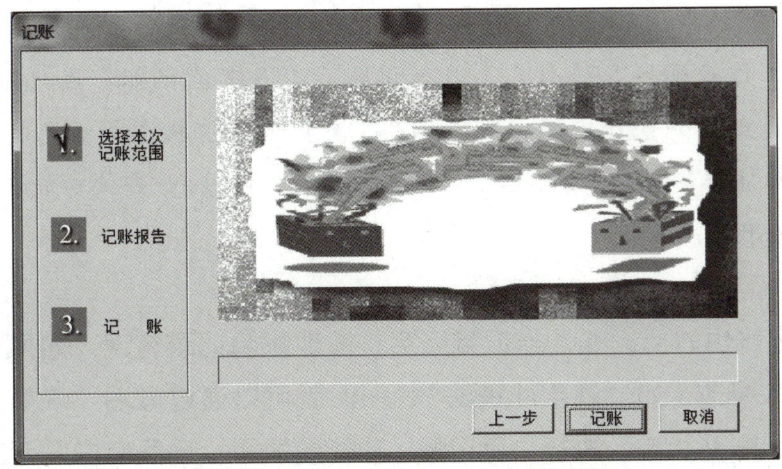

图 3—38　“记账向导 3——记账”对话框

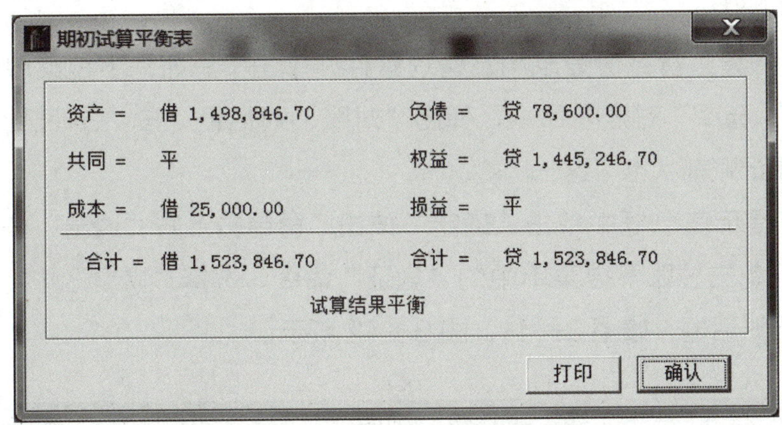

图 3—39　“期初试算平衡表”窗口

4）系统自动记账结束并提示记账完毕，表明记账工作结束，单击“确定”按钮，完成记账工作，如图 3—40 所示。

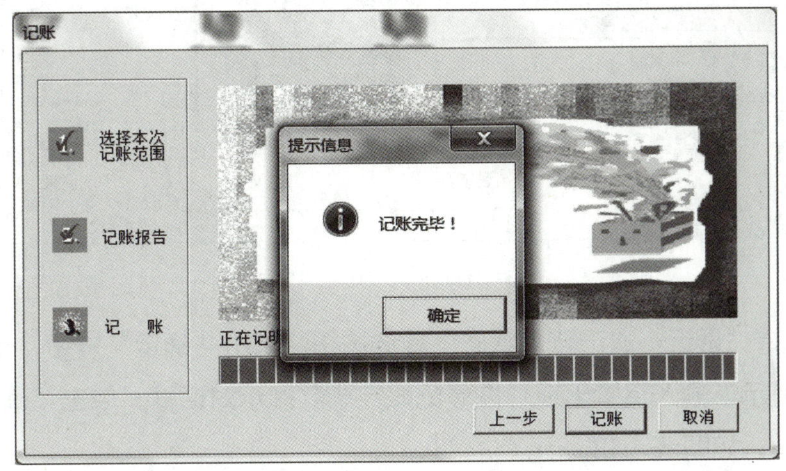

图 3—40　完成记账工作

注意：未经审核签字的凭证不能记账。记账范围应小于或等于已审核范围。记账工作必须按月进行，上月未记账，本月不能记账。在记账过程中，不得中断退出，如意外中断，可以调用“恢复记账前状态”功能。记账完成之后，记账凭证不能在“填制凭证”界面查找，而应打开查询功能在“查询凭证”界面查找。

（2）取消记账

取消记账也叫反记账。当记完账后，发现账簿记录有误，如果不想通过其他方式来修改（如“红字冲销法”等），就可以通过激活“恢复记账前功能”回到记账前状态。执行“反记账”功能要慎重，一般应由账套主管来执行。

操作步骤为：

1）以账套主管身份登录用友管理软件，单击“总账”下拉菜单中的“期末”选项，选择“对账”命令，弹出“对账”对话框，按“CTRAL+H”键，激活“恢复记账前状态”这一功能。

2）在提示信息框中单击“确定”按钮，再单击上方“退出”按钮，退出对账功能。单击总账下拉菜单中的“凭证”命令，选择“恢复记账前状态”这一项，弹出对话框，如图 3—41、图 3—42 所示。

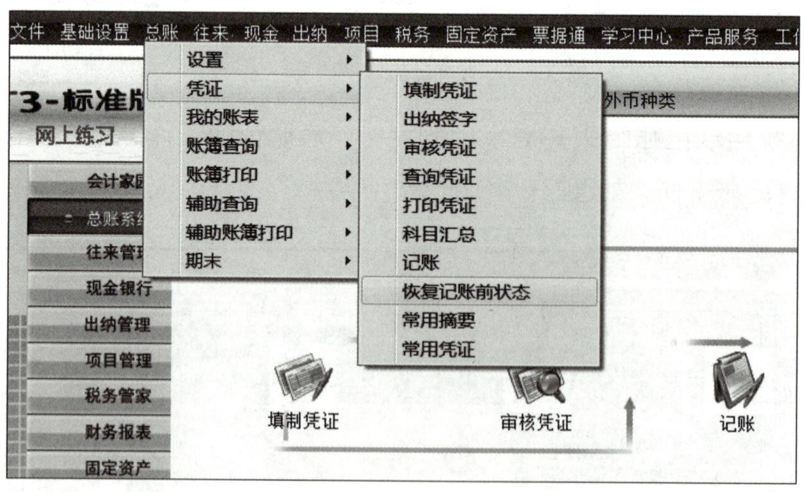

图 3—41 单击“凭证”命令

3）选择“最近一次记账前状态”复选按钮，单击“确定”按钮，出现输入主管口令提示，输入完毕出现“恢复记账完毕”提示对话框，单击“确定”按钮返回主菜单，如图 3—43 所示。

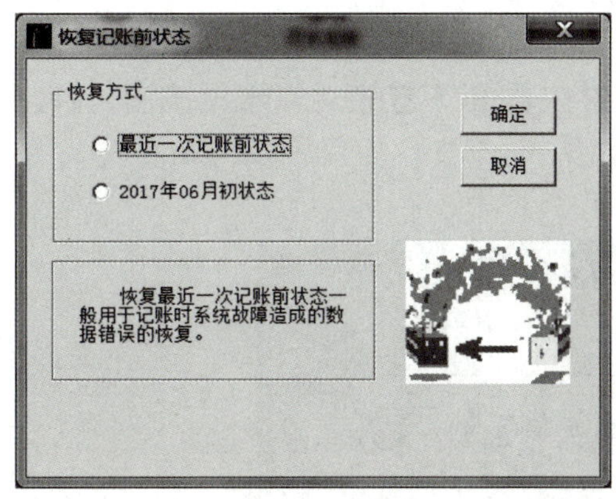

图 3—42 “恢复记账前状态”对话框

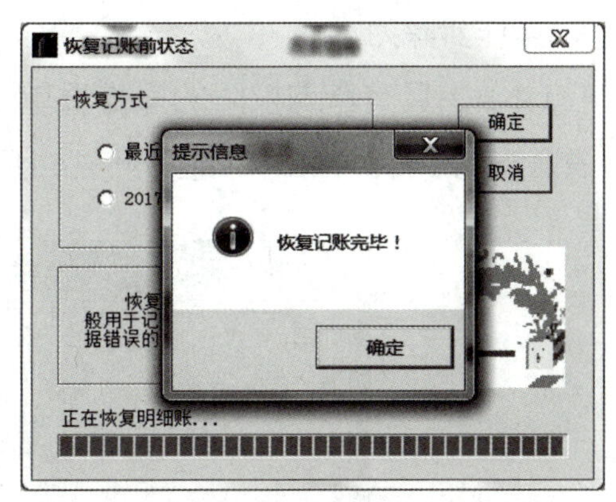

图 3—43 “恢复记账完毕”提示对话框

注意：在“对账”功能中，隐含一个“恢复记账前状态”（即取消记账）功能。系统提供两种恢复记账前状态的方法：一种是恢复到最近一次记账前状态；另一种是恢复到本月月初的状态。已结账的月份不能取消记账，未结账的月份可以取消记账。

第二节 账簿管理

一、账簿查询

在电算化系统中，企业发生的经济业务，经过填制并审核凭证、记账等操作程序后，就形成了正式的会计账簿。会计人员利用账簿管理功能，可以实现对企业所发生的经济业务进行账簿查询等操作。

账簿查询操作包括日记账查询、总账查询、明细账查询及辅助账查询等。其中日记账查询在后面的“出纳管理”一章中介绍，这里重点介绍的是总账、发生额及余额表、明细账、多栏账和辅助账的查询。

1. 总账查询

在电算化方式下，通过总账查询功能，不但可以查询到各总账科目的年初余额、各月发生额合计和月末余额，还可以查询所有二至六级明细科目的年初余额、各月发生额合计和月末余额。

【例 3—21】查询广州曼丽服装有限公司 2017 年 6 月的总账。

操作步骤为：

（1）由具有查询权限的操作员单击软件主界面下方的“总账”按钮，弹出“总账查询条件”窗口，如图 3—44 所示。

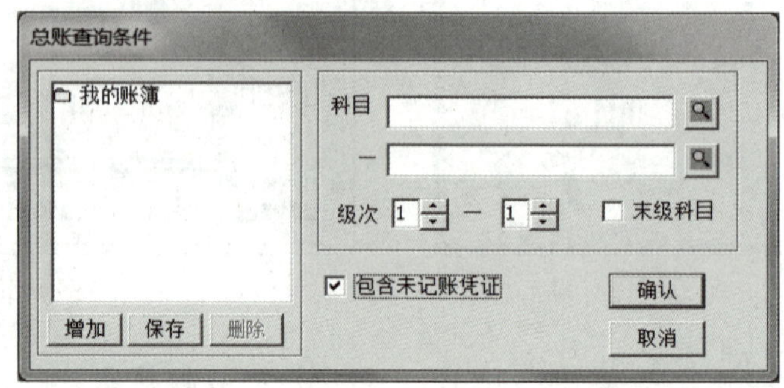

图 3—44 “总账查询条件”窗口

（2）在“科目”栏中输入科目的起止代码，若不选择（即为空时）表示选择全部科目；“级次”栏中选择“1-1”，则只查一级科目，单击“确认”按钮，显示总账查询结果，如图 3—45 所示。

文件 基础设置 总账 往来 现金 出纳 项目 税务 固定资产 票据通 学习中心 产品服务 工作圈 窗口 帮助

设置 打印 预览 输出 查询 还原 明细 帮助 退出 金额式

科目 1001 库存现金

2017年 月	日	凭证号数	摘要	借方	贷方	方向	余额
			期初余额			借	6,000.00
06			当前合计	5,000.00	300.00	借	10,700.00
06			当前累计	5,000.00	300.00		

图 3—45 总账查询结果

注意：若将科目级次输入“1–3”，表示查一至三级科目；若需要查所有末级科目，则选择“末级科目”；若想查询包含未记账凭证的总账，选择“包含未记账凭证”选项。

（3）在查询过程中，可以单击“科目”下拉框，选择需要查看的科目。

若单击工具栏中的“明细”按钮，可联查到当前科目、当前月份的明细账。当期初余额或上年结转所在行为当前行时，不能联查明细账。

2. 发生额及余额表查询

发生额及余额表用于查询、统计各级科目的本月发生额、累计发生额和余额等内容，可输出某月或某几个月的所有总账科目或明细科目的期初余额、本期发生额、累计发生额及期末余额。

【例 3—22】查询广州曼丽服装有限公司 2017 年 6 月的余额表。

操作步骤为：

（1）单击“企业应用平台”主界面下方的“余额表”，弹出“发生额及余额查询条件”窗口，如图 3—46 所示。

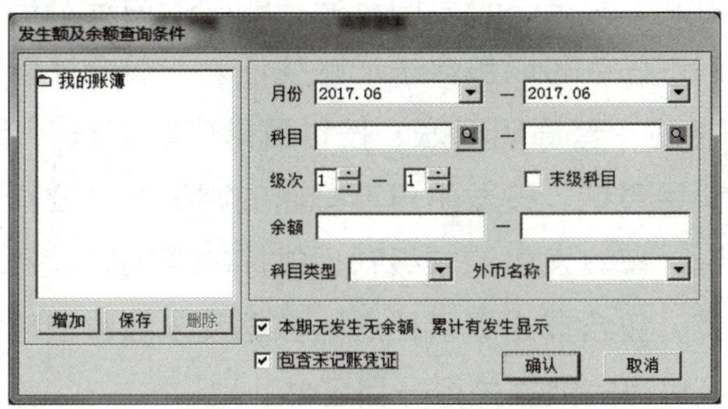

图 3—46 “发生额及余额查询条件”窗口

（2）确认“月份”栏中月份为“2017.06-2017.06”，其余为空。

（3）单击“确认”按钮，显示“发生额及余额表”查询结果，如图 3—47 所示。

文件 基础设置 总账 往来 现金 出纳 项目 税务 固定资产 票据通 学习中心 产品服务 工作圈 窗口 帮助

设置 打印 预览 输出 查询 定位 明细 过滤 转换 还原 专项 累计 帮助 退出 金额式

发生额及余额表

科目编码	科目名称	期初余额		本期发生		期末余额	
		借方	贷方	借方	贷方	借方	贷方
1001	库存现金	6,000.00		5,000.00	300.00	10,700.00	
1002	银行存款	340,000.00		793,000.00	52,800.00	1,080,200.00	
1122	应收账款	191,000.00		9,360.00	91,000.00	109,360.00	
1221	其他应收款	5,600.00			3,000.00	2,600.00	
1403	原材料	36,000.00		47,000.00	16,000.00	67,000.00	
1405	库存商品	168,000.00			5,000.00	163,000.00	
1601	固定资产	549,000.00				549,000.00	
1602	累计折旧		96,753.30				96,753.30
1701	无形资产	300,000.00				300,000.00	
资产小计		1,595,600.00	96,753.30	854,360.00	168,100.00	2,281,860.00	96,753.30
2202	应付账款		68,000.00		8,190.00		76,190.00
2211	应付职工薪酬		5,200.00				5,200.00
2221	应交税费			7,990.00	1,360.00	6,630.00	
2241	其他应付款		5,400.00				5,400.00
负债小计			78,600.00	7,990.00	9,550.00	6,630.00	86,790.00
4001	实收资本		1,000,000.00		702,000.00		1,702,000.00
4002	资本公积		127,246.70				127,246.70
4104	利润分配		318,000.00				318,000.00
权益小计			1,445,246.70		702,000.00		2,147,246.70
5001	生产成本	25,000.00		16,000.00		41,000.00	
成本小计		25,000.00		16,000.00		41,000.00	
6001	主营业务收入				8,000.00		8,000.00
6401	主营业务成本			5,000.00		5,000.00	
6601	销售费用			300.00		300.00	
6602	管理费用			4,000.00		4,000.00	
损益小计				9,300.00	8,000.00	9,300.00	8,000.00
合计		1,620,600.00	1,620,600.00	887,650.00	887,650.00	2,338,790.00	2,338,790.00

图 3—47 “发生额及余额表”查询结果

注意：在“发生额及余额表”查询结果界面的右上角“账页格式”栏中，可选择不同的账页格式。单击工具栏中的“累计”按钮，系统自动显示借、贷方累计发生额。

3. 明细账查询

明细账查询功能主要是平时查询各账户的明细情况及按任意条件组合查询明细账。在查询过程中可以包含未记账凭证。一般会计管理软件提供了三种明细账的查询格式：普通明细账、按科目排序明细账、月份综合明细账。普通明细账是按科目查询、按发生日期排序的明细账，按科目排序明细账是按非末级科目查询、按其发生的末级科目排序的明细账，月份综合明细账是按非末级科目查询，包含非末级科目总账数据及末级科目明细数据的综合明细账，可以对各级科目的数据关系一目了然。

【例 3—23】查询广州曼丽服装有限公司 2017 年 6 月“140301 原材料——布料”的明细账。

操作步骤为：

（1）单击“企业应用平台”主界面下方的“明细账”按钮，弹出“明细账查询条件”窗口。在“科目”下拉列表中，选择“原材料——布料”科目，如图 3—48 所示。

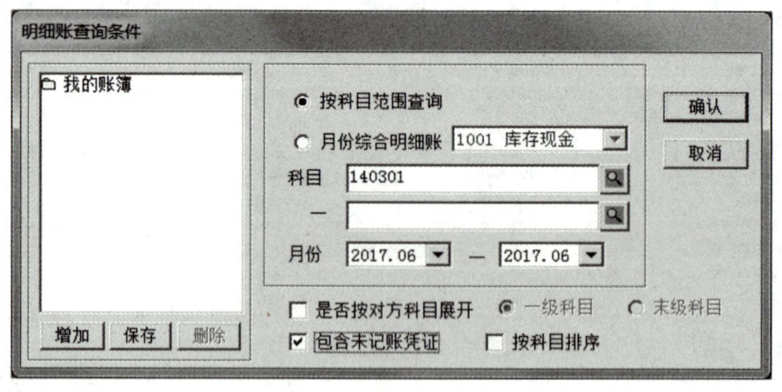

图 3—48 “明细账查询条件”窗口

（2）输入完毕后，单击“确认”按钮，系统显示要查询的原材料明细账结果，如图 3—49 所示。

4. 多栏账查询

【例 3—24】定义并查询广州曼丽服装有限公司 2017 年 6 月“6602 管理费用”科目的多栏账。

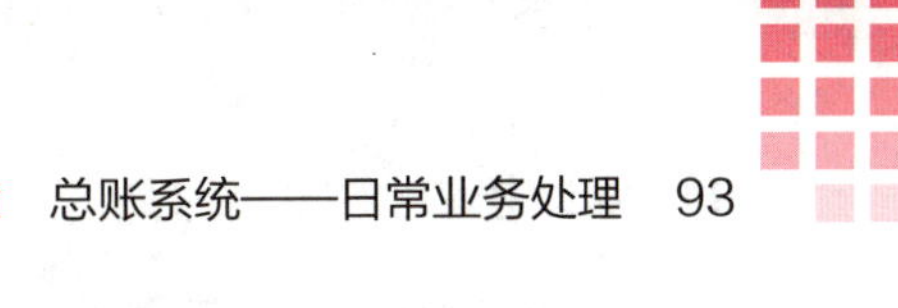

文件 基础设置 总账 往来 现金 出纳 项目 税务 固定资产 票据通 学习中心 产品服务 工作圈 窗口 帮助

设置 打印 预览 输出 批量 查询 过滤 摘要 锁定 还原 凭证 总账 帮助 退出 金额式

科目 140301 布料

2017年 月	日	凭证号数	摘要	借方	贷方	方向	余额
			期初余额			借	20,000.00
06	30	付-0003	*购入布料	40,000.00		借	60,000.00
06	30	转-0003	*领用布料		16,000.00	借	44,000.00
06			当前合计	40,000.00	16,000.00	借	44,000.00
06			当前累计	40,000.00	16,000.00	借	44,000.00

图 3—49 明细账查询结果

操作步骤为：

（1）单击“企业应用平台”主界面下方的“多栏账”按钮，显示“多栏账”窗口。

（2）单击“增加”按钮，显示“多栏账定义”窗口。在“多栏账定义”对话框中，选择“核算科目”为“6602 管理费用”，系统自动命名“多栏账名称”为“管理费用多栏账”，如图 3—50 所示。

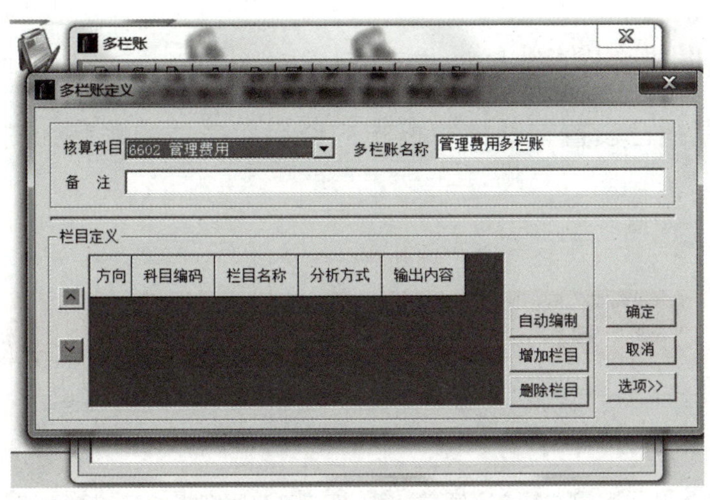

图 3—50 “多栏账定义”对话框

（3）单击窗口下方“自动编制”按钮，系统自动将“6602 管理费用”科目的下级科目设置成借方栏目。单击“选项”按钮，打开“格式预览”对话框，选择“分析方式、输出内容”为“金额”，选择“分析栏目前置”单选按钮。单击“确定”按钮，返回到“多栏账”窗口，如图 3—51 所示。

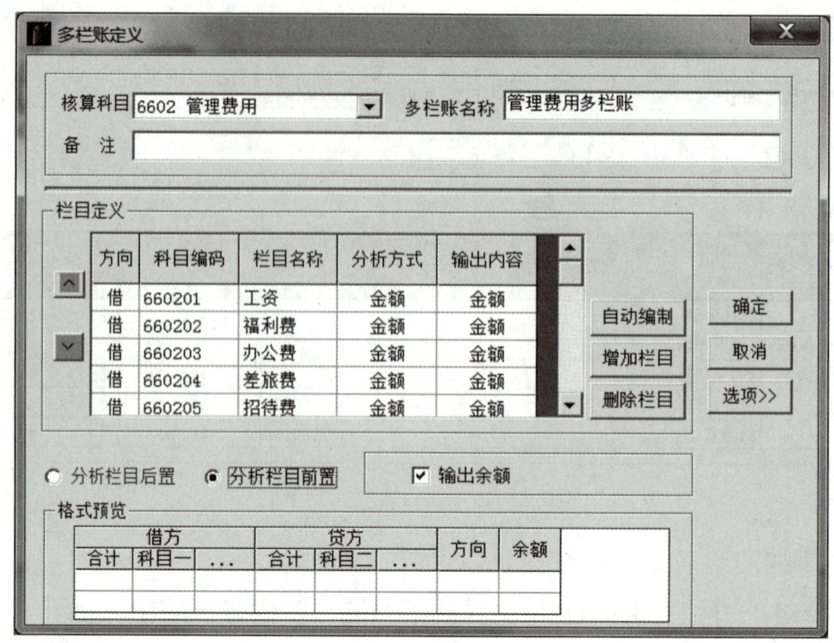

图 3—51 “多栏账定义”对话框设置

（4）在“多栏账”窗口中，单击工具栏上的“查询”按钮或双击已定义好的“管理费用多栏账”，弹出“多栏账查询”对话框，输入查询条件后，系统显示查询结果。

二、辅助账的管理

辅助账是指已设置辅助核算标志的科目所形成的账簿，其具体分类见表 3—3。

表 3—3 辅助账分类表

具体分类	功能
个人往来辅助账	个人科目余额表查询，个人往来明细账查询、输出，个人往来清理，个人往来催款单，个人往来账龄分析等
客户往来辅助账	客户往来余额表查询，客户往来明细账查询、输出，客户往来两清，客户往来催款单，客户往来账龄分析等
供应商往来辅助账	供应商往来余额表查询，供应商往来明细账查询、输出，供应商往来两清，供应商往来催款单，供应商往来账龄分析等
部门辅助账	部门总账的查询，部门明细账的查询
项目辅助账	项目总账查询，项目明细账查询

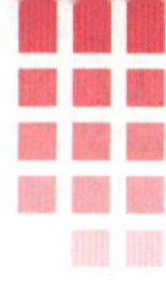

辅助账具体分类的操作基本相似，此处仅介绍个人往来辅助账的基本操作内容。

个人往来是指企业与内部职工之间所发生的往来业务。使用个人往来辅助账可以对个人科目余额表查询、个人往来明细账查询和输出、个人往来清理、个人往来催款单打印和个人往来账龄分析等功能进行管理。

1. 个人科目余额表

有关个人业务核算，需要对个人的余额进行处理。

操作步骤为：

（1）单击系统主菜单中“总账”下的“辅助查询”命令，选择“个人往来余额表”下的“个人科目余额表”，系统显示“个人往来——科目余额表”查询条件窗口，如图 3—52 所示。

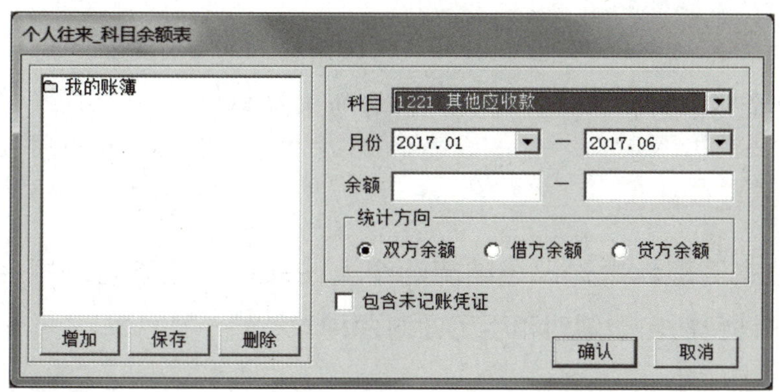

图 3—52 “个人往来——科目余额表”查询条件窗口

（2）在窗口中选择或输入要查询的科目、起止月份、余额和统计方向等条件。如果需要查看包含未记账凭证的部门科目余额表，选择“包含未记账凭证”选项。

余额：输入查询的余额范围，如输入“1 000-10 000”，则为查询余额大于1 000小于10 000的个人往来业务；如输入“0.1”，则系统查询余额不为零的个人往来业务；如不输入，则余额范围不限。

统计方向：选择要统计的余额方向，如要统计余额在借方的个人情况，则选择“借方余额”，如要统计余额在贷方的个人情况，则选择“贷方余额”，如不分余额方向则选择“双方余额”。

（3）条件输入完后，单击“确认”按钮，系统显示个人往来余额表的查询结果，如图 3—53 所示。

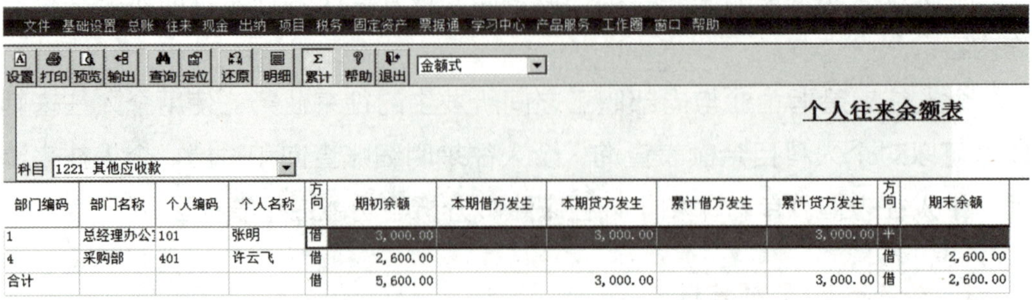

文件 基础设置 总账 往来 现金 出纳 项目 税务 固定资产 票据通 学习中心 产品服务 工作圈 窗口 帮助

设置 打印 预览 输出 查询 定位 还原 明细 累计 帮助 退出 金额式

个人往来余额表

科目 1221 其他应收款

部门编码	部门名称	个人编码	个人名称	方向	期初余额	本期借方发生	本期贷方发生	累计借方发生	累计贷方发生	方向	期末余额
1	总经理办公	101	张明	借	3,000.00		3,000.00		3,000.00	平	
4	采购部	401	许云飞	借	2,600.00					借	2,600.00
合计				借	5,600.00		3,000.00		3,000.00	借	2,600.00

图 3—53 个人往来余额表查询结果

注意：

● 在查询过程中，可以单击“科目”下拉框选择需要查看的科目。

● 屏幕右上方的“账页格式”下拉框，可以显示科目的数量及外币账。

● 单击工具栏中的“明细”按钮，即可联查到当前科目、当前月份个人的科目明细账。

● 单击工具栏中的“定位”按钮，可按所输入的条件定位查询科目余额表。在查询科目余额表时，系统列出的部门皆为末级部门。

2. 个人往来清理

个人往来清理就是对已经结清的个人往来账的记录同时打上两清的标志，清理方法包括自动勾对和手工勾对两种。

（1）自动勾对

自动勾对是指由计算机自动将所有已结清的个人往来业务进行勾对核销的过程。

操作步骤为：

单击系统主菜单中“总账”下的“辅助查询”按钮，选择“个人往来清理”命令，弹出“个人往来清理”对话框，输入条件后单击“确认”按钮，系统显示“个人往来两清”记录。单击“勾对”按钮，系统自动执行勾对，打上两清标志。

（2）手工勾对

手工勾对是指计算机无法自动勾对时，利用手工勾对的方式为已结清的个人往来业务打上两清标志，是对自动勾对功能的补充。

3. 个人往来催款单

此功能能够显示个人拖欠款项的数额及时间，并能够打印输出，传递给

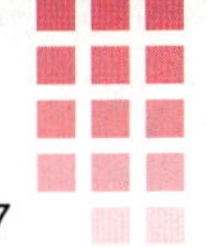

往来个人。

操作步骤为：

单击系统主菜单中“总账”下的“辅助查询”按钮，选择“个人往来催款单”命令，弹出“个人往来催款单条件”对话框，输入条件后单击“确认”按钮，系统自动显示相关信息。

4. 个人往来账龄分析

此功能主要分析个人往来账龄的情况。

操作步骤为：

单击系统主菜单中“总账”下的“辅助查询”按钮，选择“个人往来账龄分析”命令弹出，弹出“个人往来账龄分析”对话框，输入条件后单击“确认”按钮，系统自动显示相关信息。

三、账簿打印规定

账簿输出包括日报单输出、日记账输出、明细账输出、总账输出和辅助账输出等。每种输出均有查询和打印两种输出方式。使用查询输出方法时，用户需要输入查询条件，系统根据用户输入的条件在屏幕上显示需要的账簿内容。需要打印时，用户可以操作对应的功能键，系统即可将用户需要的账簿内容打印出来。

由于会计制度规定采用计算机替代手工记账的单位也需要保存文字的会计凭证和账簿，结账前和结账后打印的账簿应该有所区别，因此多数财务软件，除了在账簿查询功能中设有打印功能供用户打印、查询需要的账簿内容外，还设置了单独的账簿打印功能供用户打印全部结账后的账簿。使用这种打印功能时用户不能选择打印范围，运行后系统会自动打印制度规定的全部账簿。不是根据结账数据打印的账簿，系统一律做有特殊标记。为了减少明细账的打印工作量，一些通用软件设置了“满页打印”功能，该功能可控制系统对某些明细科目不足一页的部分留待以后打印。用户可根据会计制度的规定选择使用该功能。

账簿输出的格式由科目设置中的账类所决定，既可以输出三栏式、数量金额式、复币式、多栏式等用户需要的各种账簿，也可以输出各种日报单等。和手工方式不同的是，计算机账务子系统在任何一级会计科目都可以输出对应账簿。

练习题

1. 资料

广州豪杰食品有限公司 1 月份发生的经济业务如下：

（1）1 月 3 日，财务部以现金购买印花税票 500 元。

会计分录如下：

借：管理费用——其他　　500

　　贷：库存现金　　500

（2）1 月 5 日，财务部李心从建行提取现金 5 000 元作为备用金（现金支票号 5299911）。

会计分录如下：

借：库存现金　　5 000

　　贷：银行存款——建行存款　　5 000

（3）1 月 6 日，收到太平洋集团投资资金 280 000 美元，汇率 1∶6.99（转账支票号 11002827）。

会计分录如下：

借：银行存款——中行存款　　1 957 200

　　贷：实收资本　　1 957 200

（4）1 月 10 日，采购部梁霞采购面粉 20 000 斤，单价 1.5 元，增值税进项税 5 100 元，材料直接入库，款项以建行存款支付（转账支票号 0987666）。

会计分录如下：

借：原材料——面粉　　30 000

　　应交税费——应交增值税——进项税额　　5 100

　　贷：银行存款——建行存款　　35 100

（5）1 月 12 日，销售部刘荣收到济南腾飞超市转来的一张转账支票，金额 8 600 元，用以偿还前欠货款（转账支票号 111827）。

会计分录如下：

借：银行存款——建行存款　　8 600

　　贷：应收账款——济南腾飞　　8 600

（6）1 月 15 日，采购部梁霞从抚顺麒麟纸业有限公司购入纸箱 6 000 个，单价 1.3 元，增值税进项税额 1 326 元，货、税款暂欠，商品已验收入库。

会计分录如下：

借：原材料——纸箱　7 800

应交税费——应交增值税——进项税额　1 326

贷：应付账款——抚顺麒麟　9 126

（7）1月18日，总经理办公室高阳出差归来，报销差旅费2 600元。

会计分录如下：

借：管理费用——差旅费　2 600

贷：其他应收款——高阳　2 600

（8）1月20日，加工车间领用面粉2 000斤，单位成本1.5元，用于制作面包。

会计分录如下：

借：生产成本——直接材料　3 000

贷：原材料——面粉　3 000

（9）1月23日，销售部销售给锦州良友外贸有限公司冷冻食品4 000斤，单价2元，增值税销项税额1 360元，货款未收到。

会计分录如下：

借：应收账款——锦州良友　9 360

贷：主营业务收入　8 000

应交税费——应交增值税——销项税额　1 360

（10）1月28日，总经理办公室支付办公用品费用2 000元（转账支票号1111222）。

会计分录如下：

借：管理费用——办公费　2 000

贷：银行存款——建行存款　2 000

（11）1月28日，以建行存款购入一项专利权并交付总经理办公室使用，价值60 000元，使用年限10年（转账支票号11229754）。

会计分录如下：

借：无形资产　60 000

贷：银行存款——建行存款　60 000

（12）1月31日，结转冷冻食品的销售成本：数量40 000斤，单位成本2.5元。

会计分录如下：

借：主营业务成本　1 000 000

贷：库存商品　　　　　　　　　　　　　　　　　　　　　　1 000 000

2. 要求

（1）请根据以上资料进行总账管理系统填制凭证、出纳签字、审核凭证、记账的操作。

（2）查询该公司1月的总账、余额表“原材料——面粉”的明细账。

（3）定义并查询该公司1月“管理费用”科目的多栏账。

第四章
总账系统——出纳管理

学习目标

- 了解现金、银行存款日记账的查询方法
- 掌握支票登记簿的登记步骤
- 掌握银行对账的操作步骤

出纳管理系统是用友管理软件为出纳人员提供的一套管理工具。它的主要功能包括：查询和打印现金日记账、银行存款日记账和资金日报表；登记和管理支票登记簿；录入银行对账单，进行银行对账，输出银行存款余额调节表，并可对银行长期未达账提供相关报告。

第一节　查询现金日记账及银行存款日记账

日记账也称序时账，会计核算中使用的所有账簿都必须按照经济业务发生的时间顺序进行登记，不得用银行对账单或者其他方式代替日记账。

计算机账务处理中，日记账由计算机自动登记，日记账的主要作用只是用于输出现金与银行存款日记账，供出纳人员核对现金收支和结存等情况。

要输出现金日记账和银行存款日记账，要求在系统初始化时，库存现金科目和银行存款科目必须选择“日记账”标记，即表明该科目要登记日记账。

一、查询现金日记账

现金日记账是由出纳人员按照经济业务发生的时间先后顺序，根据有关现金收款凭证和现金付款凭证或提取现金的银行存款、付款凭证，逐日逐笔进行登记的账簿。

每日出纳人员依据审核无误的现金收款凭证和现金付款凭证逐笔登记现金日记账并结出余额，每日终了应将余额数与库存现金进行核对，检查账实是否相符，做到日清日结。

操作步骤为：

（1）登录用友管理软件，选择“现金”菜单下的“现金管理－日记账－现金日记账”命令，出现提示对话框，在“科目”下选择“库存现金”命令，出现“现金日记账”窗口，如图4—1所示。

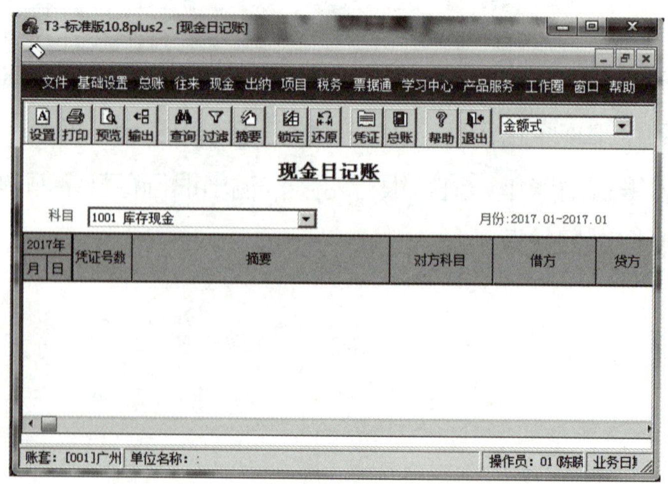

图4—1　“现金日记账”窗口

（2）选择查询方式，系统提供“按月查”和“按日查”两种方式，用户可选择要查询的会计月份或日期进行查询，如图 4—2 所示。

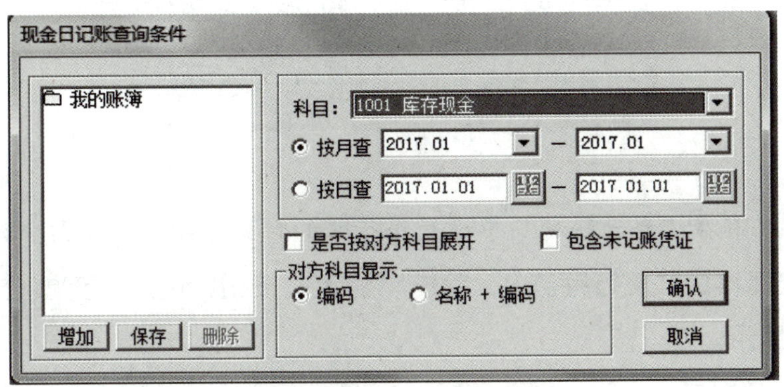

图 4—2　“现金日记账查询条件”对话框

二、查询银行存款日记账

银行存款日记账是出纳人员根据有关银行存款的收款凭证、付款凭证，按照经济业务发生的时间顺序，逐日逐笔地记录和反映银行存款的增减变化及其结果的账簿。

银行存款日记账的查询步骤与现金日记账基本相同，不再赘述。

第二节　登记支票登记簿

在手工记账条件下，出纳人员通常使用“支票领用登记簿”来登记领用的支票。计算机账务处理系统也为出纳人员提供了支票登记簿，用以详细登记支票领用人、领用日期、支票用途、是否报销等信息。

【例 4—1】以操作员王萍的身份根据以下业务登记支票登记簿：2017 年 1 月 21 日，采购部许云飞借转账支票一张，票号 08852580，预计金 6 000 元。

操作步骤为：

（1）登录用友管理软件，选择“现金”菜单下的“票据管理——支票登记簿”命令或直接单击窗口中的“支票簿”命令，出现如图 4—3 所示的“银行科目选择”对话框。

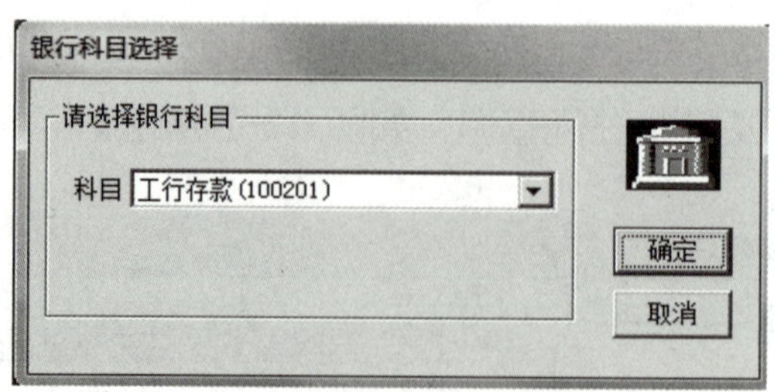

图 4—3 “银行科目选择”对话框

注意：只有在“会计科目”中设置银行账的科目才能使用支票登记。

（2）选择科目“工行存款”，单击“确定”按钮，进入“支票登记”窗口，如图 4—4 所示。

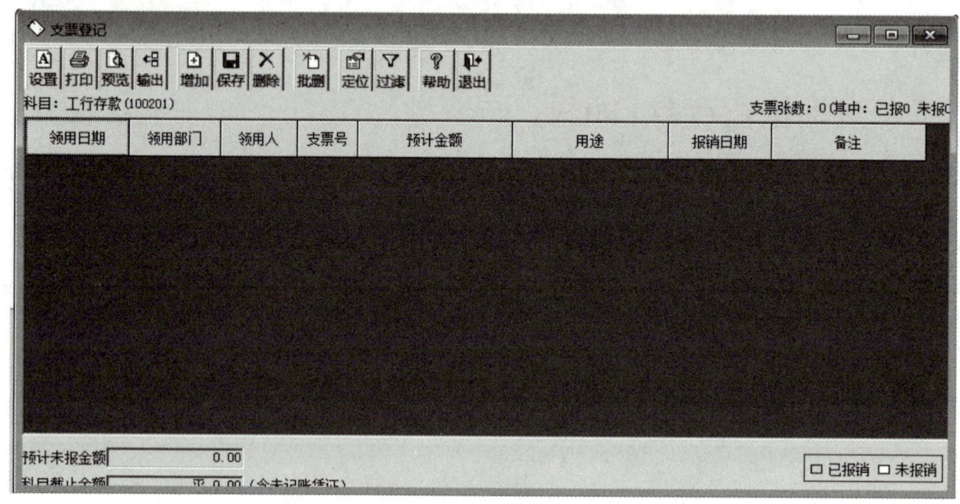

图 4—4 “支票登记”窗口

（3）单击“增加”按钮，输入支票登记信息。

（4）单击“保存”按钮保存后，再单击“退出”按钮。

注意：支票登记簿中报销日期为空时，表示该支票未报销，否则系统认为该支票已报销。

第三节 银行对账

由于企业与银行账务处理时间上的差异，经常会出现未达账项。为防止记账发生差错，正确掌握银行存款的实际余额，必须定期将企业银行存款日记账与银行对账单进行核对。银行对账采用自动对账与手工对账相结合的方式。

自动对账是计算机根据对账依据自动进行核对、勾销，对账依据可根据需要选择，必选条件是方向、金额相同，其他可选条件为票号相同、结算方式相同、日期在多少天之内等。

由于自动对账是以银行存款日记账和银行对账单双方对账依据完全相同为条件，所以为了保证自动对账的正确和彻底，使用者必须保证对账数据的规范合理。

手工对账是对自动对账的补充，在使用自动对账后，可能还有一些特殊的账项没有核对正确，为了保证对账的正确，可进一步使用手工对账。

【例 4—2】公司的银行账启用日期为 2017 年 1 月 1 日，工行存款户企业日记账调整前余额为 220 000 元，银行对账单调整前余额为 320 000 元，存在未达账项一笔，系银行已收企业未收款 100 000 元。该公司收到的 1 月银行对账单见表 4—1。

表 4—1 1 月银行对账单

日期	结算方式	票号	借方金额	贷方金额
2017-01-05	201	05526001		5 000
2017-01-10	202	08852578		40 000
2017-01-12	202	96872625	91 000	
2017-01-28	202			3 000
2017-01-28		08852580		300 000

操作步骤为：

1. 输入银行对账期初余额

（1）登录用友管理软件，选择“现金”菜单下的“设置——银行期初录入”命令，出现如图 4—5 所示的“银行科目选择”对话框。

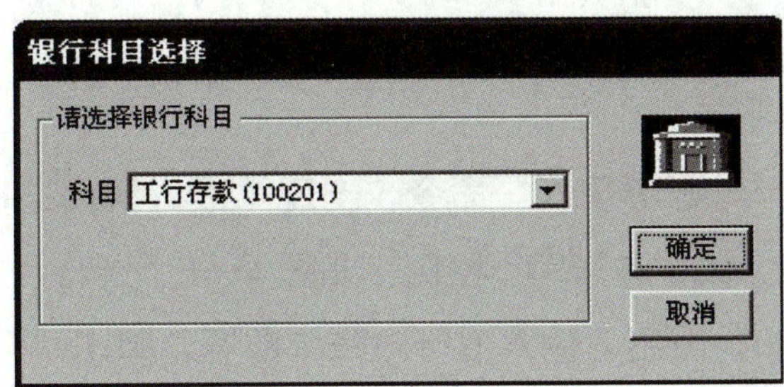

图 4—5 “银行科目选择”对话框

（2）选择科目“工行存款”，单击“确定”按钮，进入“银行对账期初”窗口，如图 4—6 所示。

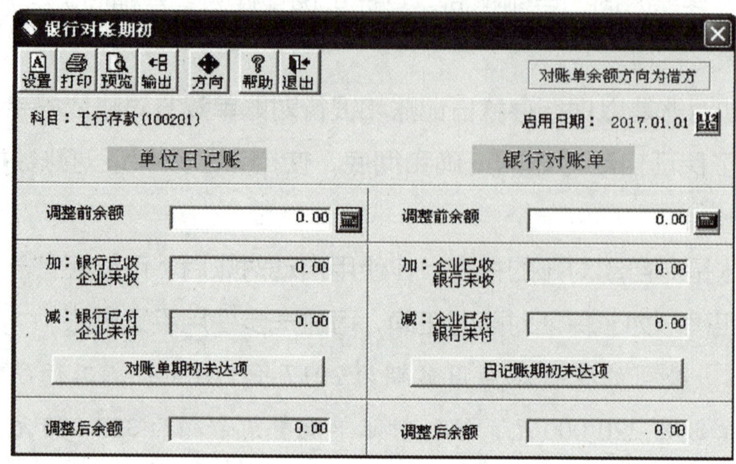

图 4—6 “银行对账期初”窗口 1

（3）输入单位日记账调整前余额“220 000”，输入银行对账单调整前余额“320 000”，单击“对账单期初未达项”按钮，进入“银行对账期初”窗口，输入日期，借方金额“100 000”，单击“保存”按钮保存后，单击“退出”按钮，如图 4—7 所示。

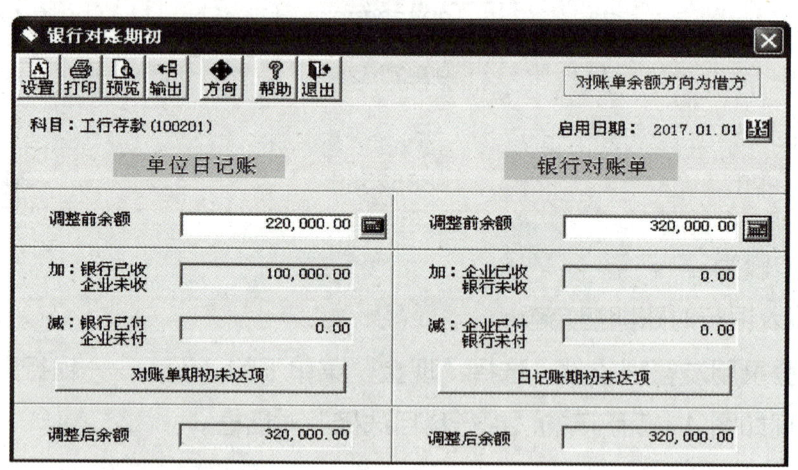

图 4—7 “银行对账期初”窗口 2

2. 录入银行对账单

（1）选择“银行对账单录入”命令，出现“银行科目选择”对话框，单击“确定”按钮，进入“银行对账单”窗口，如图 4—8 所示。

（2）单击“增加”按钮，输入银行对账单数据，单击“保存”按钮后退出，如图 4—9 所示。

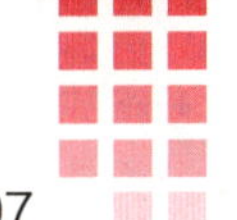

文件　基础设置　总账　往来　现金　项目　票据通　出纳通　窗口　帮助

设置　打印　预览　输出　增加　保存　删除　过滤　引入　帮助　退出

科目：工行存款(100201)

日期	结算方式	票号	借方金额	贷方金额	余额
2016. 2.31			100,000.00		320,000.00

图 4—8　“银行对账单”窗口

文件　基础设置　总账　往来　现金　项目　票据通　出纳通　窗口　帮助

设置　打印　预览　输出　增加　保存　删除　过滤　引入　帮助　退出

科目：工行存款(100201)

日期	结算方式	票号	借方金额	贷方金额	余额
2016. 2.31			100,000.00		320,000.00
2017.01.05	201	05526001		5,000.00	315,000.00
2017.01.10	202	08852578		40,000.00	275,000.00
2017.01.12	202	96872625	91,000.00		366,000.00
2017.01.28	202			3,000.00	363,000.00
2017.01.28		08852580		30,000.00	333,000.00

图 4—9　银行对账单数据

注意：录入的银行对账单、单位日记账的期初未达账项的发生日期不能大于等于此银行科目的启用日期。

3. 进行银行对账

（1）选择“银行对账”命令，出现“银行科目选择”对话框，单击“确定”按钮，进入“银行对账”窗口，如图 4—10 所示。

文件　基础设置　总账　现金　票据通　出纳通　窗口　帮助

对账　取消　过滤　对照　检查　帮助　退出　　科目：100201(工行存款)

单位日记账

凭证日期	票据日期	结算方式	票号	方向	金额	两清	凭证号数	摘要
2017.01.05	2017.01.05	201	552600	贷	5,000.00		付-0002	提取现金
2017.01.10	2017.01.10	202	885257	贷	46,800.00		付-0003	购入布料
2017.01.12	2017.01.12	202	587262	借	91,000.00		收-0002	收到前欠货款
2017.01.28	2017.01.28	202	885257	贷	1,000.00		付-0004	支付业务招待费
2017.01.28	2017.01.28	202	885258	贷	30,000.00		付-0005	购入商标权

银行对账单

日期	结算方式	票号	方向	金额	两清
2016.12.31			借	100,000.00	
2017.01.05	201	552600	贷	5,000.00	
2017.01.10	202	885257	贷	40,000.00	
2017.01.12	202	687262	借	91,000.00	
2017.01.28	202		贷	3,000.00	
2017.01.28		885258	贷	30,000.00	

图 4—10　“银行对账”窗口

（2）单击“对账”按钮，出现“自动对账”对话框，输入截止日期“2017-01-31”，日期相差 30 天，默认其他对账条件，单击“确认”按钮，显示自动对账结果如图 4—11 所示。

（3）对于已达账项，系统会在银行存款日记账和银行对账单双方的“两清”栏上标上红色圆圈标志，对于一些无法自动勾销的账项，可以利用手工对账功能进行勾销。分别在“两清”栏双击鼠标左键，打上红色对钩，进行手工调整。

文件 基础设置 总账 现金 票据通 出纳通 窗口 帮助

对账 取消 过滤 对照 检查 帮助 退出　　科目：100201（工行存款）

单位日记账

凭证日期	票据日期	结算方式	票号	方向	金额	两清	凭证号数	摘要
2017.01.05	2017.01.05	201	552600	贷	5,000.00	○	付-0002	提取现金
2017.01.10	2017.01.10	202	885257	贷	46,800.00		付-0003	购入布料
2017.01.12	2017.01.12	202	587262	借	91,000.00		收-0002	收到前欠货款
2017.01.28	2017.01.28	202	885257	贷	1,000.00		付-0004	支付业务招待费
2017.01.28	2017.01.28	202	885258	贷	30,000.00		付-0005	购入商标权

银行对账单

日期	结算方式	票号	方向	金额	两清
2016.12.31			借	100,000.00	
2017.01.05	201	552600	贷	5,000.00	○
2017.01.10	202	885257	贷	40,000.00	
2017.01.12	202	687262	借	91,000.00	
2017.01.28	202		贷	3,000.00	
2017.01.28		885258	贷	30,000.00	

图 4—11　自动对账结果

（4）对账完毕，单击“检查”按钮，检查平衡结果，如果有错误需进行调整。检查完毕单击“退出”按钮，对账完毕。

4. 输出银行存款余额调节表

对账完毕后，系统会自动更新银行存款余额调节表。此表是之前输入截止到对账日期的余额调节表，若无对账截止日期，则为最新余额调节表。

（1）选择“余额调节表”命令，进入“银行存款余额调节表”窗口，如图 4—12 所示。

（2）选择“工行存款”科目，双击该行或单击“查看”按钮，即显示银行存款余额调节表，如图 4—13 所示。

文件 基础设置 总账 现金 票据通 出纳通 窗口 帮助

设置 打印 预览 输出 查看 帮助 退出

银行科目（账户）	对账截止日期	单位账账面余额	对账单账面余额	调整后存款余额
工行存款（100201）	2017.01.31	228,200.00	333,000.00	346,200.00
中行存款（100202）		100,000.00	0.00	100,000.00

图 4—12　“银行存款余额调节表”窗口

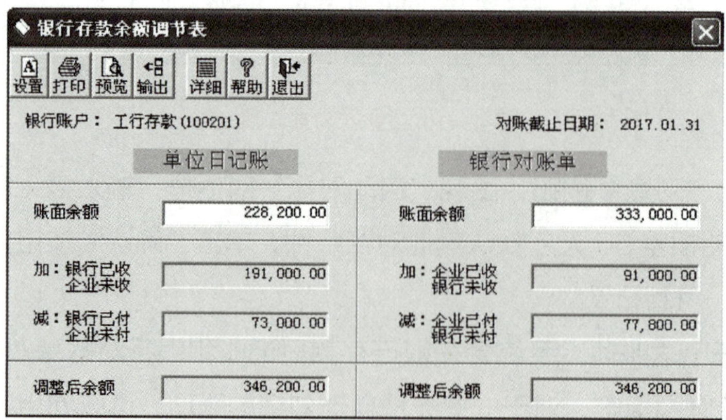

银行存款余额调节表

设置 打印 预览 输出 详细 帮助 退出

银行账户：工行存款（100201）　　对账截止日期：2017.01.31

单位日记账		银行对账单	
账面余额	228,200.00	账面余额	333,000.00
加：银行已收企业未收	191,000.00	加：企业已收银行未收	91,000.00
减：银行已付企业未付	73,000.00	减：企业已付银行未付	77,800.00
调整后余额	346,200.00	调整后余额	346,200.00

图 4—13　输出银行存款余额调节表

练习题

1. 资料

广州豪杰食品有限公司支票领用及银行存款的有关资料如下：

（1）支票领用

2017 年 1 月 21 日，采购部梁霞借转账支票一张，票号 08852580，预计金额 6 000 元。

（2）银行对账

本公司银行账的启用日期为 2017 年 1 月 1 日，建行人民币户企业日记账调整前余额为 320 000 元，银行对账单调整前余额为 240 000 元，未达账项一笔，系企业已收、银行未收款 80 000 元。

1 月银行对账单

日期	结算方式	票号	借方金额	贷方金额
2017-01-05	201	05526001		5 000
2017-01-10	202	28852578		35 100
2017-01-12	202	96872625	86 000	
2017-01-28	202			2 000

2. 要求

请根据以上资料进行日记账查询、登记支票登记簿、银行对账的操作。

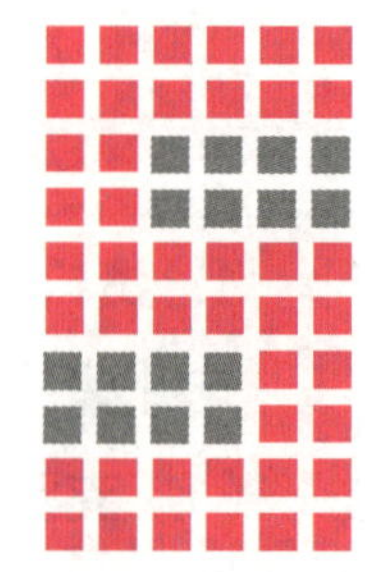

第五章 工资管理系统

学习目标

- 了解工资管理的特点
- 了解工资管理的数据流程
- 掌握工资系统初始设置、工资的变动、扣缴个人所得税、工资分摊等日常业务的处理及期末处理等

工资的核算和管理是一项重要的会计工作。工资核算和管理的正确与否关系到企业每一个职工的切身利益，影响到企业产品成本的计算以及国民收入中积累和消费的比例，因此，它是企业、国家重点管理和控制的内容。另外，在职工较多的企业，工资核算任务繁重且时效性较强，与其他会计核算系统相比，工资管理系统有以下独有的特点：

一是工资的发放有确定的时间，工资与个人利益紧密相关，因此工资管理系统要求时效性较强、准确性较高；二是我国大多数企业工资项目较多，因此工资管理系统原始数据量大，月变动的数据量以及工资业务处理的数据修改、输入的工作量也大；三是每月固定不变的数据常年保存后，每月只需输入每一职工变动数据即可，有很强的规律性和重复性，所以核算方法也比较简单。

第一节 工资管理系统初始设置

工资管理系统的初始设置就是根据企业的工资实际情况，进行必要的数据准备后，建立工资系统应用环境的过程。

工资管理系统的初始设置主要包括设置工资账套和基础信息设置。其中设置工资账套主要是指设置工资账套参数，如启用工资系统、建立工资账套等内容；基础信息设置包括人员类别及人员附加信息设置、银行名称设置、工资项目设置、人员档案设置、工资计算公式设置等内容。

一、设置工资账套参数

工资管理系统的账套参数主要包括启用工资系统、建立工资账套等内容，是控制工资管理系统运行的最基本参数，下面举例说明其设置步骤。

1. 启用工资系统

【例 5—1】以账套主管的身份在 2017 年 1 月 1 日登录系统管理，启用工资管理系统。

操作步骤为：

（1）登录系统管理界面，单击“系统”下拉菜单中的“注册”命令，出现“注册控制台”窗口，在“用户名”栏输入“01”，“密码”栏输入“01”，如图 5—1 所示。

（2）单击“确定”按钮，进入“系统管理”窗口。

（3）选择“账套”菜单下的“启用”命令，进入“系统启用”对话框。

（4）单击选中“工资管理”复选框，在弹出来的“日历”对话框中选择“2017 年 1 月 1 日”，如图 5—2 所示。

（5）单击“确定”按钮。

启用工资管理系统后，就可以进行工资管理系统参数的设置了。

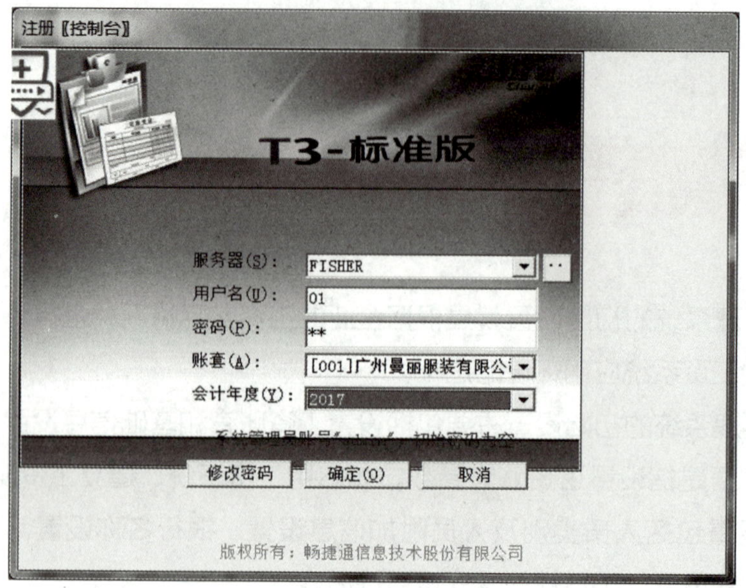

图 5—1 “注册控制台”窗口

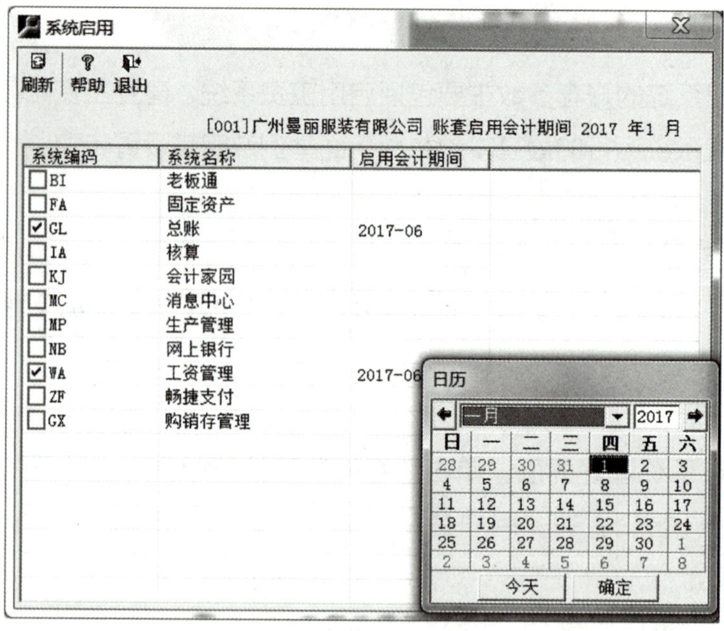

图 5—2 “日历”对话框

2. 建立工资账套

初次进入工资管理系统应根据企业实际情况，建立相应的工资账套，具体包括参数设置、扣税设置、扣零设置及人员编码设置等内容。

【例 5—2】以账套主管的身份在 2017 年 1 月 1 日登录用友管理软件，进行以下控制参数设置：

◆ 工资类别：单个。

◆ 扣税设置：从工资中代扣个人所得税。

◆ 扣零设置：不设。

◆ 账套启用日期：2017 年 1 月 1 日。

◆ 人员编码长度：5 位。

注意：工资系统只是在总账结账月份之后才能启用。

操作步骤为：

（1）登录软件后，单击“工资”菜单或窗口左边的“工资”模块名称，打开“建立工资套”对话框，如图 5—3 所示。

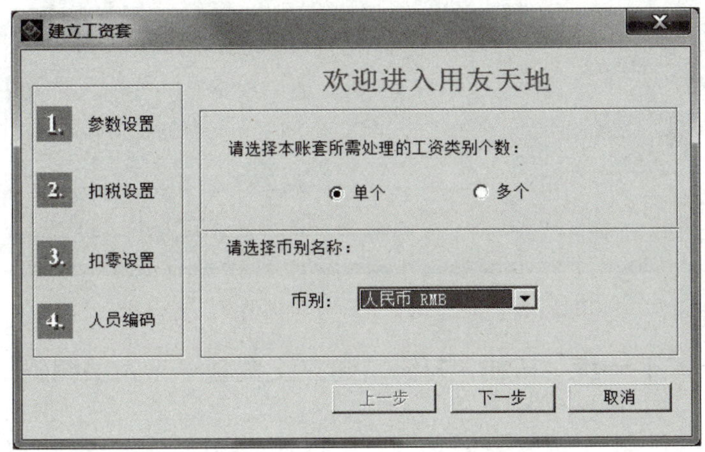

图 5—3 “建立工资套”对话框

注意：工资类别个数根据企业实际情况选择单个或者多个，不同的选择会影响后面的设置。

（2）系统默认工资类别个数是“单个”，然后单击“下一步”按钮，打开“建立工资套——参数设置”对话框，如图 5—4 所示。

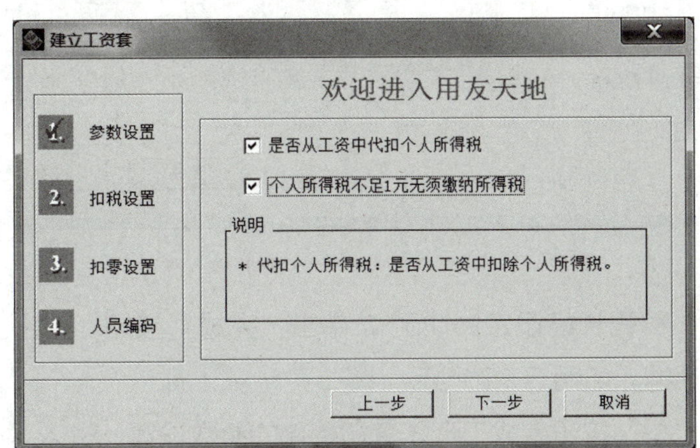

图 5—4 “建立工资套——参数设置”对话框

（3）选中“是否从工资中代扣个人所得税”复选框，然后单击“下一步”按钮，打开“建立工资套——扣税设置”对话框，如图 5—5 所示。

注意：根据企业的实际情况选择工资是否扣零，并保持一致性，一般发放现金工资时使用扣零。

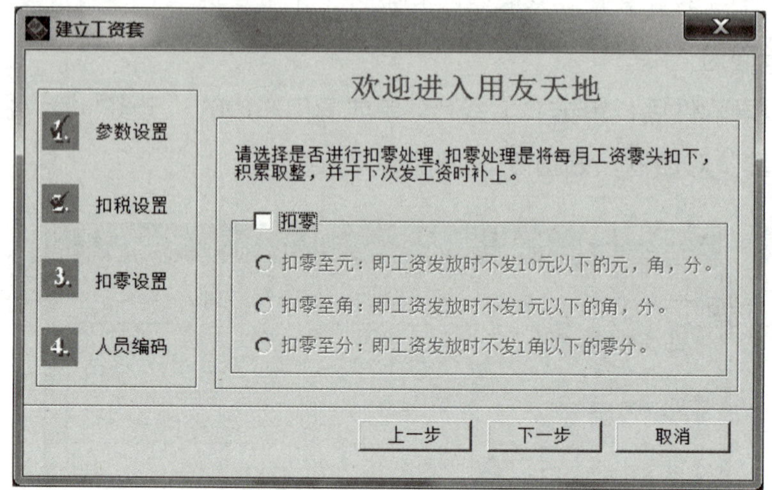

图 5—5 “建立工资套——扣税设置”对话框

（4）单击“下一步”按钮，打开“建立工资套——人员编码”对话框，如图 5—6 所示。

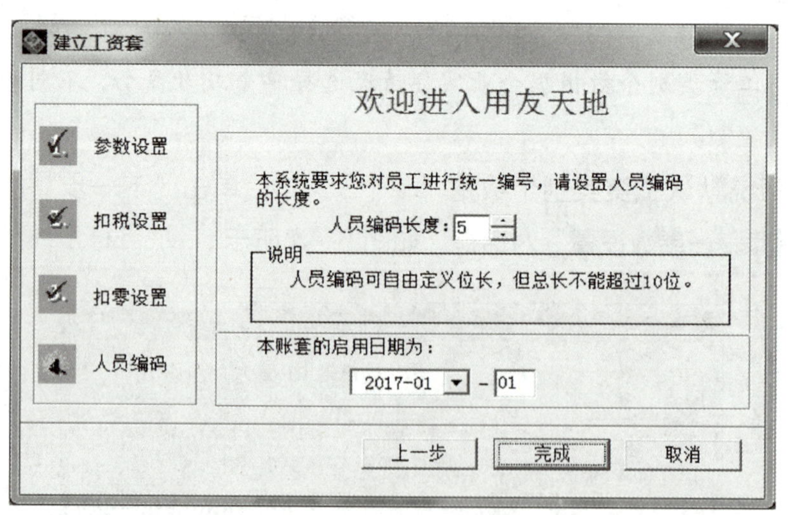

图 5—6 “建立工资套——人员编码”对话框

（5）将人员编码长度设定为“5”，单击“完成”按钮，弹出工资系统启用日期的提示对话框，如图 5—7 所示。

（6）单击“是”按钮完成工资账套初始化的参数设置，进入“工资系统工作台”界面，如图 5—8 所示。

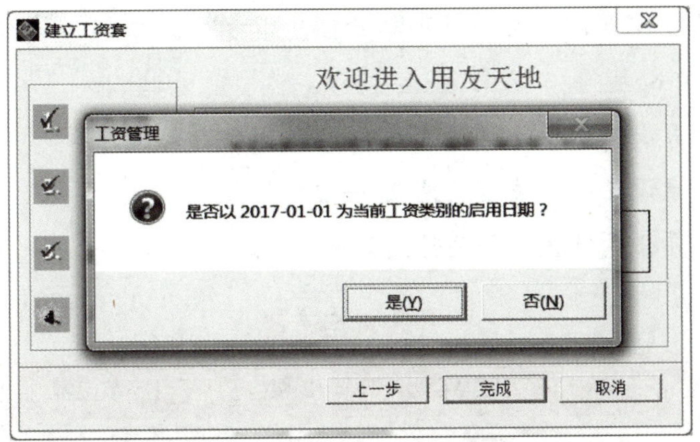

图 5—7 “工资系统启用日期”提示对话框

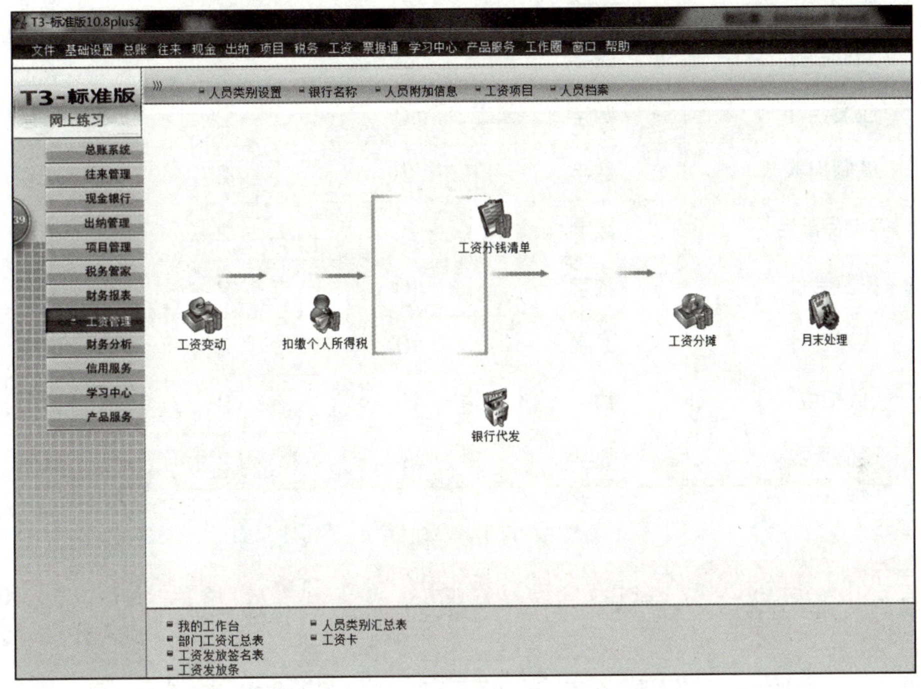

图 5—8 “工资系统工作台”界面

二、基础信息设置

工资管理系统的基础信息设置主要包括人员类别及人员附加信息设置、银行名称设置、工资项目设置、人员档案设置、工资计算公式设置等内容，是系统工作必不可少的各种编码信息和初始数据。下面举例说明其设置步骤。

【例 5—3】以账套主管的身份在 2017 年 1 月 1 日登录用友管理软件，进行以下信息设置：

◆ 人员类别设置：管理人员、经营人员、车间管理人员、生产工人。

◆ 人员附加信息设置：增加“性别”“身份证号”。

◆ 银行名称设置：工商银行市北分行，账号定长为11，录入时需要自动带出的账号长度为8。

◆ 工资项目设置：相关信息见表5—1。

◆ 人员档案设置：相关信息见表5—2。

◆ 工资计算公式设置：相关信息见表5—3。

表5—1 工资项目设置

项目名称	类型	长度	小数位数	增减项
基本工资	数字	8	2	增项
奖励工资	数字	8	2	增项
交通补贴	数字	8	2	增项
应发合计	数字	10	2	增项
请假扣款	数字	8	2	减项
养老保险金	数字	8	2	减项
扣款合计	数字	10	2	减项
实发合计	数字	10	2	增项
代扣税	数字	10	2	减项
请假天数	数字	8	2	其他

表5—2 人员档案设置

人员编码	人员姓名	部门名称	人员类别	账号	是否中方人员	是否计税
101	张明	总经理办公室	管理人员	20060010001	是	是
201	陈晓燕	财务部	管理人员	20060010002	是	是
202	王萍	财务部	管理人员	20060010003	是	是
203	刘鹏	财务部	管理人员	20060010004	是	是
301	杜雨	销售部	经营人员	20060010005	是	是
302	周建	销售部	经营人员	20060010006	是	是
401	许云飞	采购部	管理人员	20060010007	是	是
501	马瑞芳	裁剪车间	车间管理人员	20060010008	是	是
502	徐晓新	加工车间	生产工人	20060010009	是	是

表 5—3　　工资计算公式设置

工资项目	定义公式
请假扣款	请假天数 *20
养老保险金	基本工资 *0.05
交通补贴	iff（人员类别 =“管理人员”，400，200）

操作步骤为：

1. 人员类别及附加信息设置

（1）登录用友管理软件，单击“工资”菜单下的“设置——人员类别”命令，打开“类别设置”对话框，如图 5—9 所示。

注意：已经使用的人员类别、只剩下一个人员类别时不允许删除。

（2）单击“增加”按钮，在“类别”栏录入“管理人员”再单击“增加”按钮，依次录入“经营人员”“车间管理人员”“生产工人”，如图 5—10 所示。

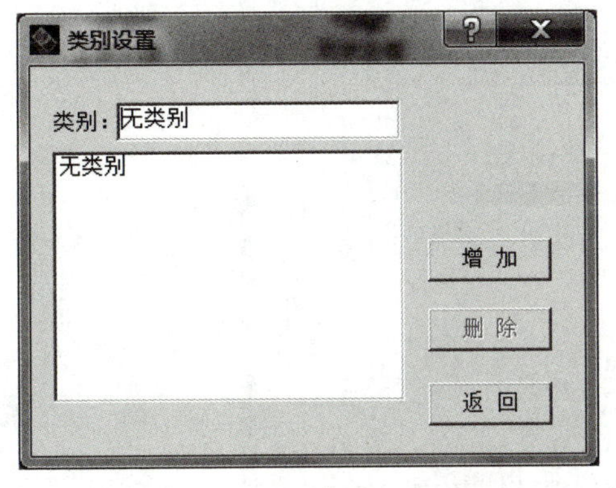

图 5—9 “类别设置”对话框

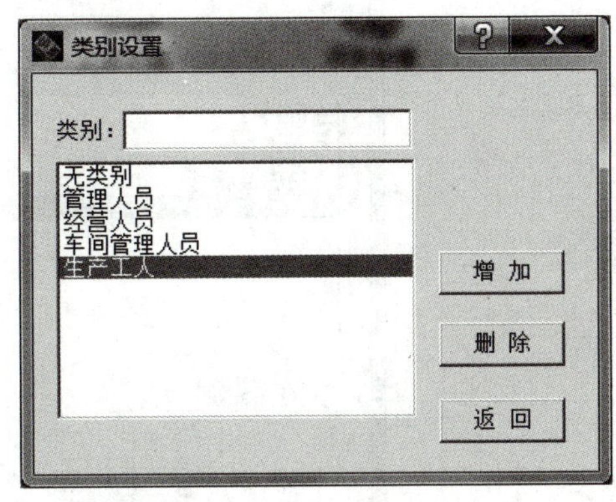

图 5—10 “类别设置”对话框

（3）单击“返回”按钮，完成“人员类别的设置”。一般情况下人员类别可以随时修改，它主要是为“工资分摊”设置入账科目时使用。

（4）单击“工资”菜单下的“设置——人员附加信息设置”命令，打开“人员附加信息设置”对话框，如图 5—11 所示。

（5）单击“增加”按钮，在“信息名称”栏录入“性别”，再单击“增加”按钮，然后录入“身份证号码”，如图 5—12 所示。

（6）单击“返回”按钮，完成人员附加信息设置。

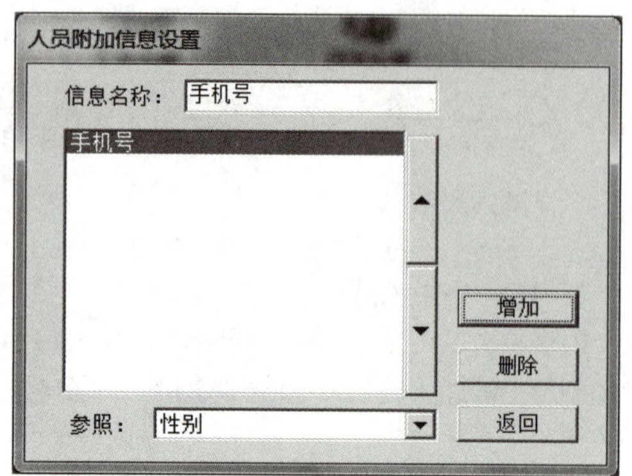

图 5—11 “人员附加信息设置”对话框 1

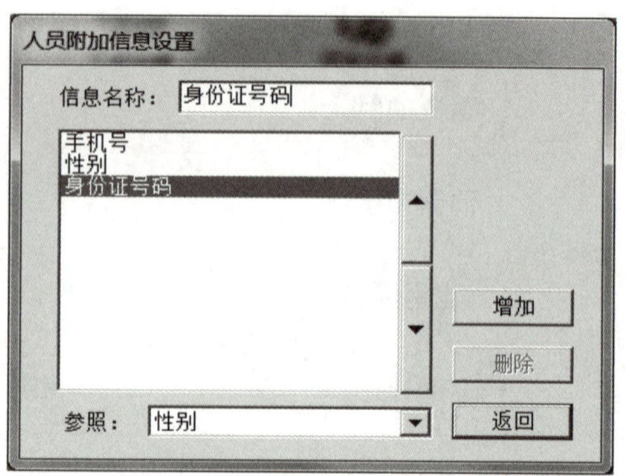

图 5—12 “人员附加信息设置”对话框 2

2. 银行名称设置

（1）单击“工资”菜单下的“设置——银行名称设置”命令，打开“银行名称设置”对话框，如图 5—13 所示。

（2）选中“银行名称”栏中的“工商银行市北分行”选项，在录入时需要自动带出的“账号长度”栏中录入“8”。

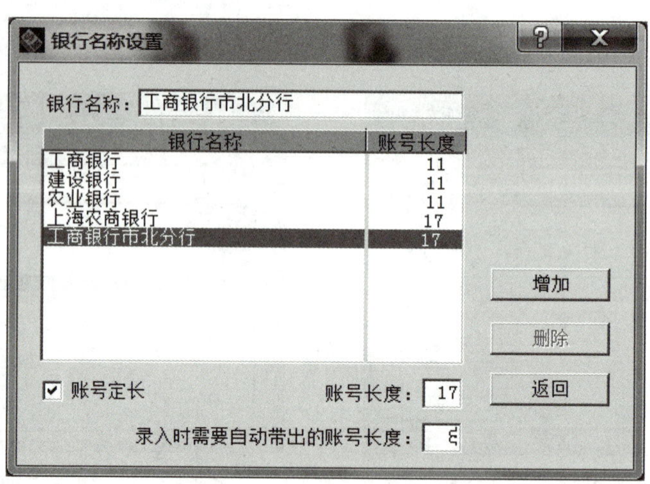

图 5—13 “银行名称设置”对话框

注意：银行账号长度不得为空，且不能超过 30 位。

（3）单击“返回”按钮，完成银行名称设置。

3. 工资项目设置

（1）单击“工资”菜单下的“设置——工资项目设置”命令，打开“工资项目设置”对话框，如图 5—14 所示。

（2）单击“增加”按钮，录入工资项目名称“基本工资”，再单击“基本工资”行“类型”单元格的下拉按钮，选择“数字”选项，设置小数位为

“2”，选择“增减项”为“增项”，依次继续增加其他的工资项目，如图 5—15 所示。

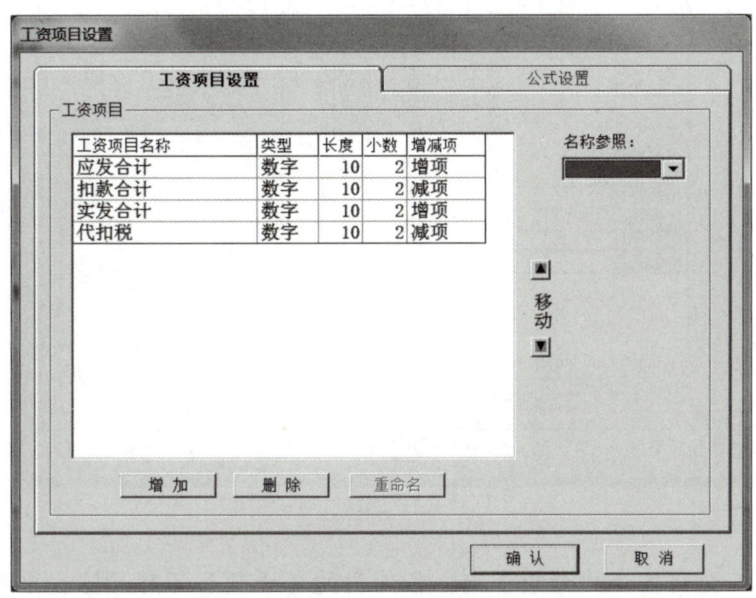

图 5—14　“工资项目设置”对话框

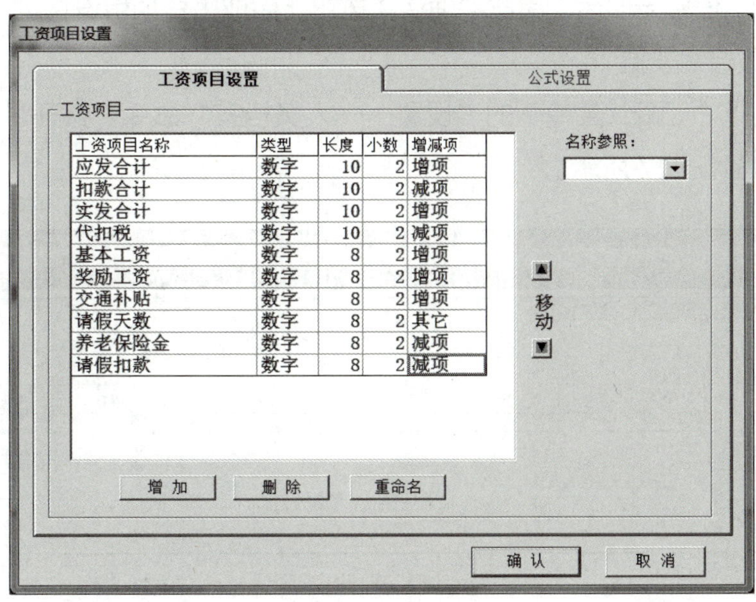

图 5—15　设置工资项目

（3）逐项单击选中新增的工资项目后，再单击上下“移动”按钮，将每个工资项目移动到相应位置，如图 5—16 所示。

注意：单击“增加”按钮后，系统默认在“确认”按钮上，所以需单击鼠标左键或按“空格”键确认所输入的名称，而不能用“回车”键。

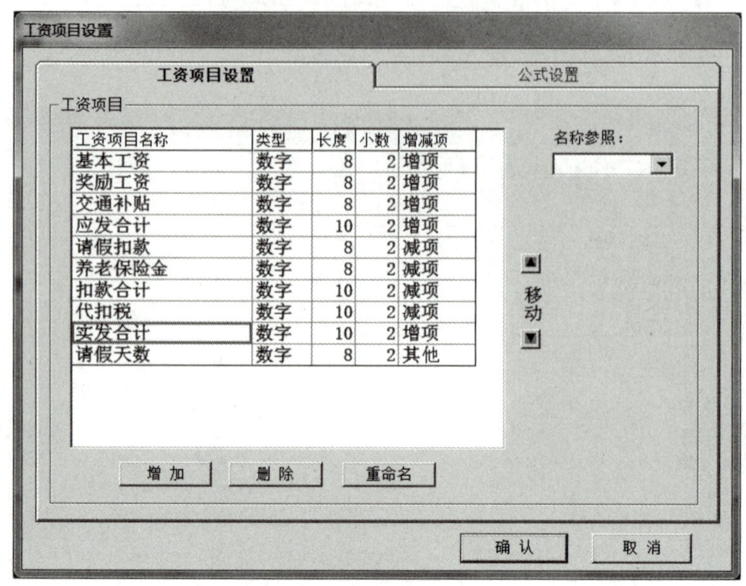

图 5—16 调整工资项目的位置

注意：工资项目名称必须唯一，已使用的工资项目不可删除，也不能修改其数据类型。

（4）确认信息无误后，单击“确认”按钮，完成工资项目设置。

4. 人员档案设置

（1）选择“工资”菜单下的“设置——人员档案”命令，打开“人员档案”对话框，如图 5—17 所示。

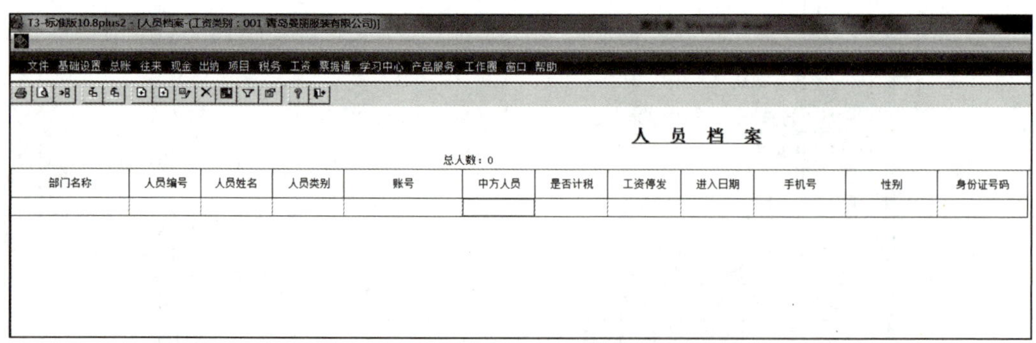

图 5—17 “人员档案”对话框

（2）在“人员档案”对话框中，单击 按钮（从人员档案中批量引入人员），打开“人员批量增加”对话框，分别选中“总经理办公室”“财务部”“销售部”“采购部”“裁剪车间”“加工车间”部门，如图 5—18 所示。

（3）单击“确定”按钮，完成人员的批量引入，如图 5—19 所示。

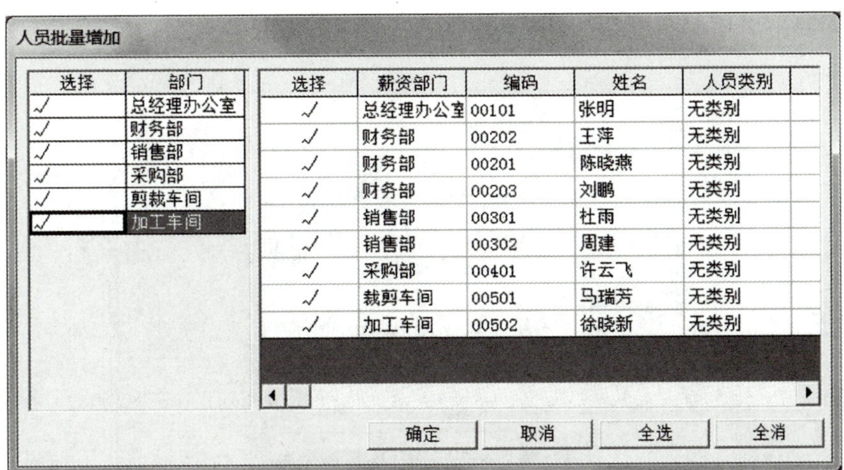

人员批量增加

选择	部门
√	总经理办公室
√	财务部
√	销售部
√	采购部
√	剪裁车间
√	加工车间

选择	薪资部门	编码	姓名	人员类别
√	总经理办公室	00101	张明	无类别
√	财务部	00202	王萍	无类别
√	财务部	00201	陈晓燕	无类别
√	财务部	00203	刘鹏	无类别
√	销售部	00301	杜雨	无类别
√	销售部	00302	周建	无类别
√	采购部	00401	许云飞	无类别
√	裁剪车间	00501	马瑞芳	无类别
√	加工车间	00502	徐晓新	无类别

确定 取消 全选 全消

图 5—18 “人员批量增加”对话框

人员档案

总人数：9

部门名称	人员编号	人员姓名	人员类别	账号	中方人员	是否计税	工资停发	进入日期	手机号	性别	身份证号码
总经理办公室	00101	张明	无类别		是	是	否				
财务部	00201	陈晓燕	无类别		是	是	否				
财务部	00202	王萍	无类别		是	是	否				
财务部	00203	刘鹏	无类别		是	是	否				
销售部	00301	杜雨	无类别		是	是	否				
销售部	00302	周建	无类别		是	是	否				
采购部	00401	许云飞	无类别		是	是	否				
裁剪车间	00501	马瑞芳	无类别		是	是	否				
加工车间	00502	徐晓新	无类别		是	是	否				

图 5—19 完成人员的批量引入

（4）选中人员姓名为“张明”所在行，单击按钮（人员信息修改），打开“人员档案”对话框，单击“人员类别”栏右边的下拉按钮，选择“管理人员”，单击“银行名称”栏右边的下拉按钮，选择“工商银行市北分行”选项，录入银行账号为“20060010001000001”，如图 5—20 所示。

人员档案

基本信息 附加信息

人员编号：00101
人员姓名：张明
部门编码：1
部门名称：总经理办公室
人员类别：管理人员
进入日期：
离开日期：
备注：

属性
停发工资
计税
中方人员
调出

银行代发
银行名称：工商银行市北分行
银行账号：20060010001000001

数据档案
数据档案

第一人 ＜上一人 下一人＞ 末一人 确认 取消

图 5—20 录入银行代发信息

（5）单击“确认”按钮，出现如图 5—21 所示的对话框。

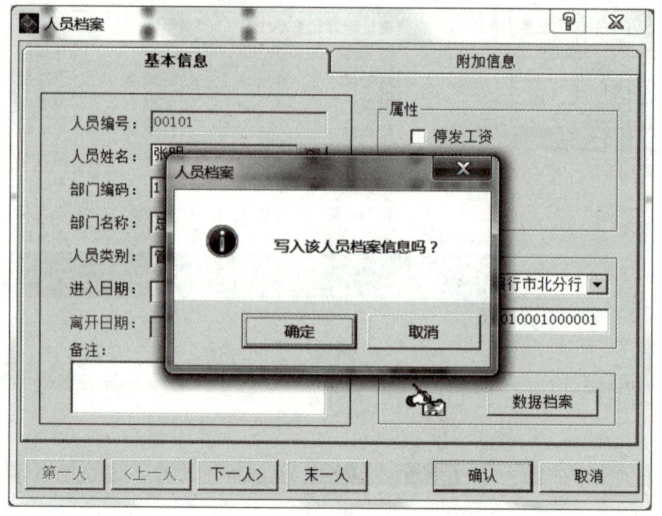

图 5—21　“录入银行代发信息”提示对话框

（6）单击“确定”按钮，根据表 5—3 中的资料，继续录入其他人员的人员类别和银行代发信息，设置完成的人员档案信息如图 5—22 所示。

文件 基础设置 总账 往来 现金 出纳 项目 税务 工资 票据通 学习中心 产品服务 工作圈 窗口 帮助

人　员　档　案

总人数：9

部门名称	人员编号	人员姓名	人员类别	账号	中方人员	是否计税	工资停发	进入日期	手机号	性别	身
总经理办公室	00101	张明	管理人员	20060010001000001	是	是	否				
财务部	00201	陈晓燕	管理人员	20060010001000002	是	是	否				
财务部	00202	王萍	管理人员	20060010001000003	是	是	否				
财务部	00203	刘鹏	管理人员	20060010001000004	是	是	否				
销售部	00301	杜雨	经营人员	20060010001000005	是	是	否				
销售部	00302	周建	经营人员	20010010001000006	是	是	否				
采购部	00401	许云飞	管理人员	20060010001000007	是	是	否				
裁剪车间	00501	马瑞芳	车间管理人员	20060010001000008	是	是	否				
加工车间	00502	徐晓新	生产工人	20060010001000009	是	是	否				

图 5—22　人员档案信息

5. 工资计算公式设置

（1）单击“工资”菜单下的“设置——工资项目设置”命令，打开“工资项目设置”对话框，单击选择“公式设置”选项卡，进入“公式设置”对话框，如图 5—23 所示。

（2）单击“工资项目”设置栏的“增加”按钮，“工资项目”栏自动增加一行，单击该行右面的下拉按钮，选择“请假扣款”选项，在“请假扣款公式定义”栏录入“请假天数 *20”，单击“公式确认”按钮，如图 5—24 所示。

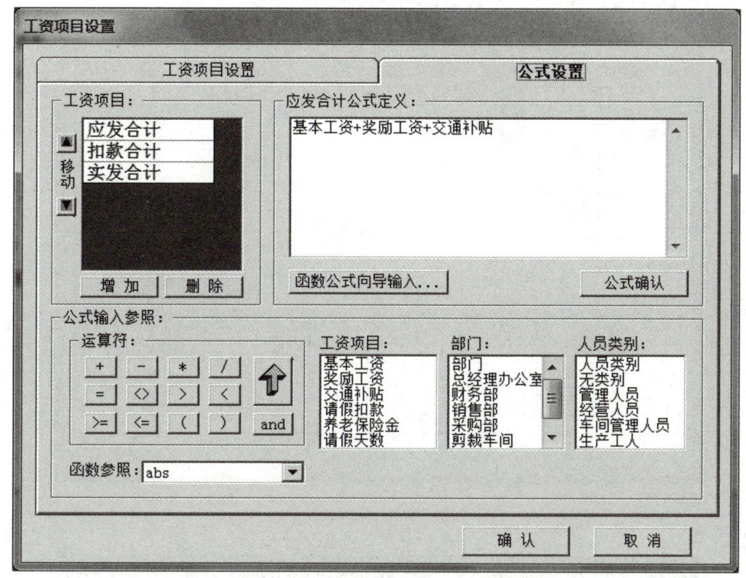

图 5—23 “公式设置”对话框

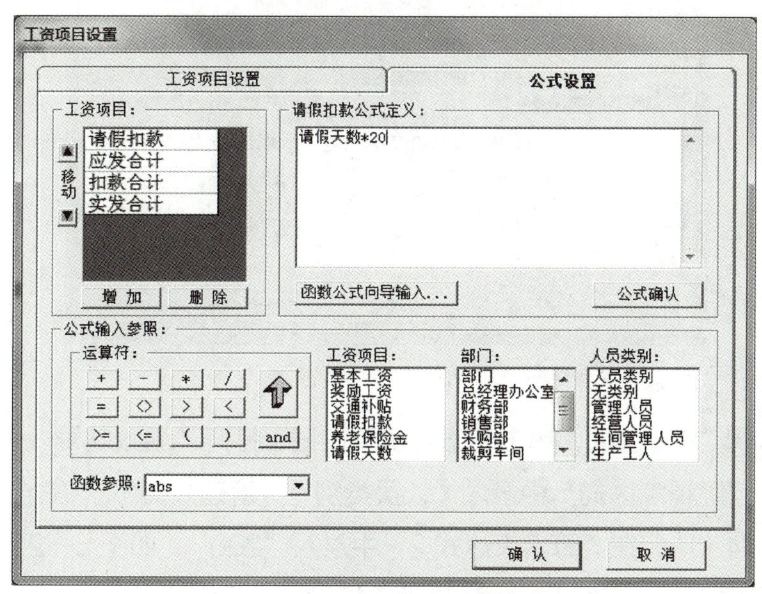

图 5—24 设置请假扣款计算公式

（3）继续单击“工资项目”设置栏的“增加”按钮，“工资项目”栏自动增加一行，单击该行右面的下拉按钮，选择“养老保险金”选项，在“养老保险金公式定义”栏录入“基本工资 *0.05”，单击“公式确认”按钮，如图 5—25 所示。

（4）继续单击“工资项目”设置栏的“增加”按钮，“工资项目”栏自动增加一行，单击该行右面的下拉按钮，选择“交通补贴”选项，单击“函数公式向导输入”按钮，打开“函数向导——步骤之 1”对话框，如图 5—26 所示。

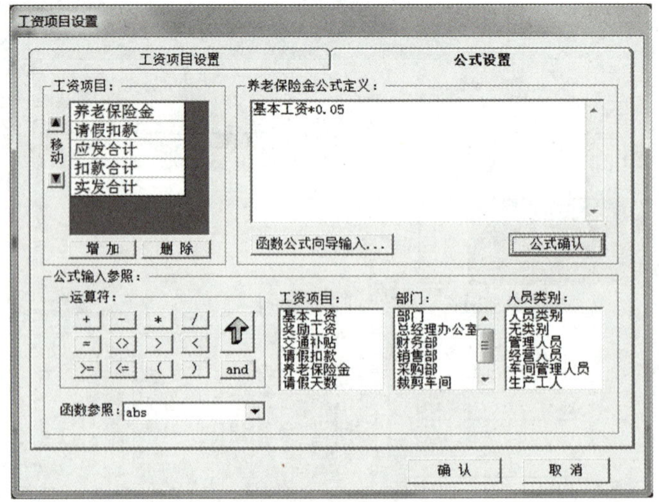

图 5—25　设置养老保险金计算公式

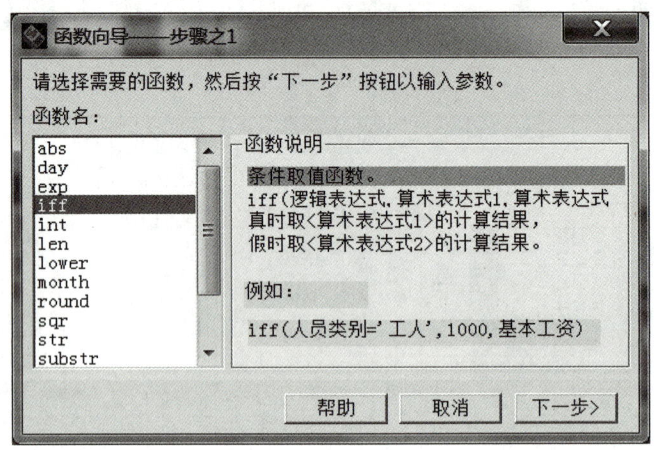

图 5—26　“函数向导——步骤之 1”对话框

（5）选择“iff”选项，单击“下一步”按钮，打开“函数向导——步骤之 2”对话框，在“逻辑表达式”中录入“人员类别 =‘管理人员’”，在“算术表达式 1”中录入“400”，在“算术表达式 2”中录入“200”，如图 5—27 所示。

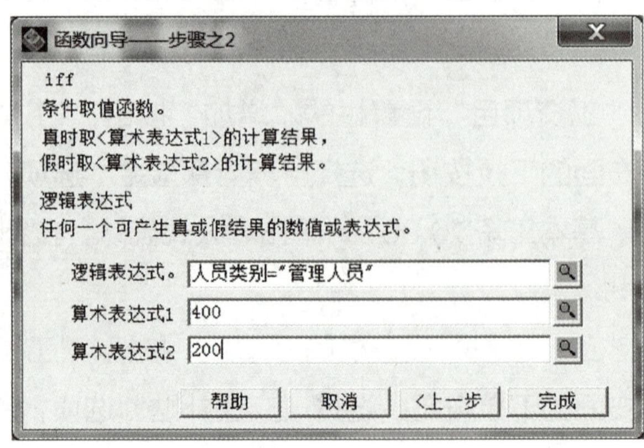

图 5—27　“函数向导—步骤之 2”对话框

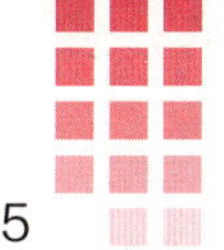

注意："逻辑表达式"行中的内容应通过该行后的"浏览"按钮选择输入。

（6）单击"完成"按钮，完成交通补贴公式定义，如图5—28所示。

（7）单击"公式确认"按钮，再单击"确认"按钮，完成工资项目计算公式的设置。

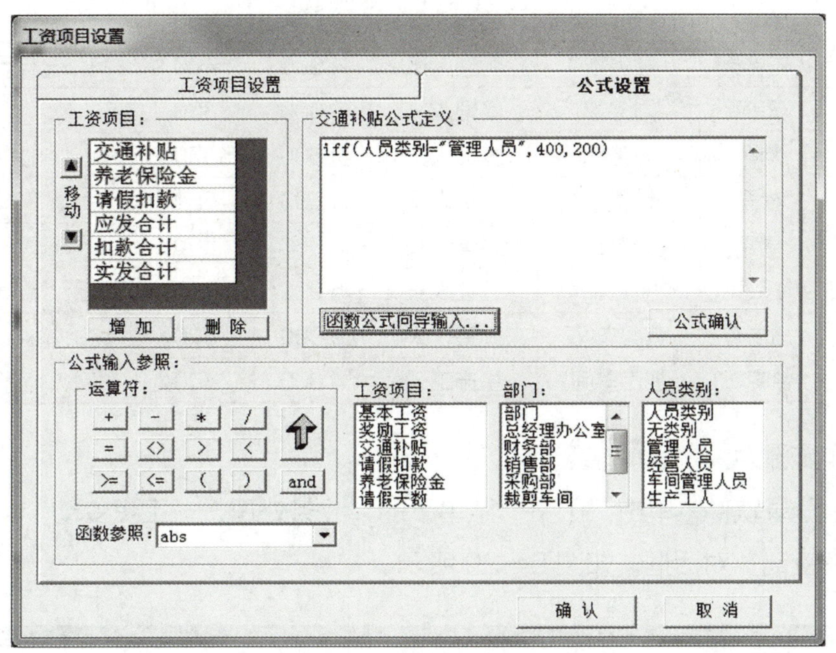

图5—28 设置交通补贴计算公式

第二节 工资管理系统日常业务处理

设置好工资管理系统的基础信息以后，工资系统就可以投入使用了，首次投入运行时需将企业所有人员的基本工资数据录入计算机，每月发生工资数据变动时再进行调整。

工资管理系统日常业务处理主要包括工资变动处理、扣缴个人所得税处理、工资分摊处理等。

一、工资变动处理

企业的工资数据一般每月都会有所变动，因此需要对工资管理系统中的工资数据进行调整，如奖金、扣款信息的录入等。

【例 5—4】以操作员的身份在 2017 年 1 月 31 日登录用友管理软件，录入广州曼丽服装有限公司 2017 年 1 月有关的工资数据，见表 5—4。

表 5—4　　工资数据表

人员编码	人员姓名	部门名称	人员类别	基本工资	奖励工资	交通补贴	请假天数
101	张明	总经理办公室	管理人员	6 000	600		2
201	陈晓燕	财务部	管理人员	4 000	400		
202	王萍	财务部	管理人员	3 000	300		
203	刘鹏	财务部	管理人员	3 500	350		
301	杜雨	销售部	经营人员	5 500	550		
302	周建	销售部	经营人员	4 000	400		
401	许云飞	采购部	管理人员	5 000	500		1
501	马瑞芳	裁剪车间	车间管理人员	6 000	600		
502	徐晓新	加工车间	生产工人	4 000	400		3

操作步骤为：

（1）登录软件，单击“工资”菜单下的“业务处理——工资变动”命令，打开“工资变动”对话框，如图 5—29 所示。

文件 基础设置 总账 往来 现金 出纳 项目 税务 工资 票据通 学习中心 产品服务 工作圈 窗口 帮助

工资变动

过滤器：所有项目

人员编号	姓名	部门	人员类别	基本工资	奖励工资	交通补贴	应发合计	请假扣款	养老保险金	扣款合计	代扣税	实发合计	请假天数
00101	张明	总经理办公	管理人员										
00201	陈晓燕	财务部	管理人员										
00202	王萍	财务部	管理人员										
00203	刘鹏	财务部	管理人员										
00301	杜雨	销售部	经营人员										
00302	周建	销售部	经营人员										
00401	许云飞	采购部	管理人员										
00501	马瑞芳	裁剪车间	车间管理人										
00502	徐晓新	加工车间	生产工人										

图 5—29　“工资变动”对话框

（2）在“工资变动”对话框中，根据表 5—4 的资料，分别录入基本工资、奖励工资、请假天数等数据，录入完成后如图 5—30 所示。

文件 基础设置 总账 往来 现金 出纳 项目 税务 工资 票据通 学习中心 产品服务 工作圈 窗口 帮助

工资变动

过滤器：所有项目

人员编号	姓名	部门	人员类别	基本工资	奖励工资	交通补贴	应发合计	请假扣款	养老保险金	扣款合计	代扣税	实发合计	请假天数
00101	张明	总经理办公	管理人员	6,000.00	600.00								2.00
00201	陈晓燕	财务部	管理人员	4,000.00	400.00								
00202	王萍	财务部	管理人员	3,000.00	300.00								
00203	刘鹏	财务部	管理人员	3,500.00	350.00								
00301	杜雨	销售部	经营人员	5,500.00	550.00								
00302	周建	销售部	经营人员	4,000.00	400.00								
00401	许云飞	采购部	管理人员	5,000.00	500.00								1.00
00501	马瑞芳	裁剪车间	车间管理人	6,000.00	600.00								
00502	徐晓新	加工车间	生产工人	4,000.00	400.00								3.00

图 5—30　录入工资变动项目内容

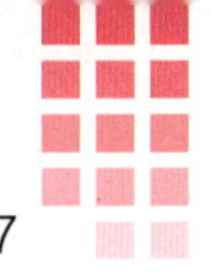

（3）单击“重新计算”按钮，系统自动计算出全部工资项目数据，如图 5—31 所示。

文件 基础设置 总账 往来 现金 出纳 项目 税务 工资 票据通 学习中心 产品服务 工作圈 窗口 帮助

工资变动

过滤器：所有项目

人员编号	姓名	部门	人员类别	基本工资	奖励工资	交通补贴	应发合计	请假扣款	养老保险金	扣款合计	代扣税	实发合计	请假天数
00101	张明	总经理办公	管理人员	6,000.00	600.00	400.00	7,000.00	40.00	300.00	551.00	211.00	6,449.00	2.00
00201	陈晓燕	财务部	管理人员	4,000.00	400.00	400.00	4,800.00		200.00	233.00	33.00	4,567.00	
00202	王萍	财务部	管理人员	3,000.00	300.00	400.00	3,700.00		150.00	151.50	1.50	3,548.50	
00203	刘鹏	财务部	管理人员	3,500.00	350.00	400.00	4,250.00		175.00	192.25	17.25	4,057.75	
00301	杜雨	销售部	经营人员	5,500.00	550.00	200.00	6,250.00		275.00	417.50	142.50	5,832.50	
00302	周建	销售部	经营人员	4,000.00	400.00	200.00	4,600.00		200.00	227.00	27.00	4,373.00	
00401	许云飞	采购部	管理人员	5,000.00	500.00	400.00	5,900.00	20.00	250.00	378.00	108.00	5,522.00	1.00
00501	马瑞芳	裁剪车间	车间管理人	6,000.00	600.00	200.00	6,800.00		300.00	495.00	195.00	6,305.00	
00502	徐晓新	加工车间	生产工人	4,000.00	400.00	200.00	4,600.00	60.00	200.00	285.20	25.20	4,314.80	3.00

图 5—31 工资项目数据

（4）单击“退出”按钮，出现如图 5—32 所示的提示对话框。

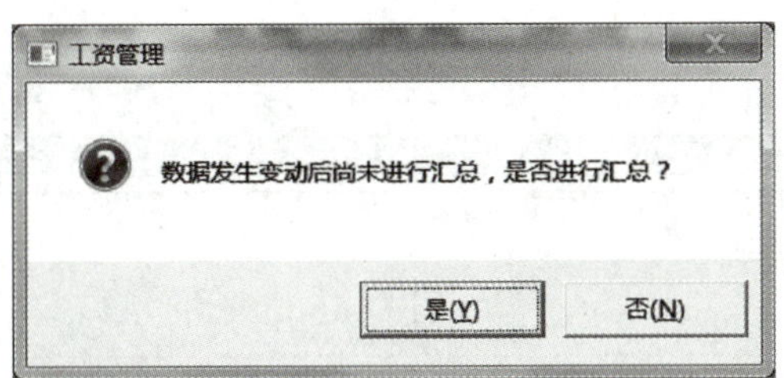

图 5—32 “变动后数据是否进行汇总”提示对话框

注意：修改数据、重新设置计算公式等操作后，必须调用“计算”和“汇总”功能，以保证数据的准确性。

（5）单击“是”按钮，退出“工资变动”对话框，完成工资业务变动的处理。

二、扣缴个人所得税处理

目前我国税法规定职工个人应交所得税由企业代扣代缴，每个月末财务部门都要对职工超过扣税基数的工资金额进行代扣税金的计算，工作量较大。用友管理软件系统中提供了个人所得税自动计算功能，企业只需定义好税率和扣税基数，就可以由系统自动计算出应代扣的个人所得税金额。

【例 5—5】以操作员的身份在 2017 年 1 月 31 日登录用友管理软件，设置广州曼丽服装有限公司 2017 年 1 月员工个人所得税的有关参数：扣税基数为实发工资，扣除费用基数是 3 500 元，附加费用 1 300 元，工资薪金所得适用的是七级超额累进税率。

操作步骤为：

（1）登录软件后，选择“工资”菜单下的“业务处理——扣缴所得税”命令，打开“栏目选择”对话框，如图 5—33 所示。

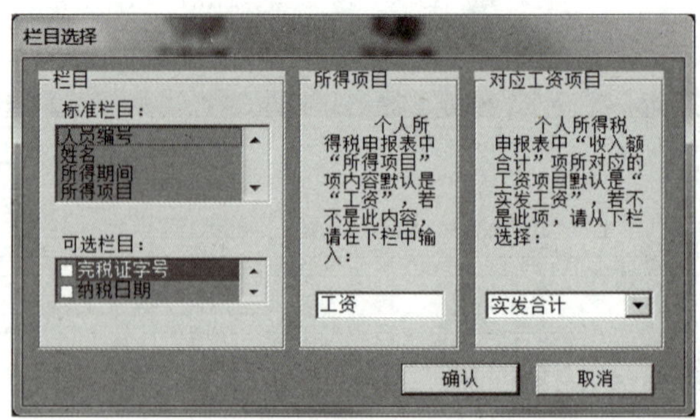

图 5—33 “栏目选择”对话框

（2）单击“确认”按钮，打开“个人所得税扣缴申报表”窗口，如图 5—34 所示。

文件 基础设置 总账 往来 现金 出纳 项目 税务 工资 票据通 学习中心 产品服务 工作圈 窗口 帮助

个人所得税扣缴申报表

2017年1月

只显示需要纳税人员　　总人数：9

人员编号	姓名	所得期间	所得项目	收入额合计	减费用额	应纳税所得额	税率(%)	速算扣除数	扣缴所得税额
00101	张明	6	工资	6,660.00	3,500.00	3,160.00	10.00	105.00	211.00
00201	陈晓燕	6	工资	4,600.00	3,500.00	1,100.00	3.00	0.00	33.00
00202	王萍	6	工资	3,550.00	3,500.00	50.00	3.00	0.00	1.50
00203	刘鹏	6	工资	4,075.00	3,500.00	575.00	3.00	0.00	17.25
00301	杜雨	6	工资	5,975.00	3,500.00	2,475.00	10.00	105.00	142.50
00302	周建	6	工资	4,400.00	3,500.00	900.00	3.00	0.00	27.00
00401	许云飞	6	工资	5,630.00	3,500.00	2,130.00	10.00	105.00	108.00
00501	马瑞芳	6	工资	6,500.00	3,500.00	3,000.00	10.00	105.00	195.00
00502	徐晓新	6	工资	4,340.00	3,500.00	840.00	3.00	0.00	25.20
	合计	6	工资	45,730.00	31,500.00	14,230.00			760.45

图 5—34 “个人所得税扣缴申报表”窗口

（3）打开“个人所得税申报表——税率表”对话框，如图 5—35 所示。

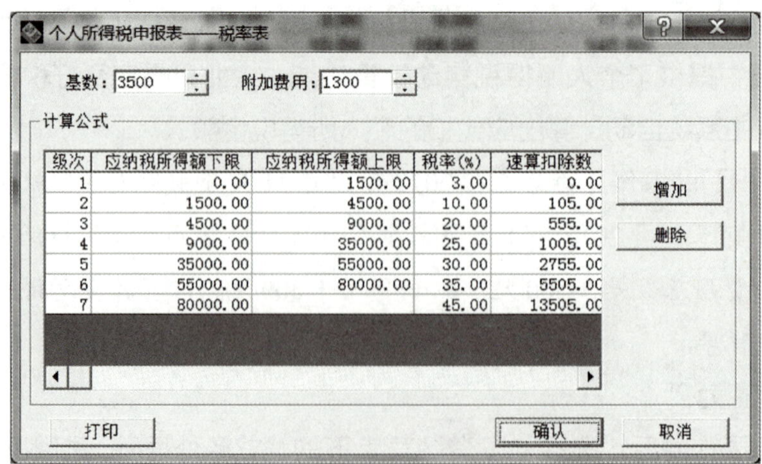

个人所得税申报表——税率表

基数：3500　附加费用：1300

计算公式

级次	应纳税所得额下限	应纳税所得额上限	税率(%)	速算扣除数
1	0.00	1500.00	3.00	0.00
2	1500.00	4500.00	10.00	105.00
3	4500.00	9000.00	20.00	555.00
4	9000.00	35000.00	25.00	1005.00
5	35000.00	55000.00	30.00	2755.00
6	55000.00	80000.00	35.00	5505.00
7	80000.00		45.00	13505.00

增加　删除

打印　确认　取消

图 5—35 “个人所得税——税率表”对话框

注意：修改税率表后，需到“工资变动”窗口中执行“重新计算”功能。

（4）单击“确认”按钮，出现如图 5—36 所示的提示对话框。

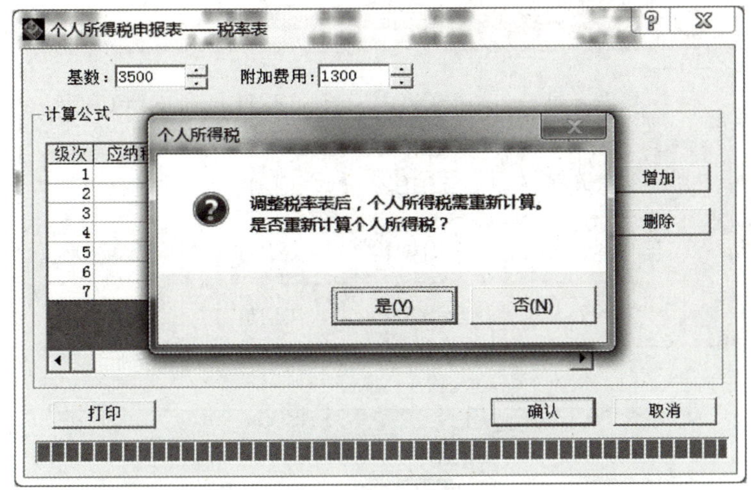

图 5—36 “是否重新计算个人所得税”提示对话框

（5）单击“是”按钮，返回“个人所得税申报表”窗口，单击“退出”按钮，完成扣缴个人所得税的设置。

三、工资分摊处理

工资费用的分摊是依据初始设置好的工资费用分摊的项目，对当月发生的工资费用进行工资总额的计算、分配，由系统自动完成职工福利费、教育经费等各种社会统筹费等的计提，并生成相关的记账凭证，自动传递到账务系统。

1. 设置工资分摊类型

初次使用工资管理系统时应先进行工资分摊的设置，建立相应的分摊类型名称及分摊比例。

【例 5—6】以操作员身份在 2017 年 1 月 31 日登录用友管理软件，设置广州曼丽服装有限公司的以下工资分摊信息：

工资分摊类型为“应付职工薪酬”和“工会经费”，应付职工薪酬的分摊比例为 100%，按工资总额的 2% 计提工会经费，工资分摊设置的内容见表 5—5。

操作步骤为：

（1）选择“工资”菜单下的“业务处理——工资分摊”命令，或直接单击“工资分摊”按钮，打开“工资分摊”对话框，如图 5—37 所示。

表 5—5　　　　工资分摊设置的内容

部门	工资分摊	应付职工薪酬		工会经费	
		借方	贷方	借方	贷方
总经理办公室、财务部、采购部	管理人员	660201	2211	660207	2211
销售部	经营人员	660102	2211	660102	2211
裁剪车间	车间管理人员	510101	2211	510103	2211
加工车间	生产工人	500102	2211	500102	2211

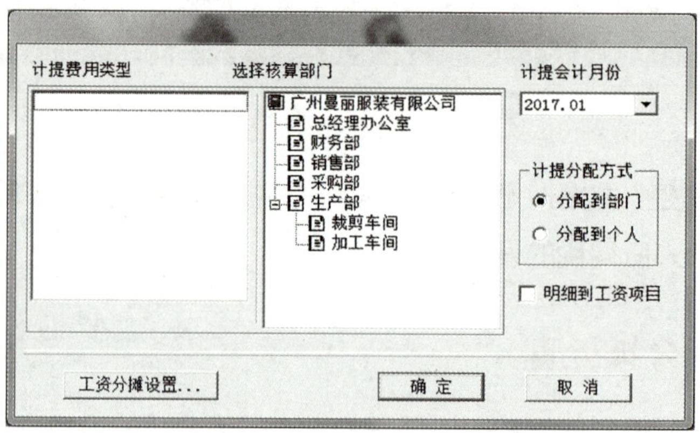

图 5—37 “工资分摊”对话框

（2）单击“工资分摊设置”按钮，打开“分摊类型设置”对话框，如图 5—38 所示。

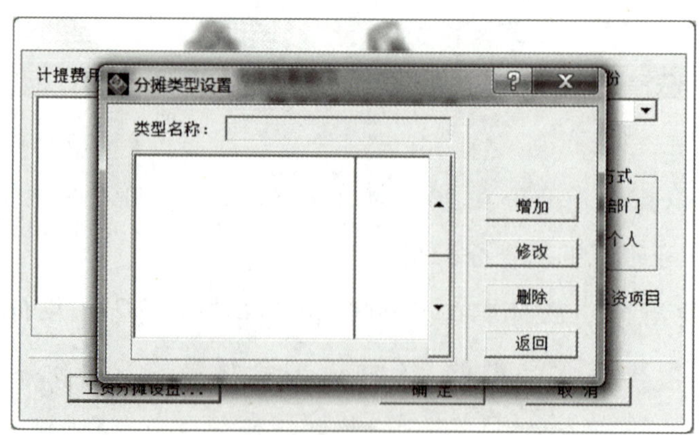

图 5—38 “分摊类型设置”对话框

（3）单击“增加”按钮，打开“分摊计提比例设置”对话框，在“计提类型名称”栏中输入“应付职工薪酬”，如图 5—39 所示。

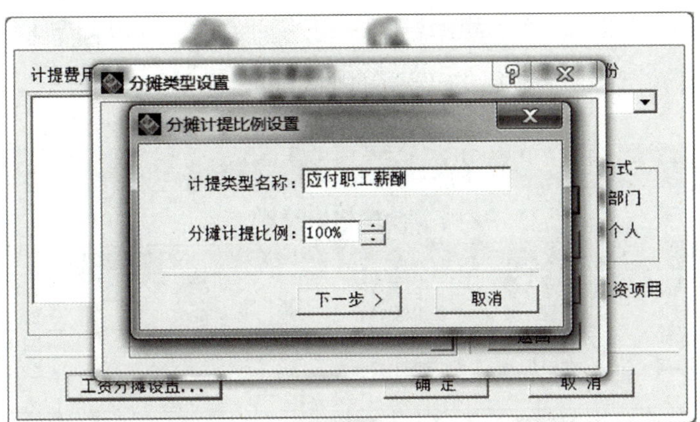

图 5—39 “分摊计提比例设置”对话框

（4）单击“下一步”按钮，打开“分摊构成设置”对话框，如图 5—40 所示。

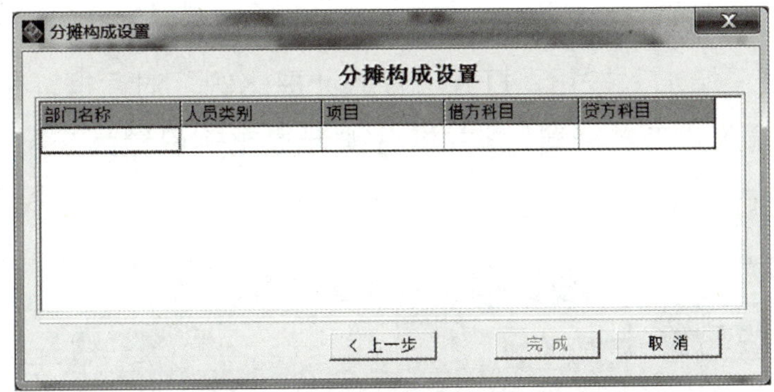

图 5—40 “分摊构成设置”对话框

（5）双击“部门名称”行，再单击右侧的按钮（浏览），打开“部门名称参照”对话框，如图 5—41 所示。

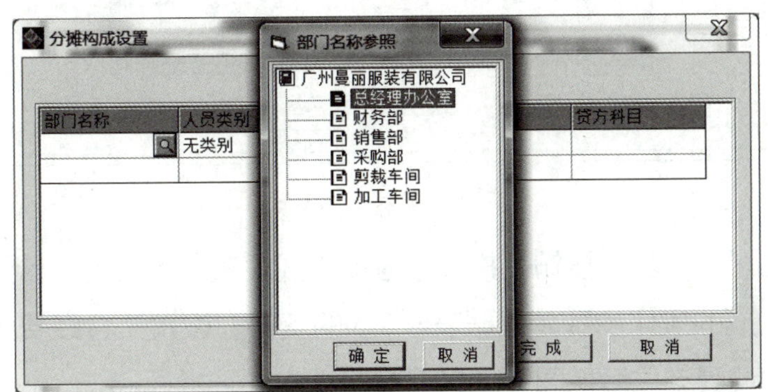

图 5—41 “部门名称参照”对话框

（6）选择“总经理办公室”，单击“确定”按钮，参照以上步骤将该行以后的“人员类别”栏设置为“管理人员”，“项目”栏设置为“应发合计”，“借方科目”栏设置为“660201（管理费用－工资），“贷方科目”栏设置为“2211（应付职工薪酬），设置完成后的工资分摊构成如图 5—42 所示。

分摊构成设置

部门名称	人员类别	项目	借方科目	贷方科目
总经理办公室,财务	管理人员	应发合计	660201	2211
销售部	经营人员	应发合计	660102	2211
裁剪车间	车间管理人员	应发合计	510101	2211
加工车间	生产工人	应发合计	500102	2211

< 上一步　　完 成　　取 消

图 5—42　工资分摊构成设置

（7）单击“完成”按钮，返回到“分摊类型设置”对话框。

（8）单击“增加”按钮，打开“分摊计提比例”对话框，在“计提类型名称”栏中输入“工会经费”，并将分摊计提比例设置为 2%，如图 5—43 所示。

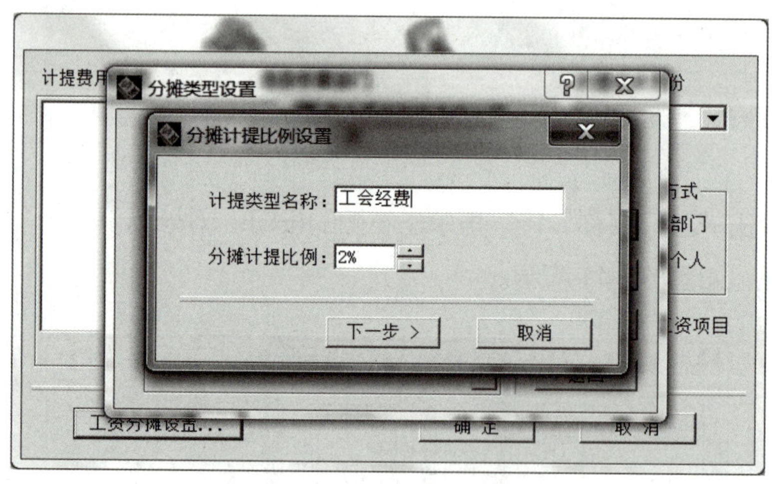

图 5—43　“工会经费计提比例设置”对话框

（9）单击“下一步”按钮，打开“分摊构成设置”对话框，参照设置应付职工薪酬分摊构成的操作步骤，根据表 5—5 的资料，设置工会经费分摊构成的各个项目内容，设置完成后如图 5—44 所示。

（10）单击“完成”按钮，返回到“分摊类型设置”对话框。

（11）单击“返回”按钮，返回到“工资分摊”对话框。

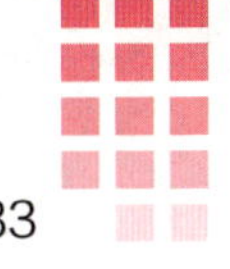

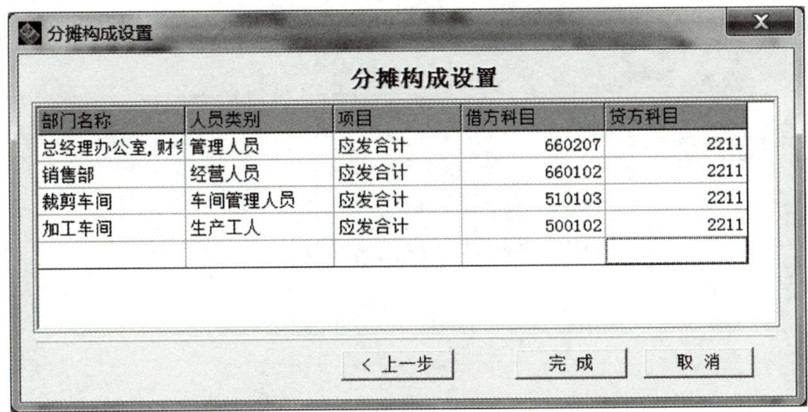

图 5—44 “工会经费分摊构成设置”窗口

2. 分摊工资并生成转账凭证

工资分摊类型设置完成后，就可以进行分摊工资及生成记账凭证的操作。

【例 5—7】以操作员身份在 2017 年 1 月 31 日登录用友管理软件，分摊广州曼丽服装有限公司 2017 年 1 月的“应付职工薪酬”和“工会经费”，并生成记账凭证。

操作步骤为：

（1）选择“工资”菜单下的“业务处理——工资分摊”命令，打开“工资分摊”对话框，分别选择“应付职工薪酬”“工会经费”，并单击选中各个部门，再选中“明细到工资项目”复选框，如图 5—45 所示。

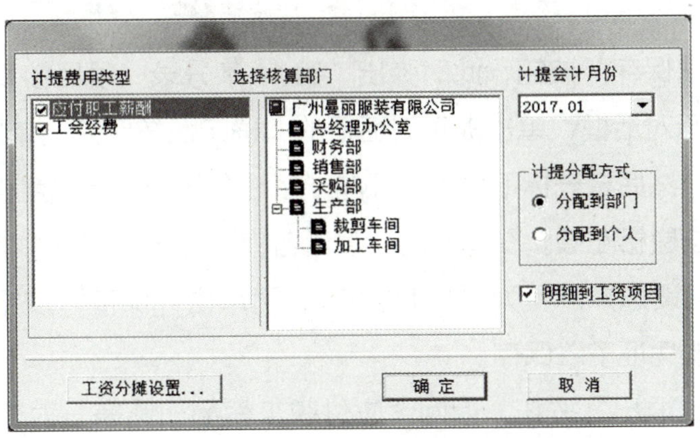

图 5—45 “工资分摊”对话框

（2）单击“确定”按钮，打开“应付职工薪酬一览表”窗口，如图 5—46 所示。

（3）单击“制单”按钮，出现应付职工薪酬分摊的转账凭证，将凭证种类设置为“转账凭证”，假设附单据数为“1”，如图 5—47 所示。

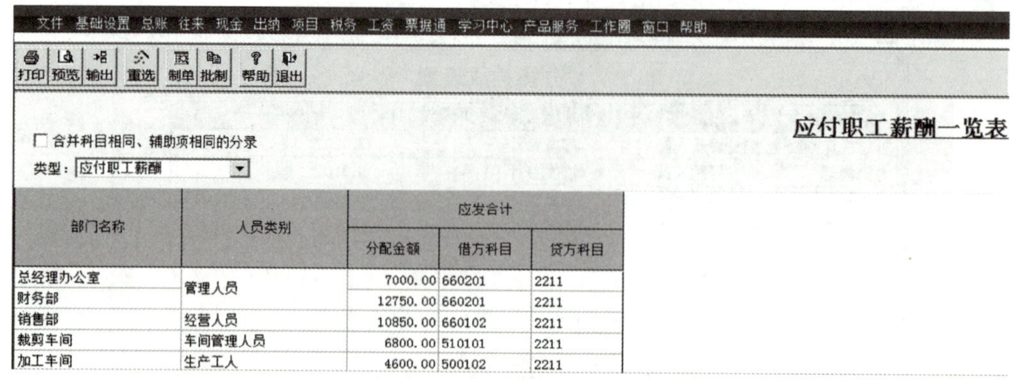

部门名称	人员类别	应发合计		
		分配金额	借方科目	贷方科目
总经理办公室	管理人员	7000.00	660201	2211
财务部		12750.00	660201	2211
销售部	经营人员	10850.00	660102	2211
裁剪车间	车间管理人员	6800.00	510101	2211
加工车间	生产工人	4600.00	500102	2211

图 5—46　“应付职工薪酬一览表”窗口

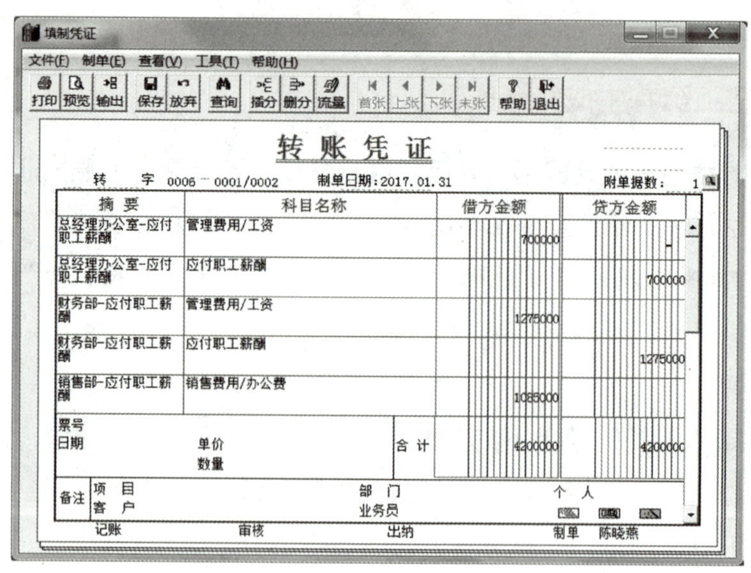

图 5—47　工资分摊的转账凭证

（4）单击“保存”按钮，此时弹出“第 11 条分录：项目核算科目的项目不能为空”的提示对话框，单击提示对话框的“确定”按钮后，单击“生产成本 / 直接人工”行，然后将光标下移到凭证的“备注”行后任意位置，待光标变为笔头形状后，双击鼠标左键，在弹出的“项目名称”设置对话框中选择“设置项目名称”，本例假设选择设置为“101 西装”，再单击“保存”按钮，将应付职工薪酬分摊的转账凭证予以保存。

（5）单击“退出”按钮，返回“应付职工薪酬一览表”对话框，单击左上方“类型”栏后的 ▼ 按钮，选择“工会经费”，打开“工会经费一览表”，如图 5—48 所示。

（6）单击“制单”按钮，出现工会经费分摊的记账凭证，参照以上应付职工薪酬分摊记账凭证的操作步骤，将生成的工会经费分摊转账凭证予以设置和保存，如图 5—49 所示。

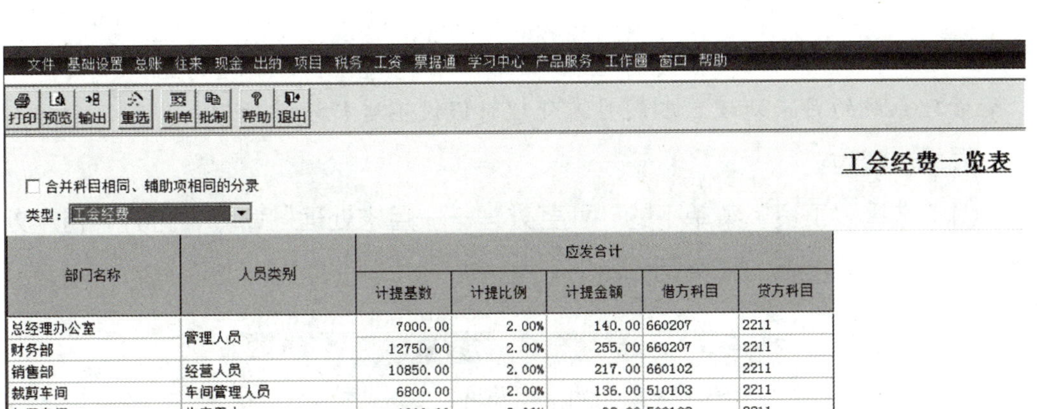

部门名称	人员类别	应发合计				
		计提基数	计提比例	计提金额	借方科目	贷方科目
总经理办公室	管理人员	7000.00	2.00%	140.00	660207	2211
财务部		12750.00	2.00%	255.00	660207	2211
销售部	经营人员	10850.00	2.00%	217.00	660102	2211
裁剪车间	车间管理人员	6800.00	2.00%	136.00	510103	2211
加工车间	生产工人	4600.00	2.00%	92.00	500102	2211

图 5—48 工会经费一览表

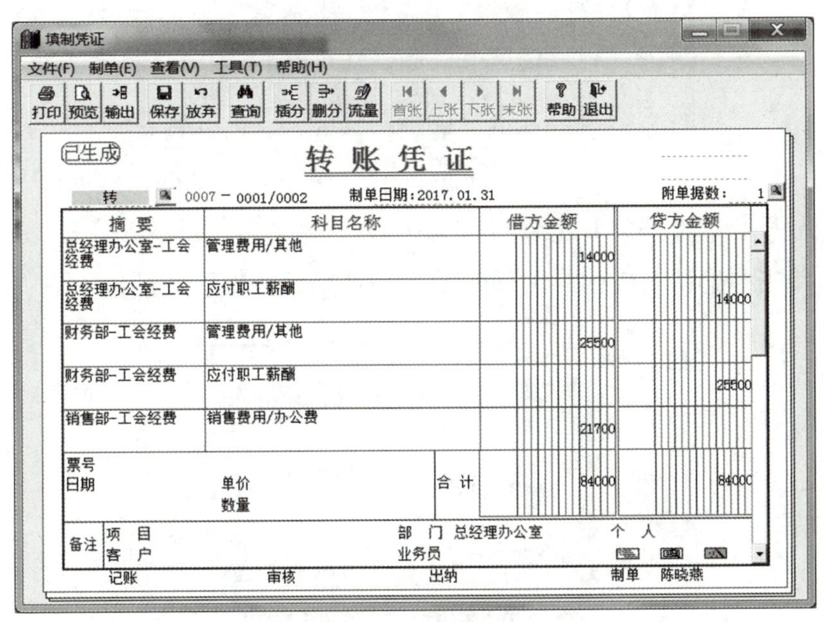

图 5—49 工会经费转账凭证

（7）单击“退出”按钮，完成分摊工资和生成转账凭证的操作。

第三节 工资管理系统月末处理

月末结转是指将当月数据经过处理后结转至下月。每月工资数据处理完毕后均可进行月末结转。

由于在工资项目中，有的项目是变动的，即每月的数据均不相同，在每月工资处理时均需将其数据清零，然后输入当月的数据，此类项目即为清零项目。

【例 5—8】以操作员身份在 2017 年 1 月 31 日登录用友管理软件，进行 1 月工资管理系统的月末处理。本例月末处理时假设不进行清零处理。

操作步骤为：

（1）选择“工资”菜单下的“业务处理——月末处理”命令，打开“月末处理”对话框，如图 5—50 所示。

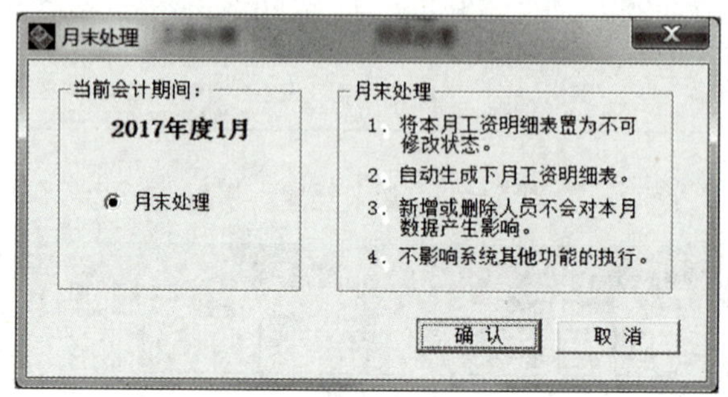

图 5—50 “月末处理”对话框

注意：月末处理只在 1 月至 11 月进行。

（2）单击“确认”按钮，出现如图 5—51 所示的提示对话框。

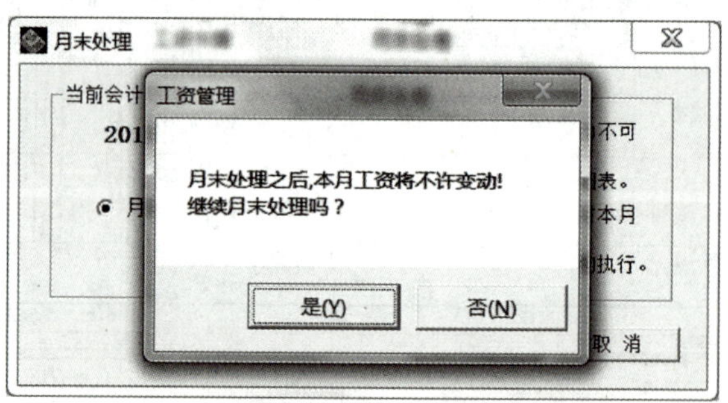

图 5—51 “月末处理”提示对话框

注意：本月工资未汇总，系统将不允许进行月末处理。

（3）单击“是”按钮，出现如图 5—52 所示的提示对话框。

（4）单击“否”按钮，系统提示“月末处理完毕”，如图 5—53 所示。

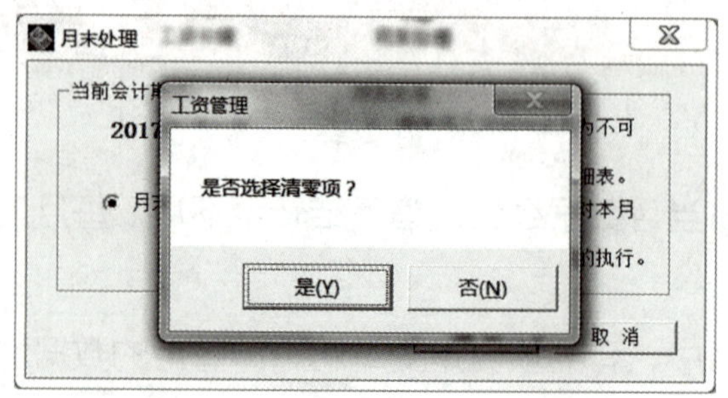

图 5—52 “是否清零提示”对话框

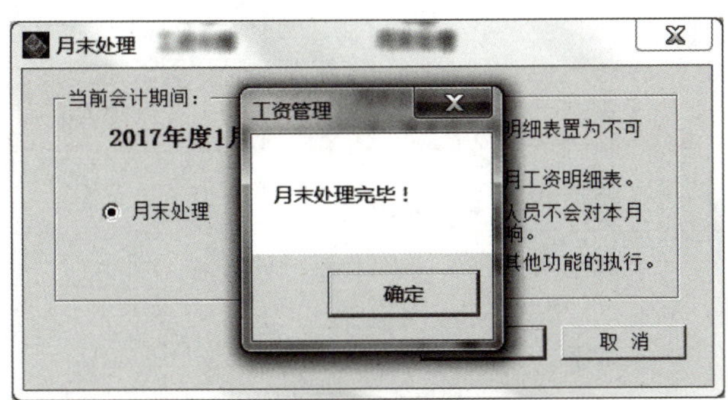

图 5—53 “月末处理完毕”提示对话框

（5）单击“确定”按钮，完成月末处理。

练习题

1. 资料

广州豪杰食品有限公司工资管理的有关资料如下：

（1）建立工资账套控制参数

工资类别个数设置为“单个”，核算币种设置为“人民币”，要求代扣个人所得税，不进行扣零处理，人员编码长度设为 3 位，启用日期设置为 2017 年 1 月。

（2）基础信息

1）人员类别：管理人员、经营人员、车间管理人员、生产工人。

2）人员附加信息设置：增加性别、身份证号作为人员附加信息。

3）银行名称设置：建设银行市北分行，账号定长为 11，录入时自动带出的账号长度为 7。

4）工资项目

项目名称	类型	长度	小数位数	增减项
基本工资	数字	8	2	增项
奖励工资	数字	8	2	增项
岗位补贴	数字	8	2	增项
应发合计	数字	10	2	增项
请假扣款	数字	8	2	减项
养老保险金	数字	8	2	减项

续表

项目名称	类型	长度	小数位数	增减项
扣款合计	数字	10	2	减项
实发合计	数字	10	2	增项
代扣税	数字	10	2	减项
请假天数	数字	8	2	其他

5）人员档案

人员编码	人员姓名	部门名称	人员类别	账号	是否中方人员	是否计税
101	高阳	总经理办公室	管理人员	20060010001	是	是
201	李心	财务部	管理人员	20060010002	是	是
202	崔昆	财务部	管理人员	20060010003	是	是
203	赵平	财务部	管理人员	20060010004	是	是
301	刘荣	销售部	经营人员	20060010005	是	是
302	王娜	销售部	经营人员	20060010006	是	是
401	梁霞	采购部	管理人员	20060010007	是	是
501	薛原	加工车间	车间管理人员	20060010008	是	是
502	刘星	包装车间	生产工人	20060010009	是	是

6）工资计算

工资项目	定义公式
请假扣款	请假天数 *20
养老保险金	基本工资 *0.3
交通补贴	iff（人员类别 =“管理人员”，800，400）

（3）有关工资数据

人员编码	人员姓名	部门名称	人员类别	基本工资	奖励工资	交通补贴	请假天数
101	高阳	总经理办公室	管理人员	6 000	600		2
201	李心	财务部	管理人员	4 000	400		
202	崔昆	财务部	管理人员	3 000	300		
203	赵平	财务部	管理人员	3 500	350		
301	刘荣	销售部	经营人员	5 500	550		
302	王娜	销售部	经营人员	4 000	400		
401	梁霞	采购部	管理人员	5 000	500		1
501	薛原	加工车间	车间管理人员	6 000	600		
502	刘星	包装车间	生产工人	4 000	400		3

（4）代扣个人所得税的有关参数

扣税基数为实发工资，扣除费用基数是 3 500 元，附加费用 1 200 元，工资薪金所得适用的是七级超额累进税率。

（5）工资分摊信息

工资分摊类型为“应付职工薪酬”和“工会经费”，应付职工薪酬的分摊比例为 100%，按工资总额的 2% 计提工会经费，工资分摊设置的内容见下表。

工资分摊设置的内容

部门	工资分摊	应付职工薪酬		工会经费	
		借方	贷方	借方	贷方
总经理办公室、财务部、采购部	管理人员	660201	2211	662028	2211
销售部	经营人员	660103	2211	660104	2211
加工车间	车间管理人员	510101	2211	510104	2211
包装车间	生产工人	500102	2211	500102	2211

（6）月末处理时假设不进行清零处理。

2. 要求

请根据以上资料进行工资管理系统初始设置、日常业务处理、工资分摊生成凭证及月末处理的操作。

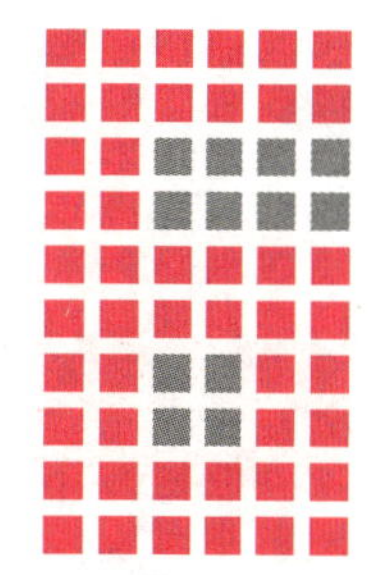

第六章 固定资产管理系统

学习目标

- 了解固定资产管理系统的对账和结账方法
- 掌握固定资产系统初始设置方法
- 掌握固定资产增加和减少等日常业务的处理方法
- 掌握固定资产折旧的处理方法

固定资产是企业进行生产经营活动的物质基础，在企业的资产总额中一般占有相当大的比重，正确地核算和严格地管理固定资产对企业的生产经营具有重大意义。固定资产的种类繁多、构成复杂，与其他账务核算系统相比，固定资产管理系统有以下固有的特点：

一是与其他业务相比，固定资产的增减变动业务发生次数较少，所以固定资产管理系统的数据处理频率较低，固定资产的使用年限较长；二是固定资产构成复杂，所以固定资产管理系统的数据量较大且数据在计算机内保留的时间较长；三是固定资产的业务类型较少，固定资产折旧的计提方法也较少，所以固定资产管理系统的数据处理方式比较单纯。

第一节　固定资产管理系统初始设置

固定资产管理系统的初始设置就是根据本企业的实际情况，建立起适合本单位需要的固定资产账套的过程。

固定资产管理系统的初始设置主要包括固定资产管理系统的启用、设置控制参数、设置资产类别、设置部门及对应折旧科目、设置固定资产增减方式的对应入账科目及录入固定资产原始卡片等内容。

一、固定资产管理系统的启用

【例 6—1】以操作员陈晓燕的身份在 2017 年 1 月 1 日注册用友管理软件系统管理，启用固定资产管理系统。

操作步骤为：

（1）以操作员陈晓燕的身份登录系统管理，如图 6—1 所示。

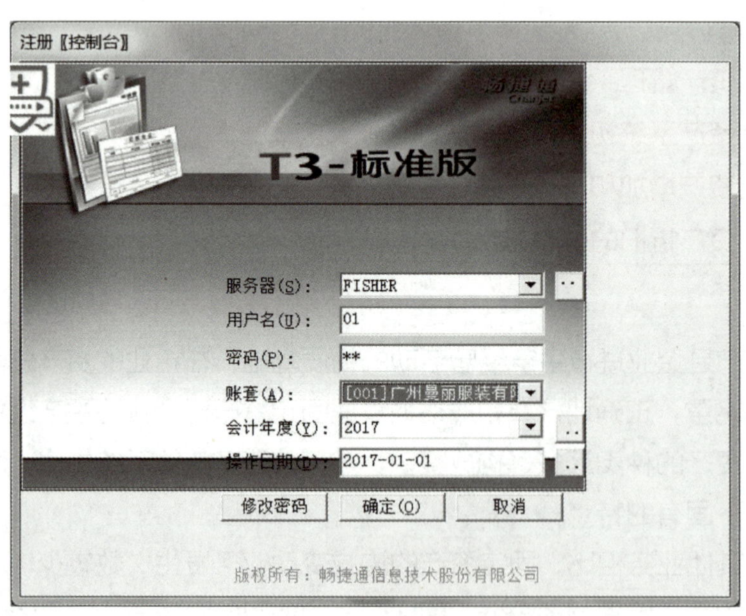

图 6—1　登录系统管理

（2）登录后，进入“系统管理”窗口，选择“账套”菜单下的“启用”命令，如图 6—2 所示。

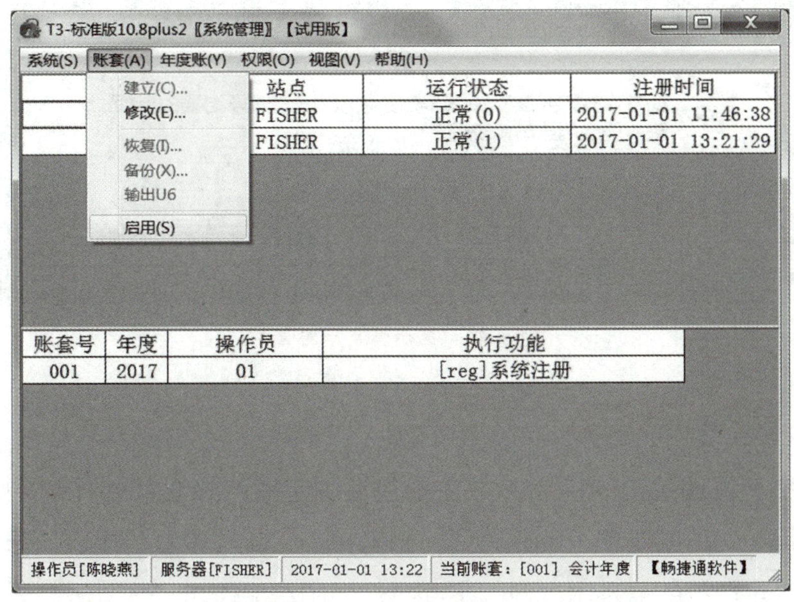

图 6—2 “系统管理”窗口

（3）选择“启用”命令后，弹出“系统启用”窗口，选中“固定资产”管理系统，弹出“启用时间设置”窗口，根据例题资料将启用时间设置为 2017 年 1 月 1 日，如图 6—3 所示。

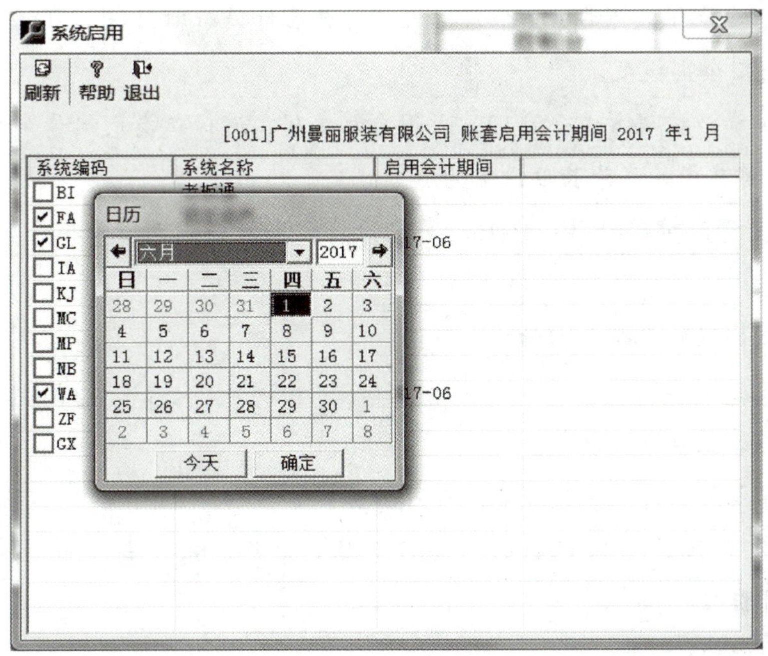

图 6—3 “启用时间设置”窗口

（4）单击“确定”按钮，弹出如图 6—4 所示的“提示信息”对话框，单击“是”按钮，完成启用固定资产管理系统。

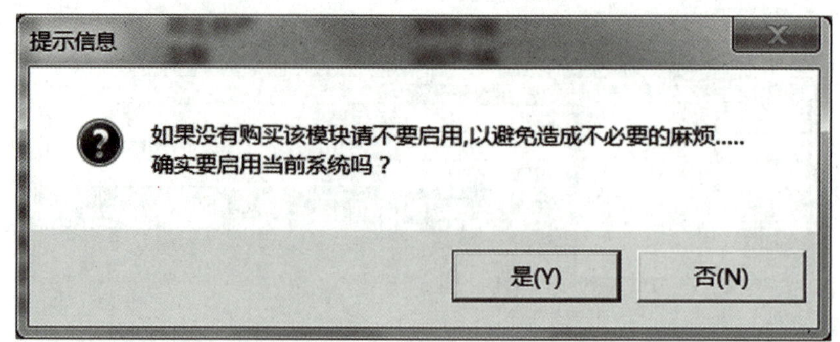

图 6—4 “提示信息”对话框

二、设置控制参数

固定资产管理系统的控制参数主要包括固定资产账套初始化时的约定及说明、启用月份、折旧信息、编码方式、财务接口、完成设置等内容，是控制固定资产管理系统运行的最基本参数，下面举例说明其操作步骤。

【例 6—2】接【例 6—1】，以操作员陈晓燕的身份在 2017 年 1 月 1 日登录用友管理软件，进行以下控制参数设置：

◆ 启用月份：2017 年 1 月。

◆ 折旧方法：平均年限法（一）。

◆ 折旧分配汇总周期：1 个月，当“月初已计提折旧月份 = 可使用月份 -1”时将剩余折旧全部提足。

◆ 固定资产编码方式：2112，采用自动编码，选择“类别编号 + 部门编号 + 序号”，并将其中的序号长度设定为 3。

◆ 固定资产对账科目：1601，固定资产；累计折旧对账科目：1602，累计折旧。

◆ 完成固定资产账套初始化。

◆ 补充控制参数。

◆ 业务发生后立即制单。

◆ 月末结账前一定要完成制单登账业务。

◆ 固定资产缺省入账科目：1601，固定资产；累计折旧缺省入账科目：1602，累计折旧。

操作步骤为：

（1）登录软件，单击“固定资产”菜单或窗口左边的“固定资产”模块名称，出现如图 6—5 所示的提示对话框。

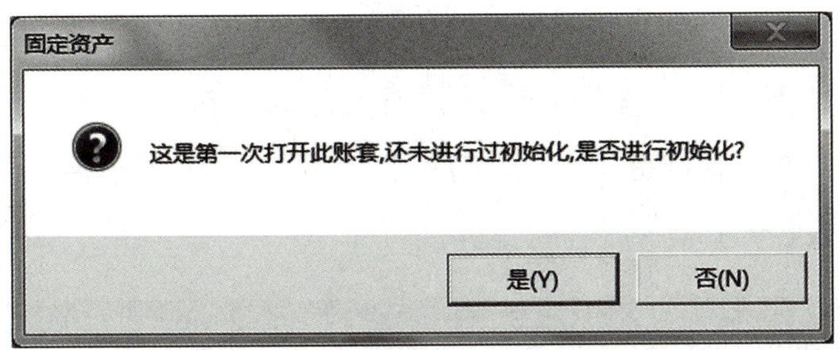

图 6—5 “固定资产”提示对话框

（2）单击“是”按钮，进入“固定资产初始化向导”对话框，如图 6—6 所示，应首先阅读其中的“约定及说明”。

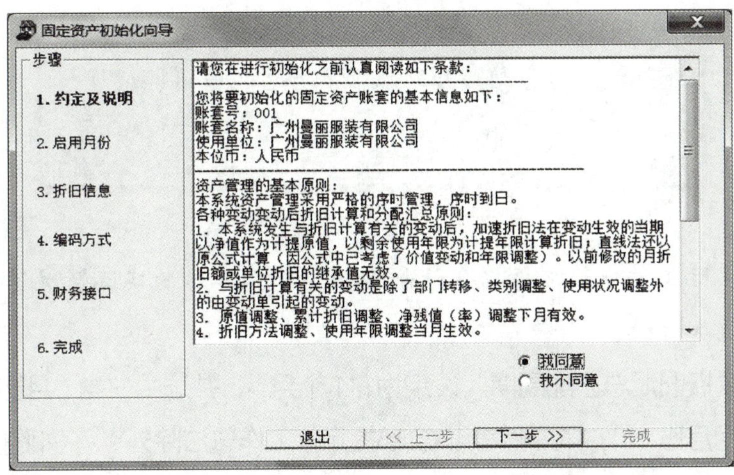

图 6—6 “固定资产初始化向导”对话框

（3）阅读完“约定及说明”之后，选择“我同意”进入“启用月份”对话框，如图 6—7 所示，启用月份由系统默认为当前月份。

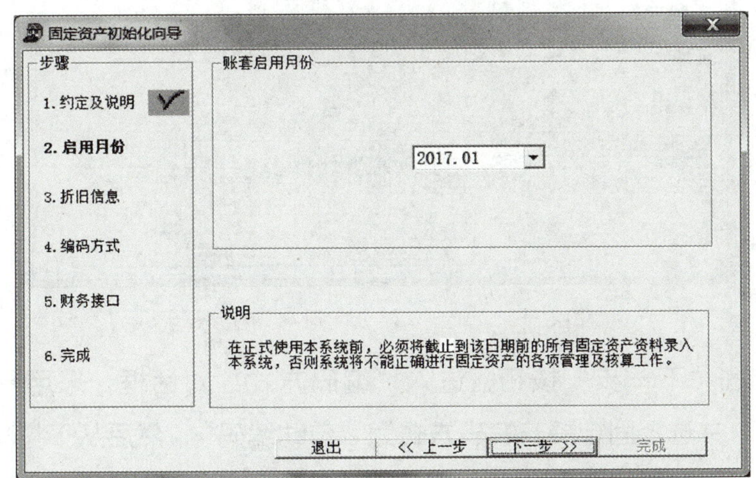

图 6—7 “启用月份”对话框

注意：固定资产账套的开始使用期间不得大于系统管理中建立该账套的期间。

（4）单击“下一步”按钮，进入“折旧信息”设置对话框，如图6—8所示，系统默认“本账套计提折旧”，首先应从下拉菜单中选择折旧方法，本例选用“平均年限法(一)”。

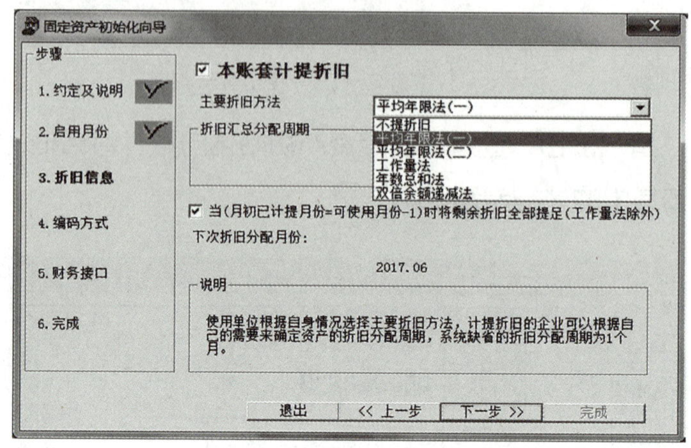

图6—8 “折旧信息”对话框

注意：实际工作中，应根据会计制度制定和本单位的实际情况选择合适的折旧方法。

（5）将“折旧汇总分配周期”设定为“1个月”，并选中“当(月初已计提折旧月份=可使用月份-1)时将剩余折旧全部提足(工作量法除外)”，如图6—9所示。

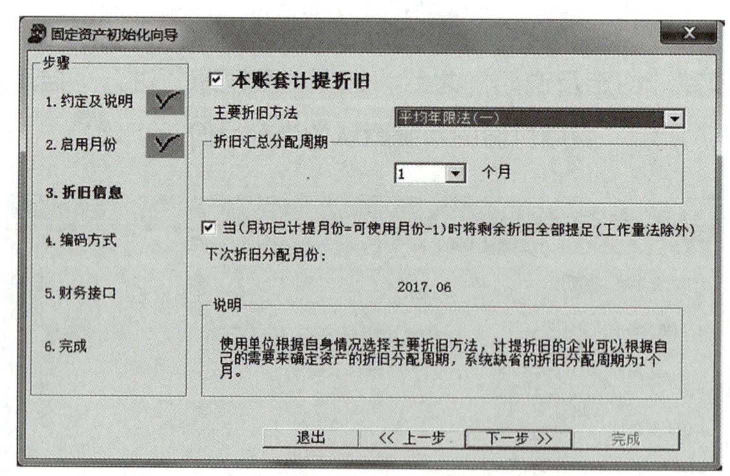

图6—9 “折旧汇总分配周期”对话框

（6）单击“下一步”按钮，进入“编码方式”对话框，采用默认编码长度“2112”，并选择固定资产编码方式为“自动编码”，然后从下拉菜单中选择“固定资产编码方式”为“类别编号＋部门编号＋序号”方式，再将序号长度设定为“3”，如图6—10所示。

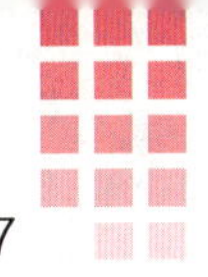

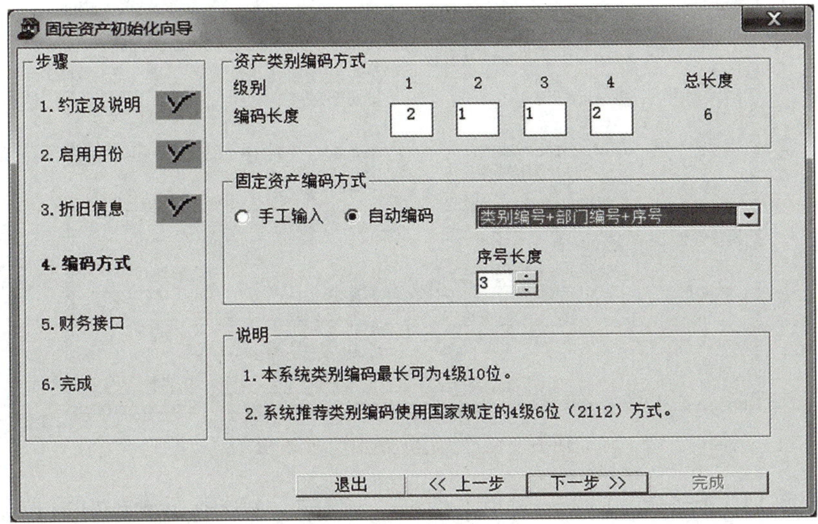

图 6—10 “编码方式”对话框

注意：每个账套资产的自动编码方式只能选择一种，一经设定，该自动编码方式不得修改。

（7）单击“下一步”按钮，进入“财务接口”对话框，选择“固定资产对账科目”为固定资产“1601，固定资产”，“累计折旧对账科目”为“1602，累计折旧”，如图 6—11 所示。

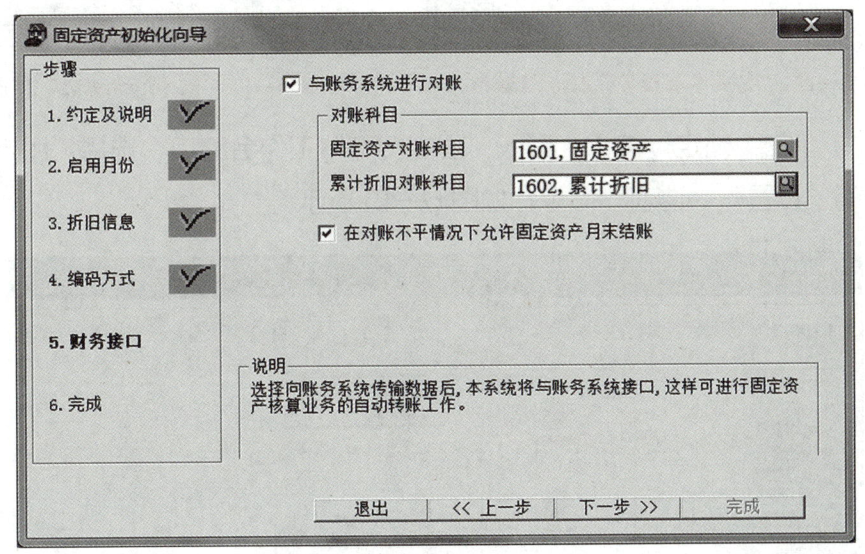

图 6—11 “财务接口”对话框

（8）单击“下一步”按钮，进入“完成”设置对话框，如图 6—12 所示。

注意：选择的对账科目应是账务系统内“固定资产”和“累计折旧”的一级科目。

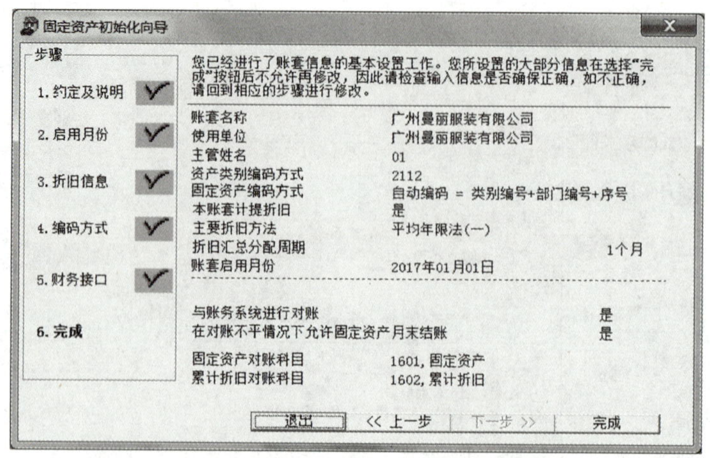

图 6—12 “完成设置”对话框

（9）确认以上设置信息无误后，单击“完成”按钮，弹出如图 6—13 所示的提示对话框。

（10）单击“是”按钮，完成固定资产账套初始化的参数设置，弹出如图 6—14 的提示对话框。

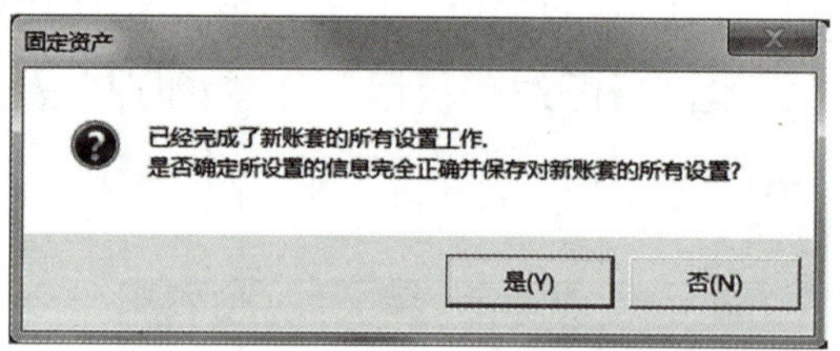

图 6—13 “完成参数设置”提示对话框

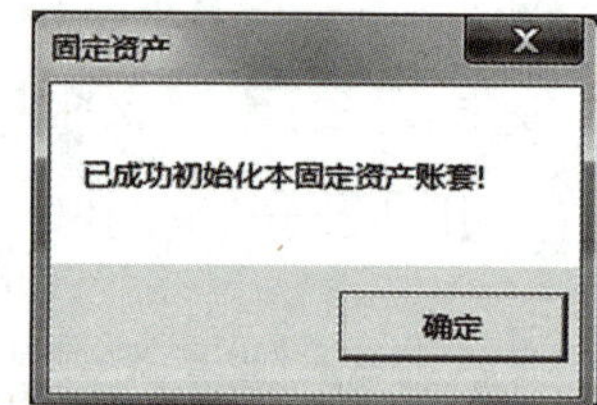

图 6—14 “已成功初始化”提示对话框

（11）单击“确定”按钮，进入“固定资产”工作台窗口，选择“固定资产”菜单下的“设置——选项”命令，如图 6—15 所示。

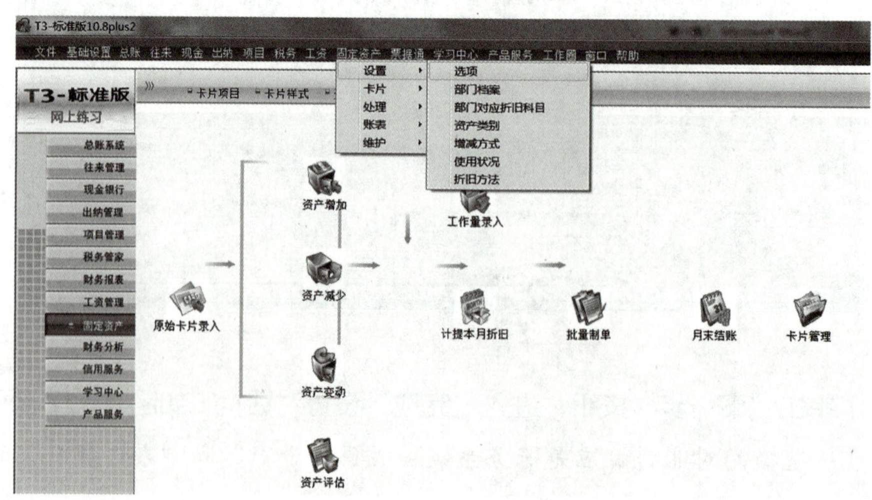

图 6—15 “固定资产”工作台窗口

（12）进入“选项”对话框，选择“与账务系统接口”选项卡，如图 6—16 所示。

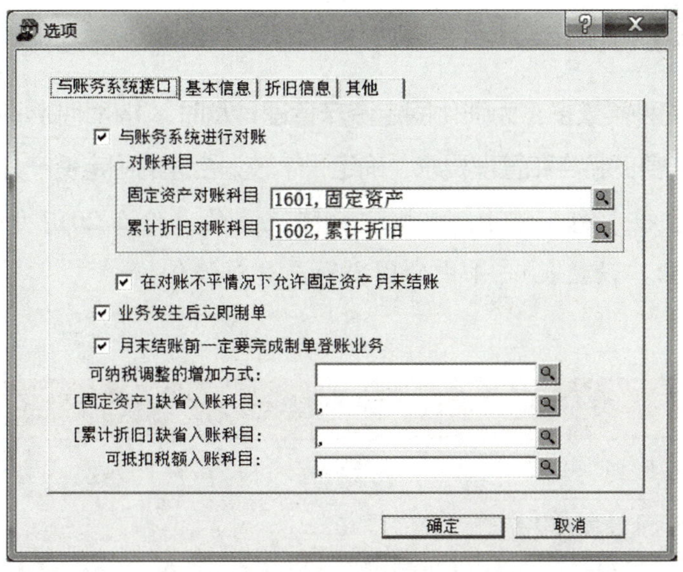

图 6—16　“与账务系统接口”选项卡

（13）选中“业务发生后立即制单”“月末结账前一定要完成制单登账业务”，并将“固定资产缺省入账科目”设定为“1601，固定资产”，“累计折旧缺省入账科目”设定为“1602，累计折旧”，如图 6—17 所示。

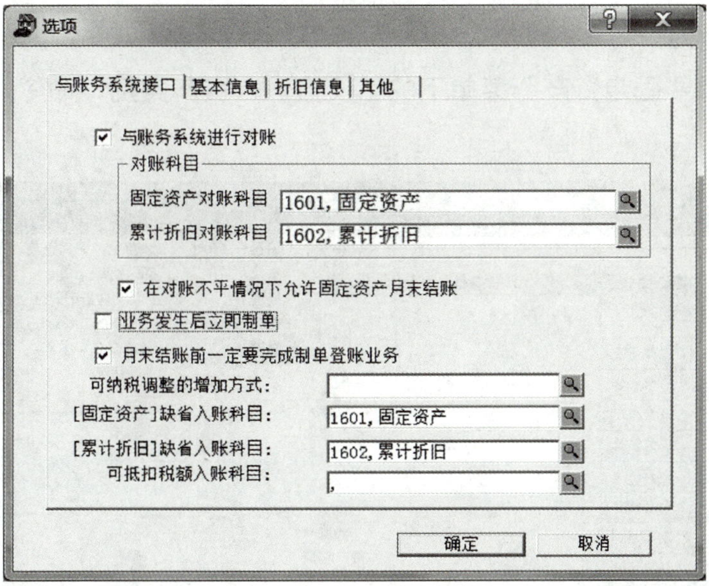

图 6—17　“选项”对话框

注意：固定资产对账科目和累计折旧科目均可修改，但注意应是一级科目。

（14）设置完成后，单击“确定”按钮，完成固定资产控制参数的设置。

三、设置基础数据

1. 设置资产类别

固定资产的种类繁多，为强化固定资产管理，及时、准确地做好固定资产核算，企业应该根据自身的特点和管理要求，确定一个较为合理的固定资产分类方法。

【例 6—3】接【例 6—2】，以操作员陈晓燕的身份在 2017 年 1 月 1 日登录用友管理软件后，设置表 6—1 中的固定资产类别信息。

表 6—1　　固定资产类别信息

编码	类别名称	净残值率	单位	计提属性
01	交通设备	2%		正常计提
011	经营用设备	2%	辆	正常计提
012	非经营用设备	2%	辆	正常计提
02	生产设备及其他设备	2%		正常计提
021	经营用设备	2%	台	正常计提
022	非经营用设备	2%	台	正常计提

操作步骤为：

（1）选择“固定资产”菜单下的“设置——资产类别”命令，如图 6—18 所示。

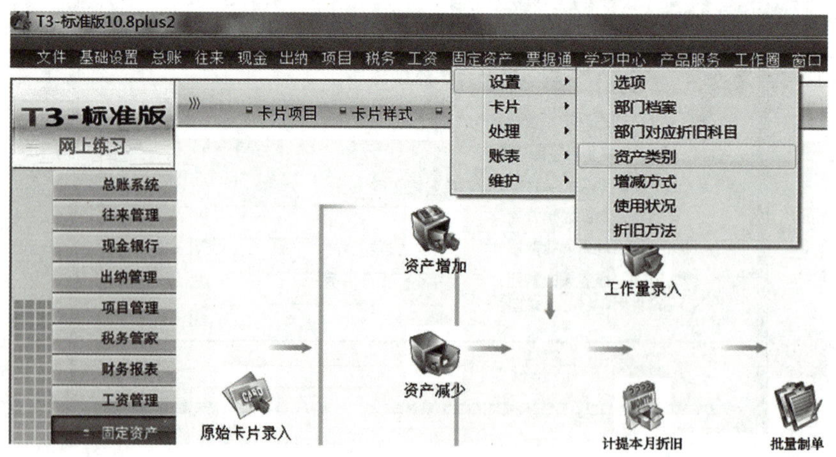

图 6—18　选择“设置——资产类别”命令

（2）选择“资产类别”命令后，进入“类别编码表”对话框，如图 6—19 所示。

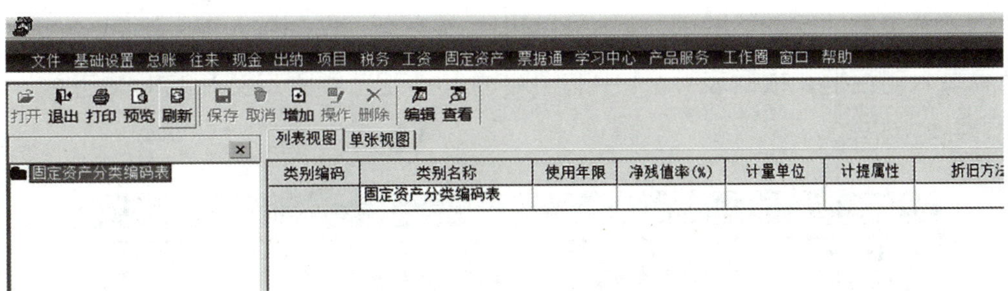

图 6—19 “类别编码表”对话框

（3）单击“增加”按钮，打开“固定资产类别”录入对话框，如图 6—20 所示。

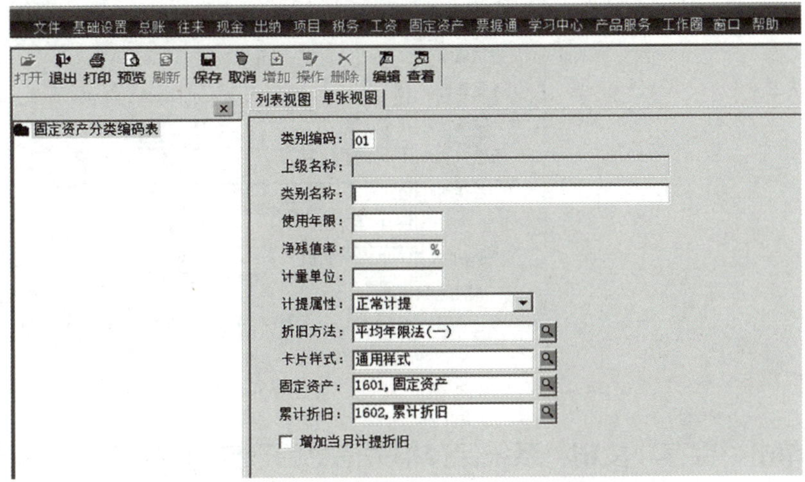

图 6—20 “固定资产类别”录入对话框 1

注意：其中的“使用年限”可在以后录入固定资产卡片时录入。

（4）根据表 6—1 中的资料，在“固定资产类别”录入对话框中输入“01”类固定资产的相关信息，如图 6—21 所示。

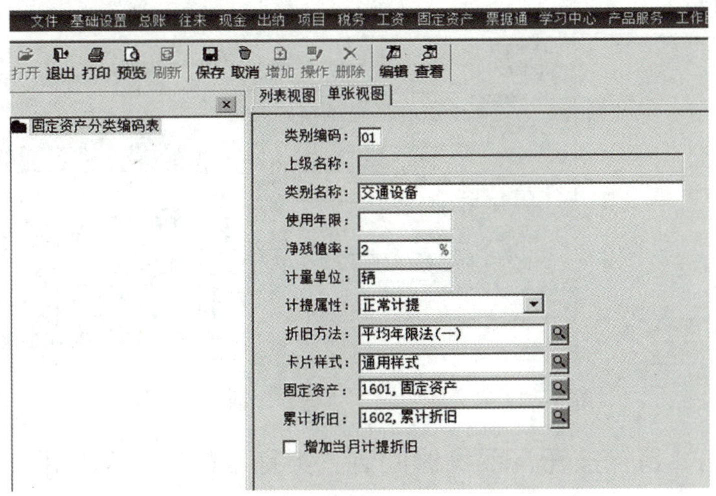

图 6—21 “固定资产类别”录入对话框 2

（5）单击“保存”按钮，系统保存相关信息后，自动转入下一类固定资产的信息录入对话框，根据表 6—1 中的资料输入“02”类固定资产的相关信息，如图 6—22 所示。

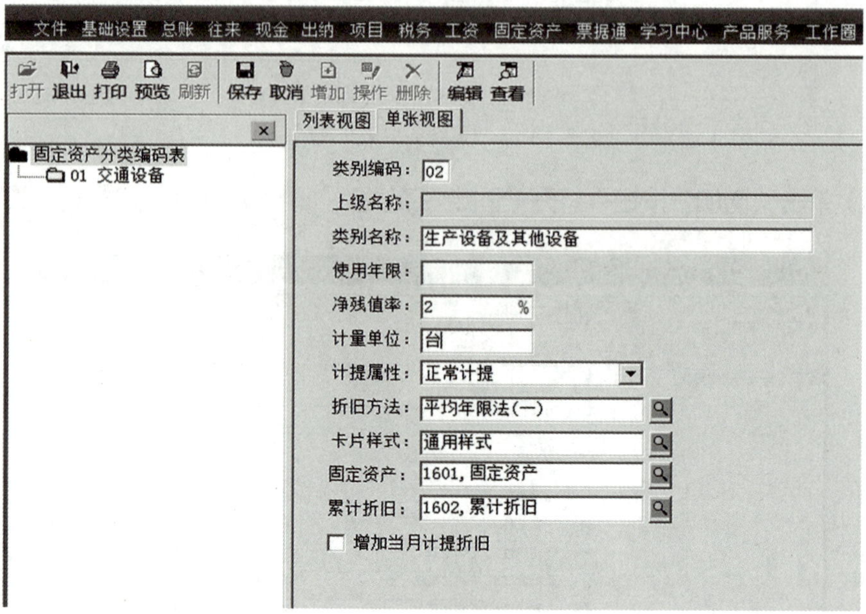

图 6—22 “固定资产类别”录入对话框 3

（6）单击“保存”按钮，系统保存相关信息后，自动转入下一类固定资产的信息录入窗口，单击“取消”按钮，弹出“是否取消本次操作”提示对话框，如图 6—23 所示。

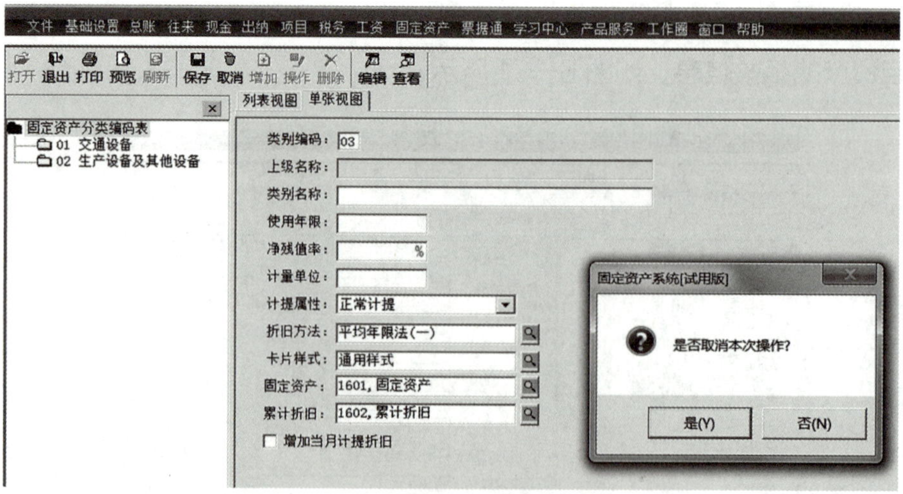

图 6—23 “是否取消本次操作”提示对话框

（7）单击“是”按钮，系统退回到“类别编码表”对话框，如图 6—24 所示。

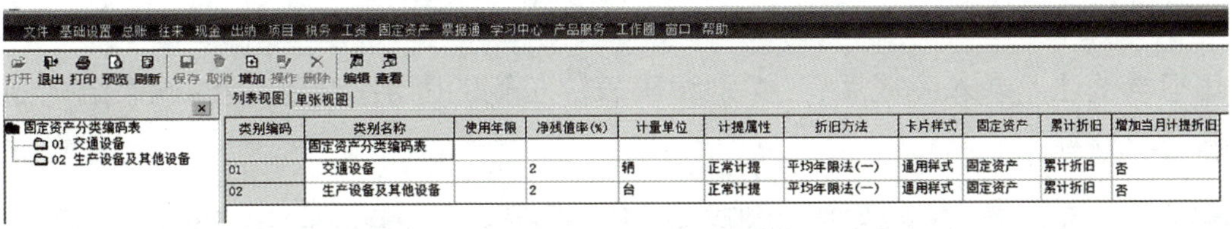

图 6—24　退回"类别编码表"对话框

（8）单击选择"类别编码表"窗口左边的"01 交通设备"，再单击"增加"按钮，弹出"固定资产类别"录入对话框，如图 6—25 所示。

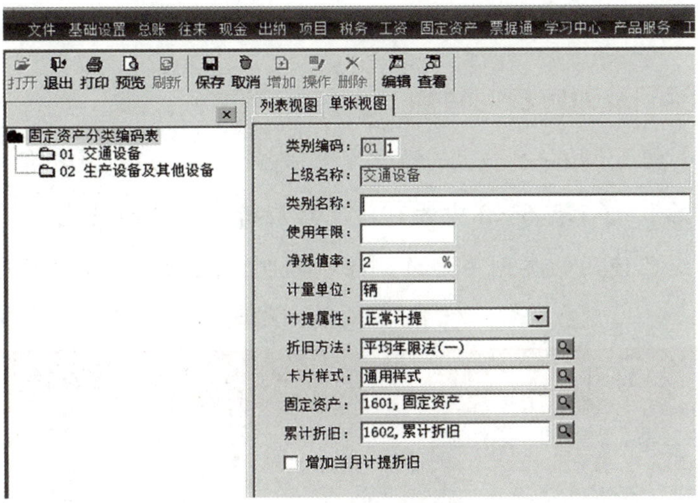

图 6—25　"固定资产"录入对话框 4

注意：资产类别编码不能重复，同一级的类别名称不能相同。

（9）单击"保存"按钮系统保存相关信息后，自动转入下一类固定资产的信息录入对话框，再根据表 6—1 中的资料输入"012"类固定资产的相关信息，如图 6—26 所示。

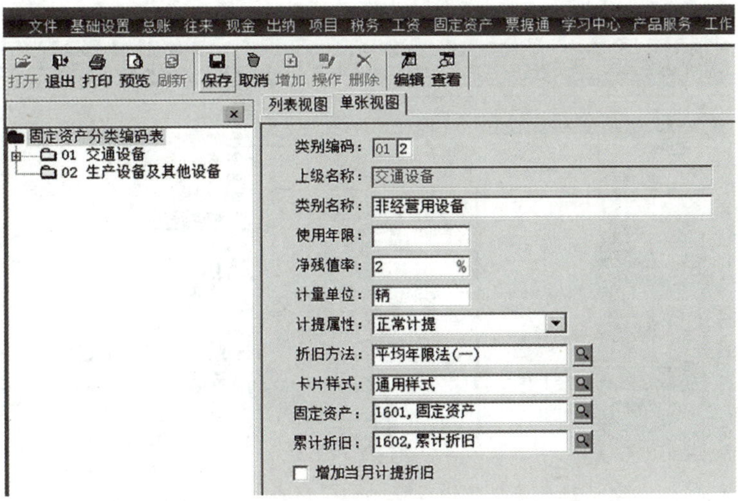

图 6—26　"固定资产类别"录入对话框 5

（10）参照以上步骤，可完成表 6—1 中其他固定资产类别信息的录入，在此不再赘述。录入完成后，“类别编码表”左侧的固定资产分类编码表结构如图 6—27 所示。

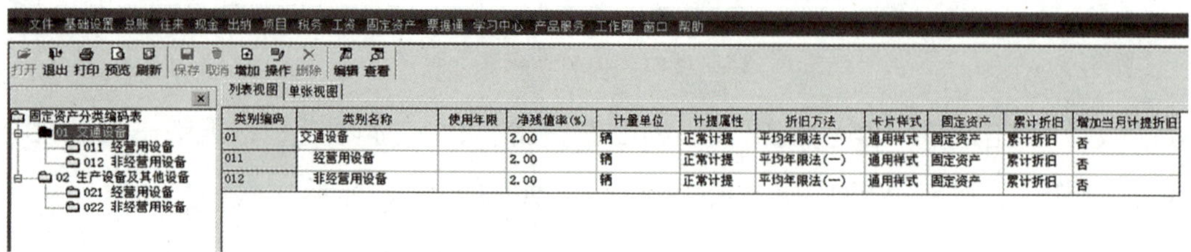

图 6—27 固定资产分类编码表结构

2. 设置部门及对应折旧科目

【例 6—4】接【例 6—3】，以操作员陈晓燕的身份在 2017 年 1 月 1 日登录用友管理软件后，进行表 6—2 中的部门及对应折旧科目的设置。

注意：系统已使用的类别不允许删除，非明细级的类别不能删除。

表 6—2 部门及对应折旧科目

部门	对应折旧科目
总经理办公室、财务部、采购部	管理费用——折旧费
销售部	销售费用——折旧费
生产部	制造费用——折旧费

操作步骤为：

（1）选择“固定资产”菜单下的“设置——部门对应折旧科目”命令，如图 6—28 所示。

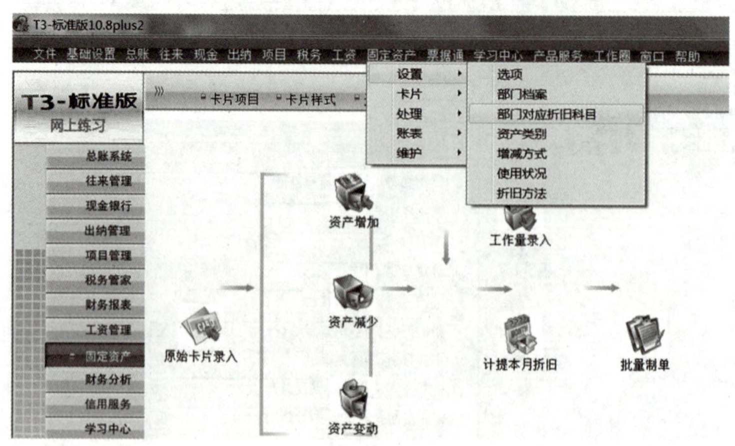

图 6—28 选择“设置——部门对应折旧科目”命令

（2）进入“部门编码表”窗口后，首先单击选择“总经理办公室”，进入“总经理办公室”列表视图，如图 6—29 所示。

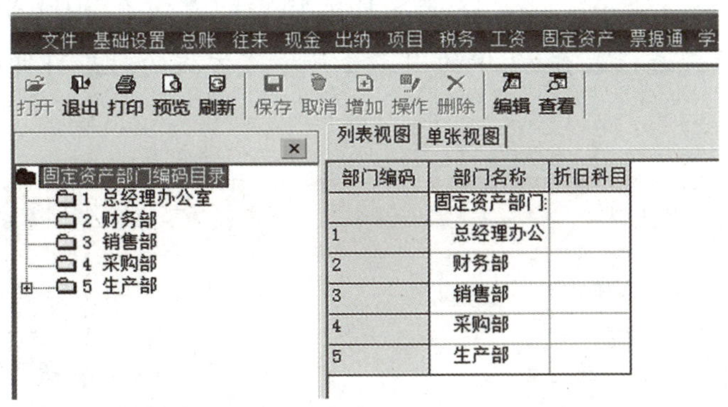

图 6—29 “总经理办公室”列表视图

（3）单击“修改”按钮，进入“总经理办公室”单张视图，如图 6—30 所示。

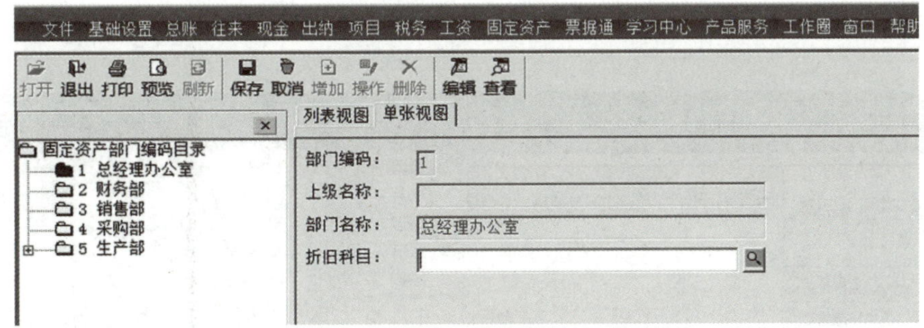

图 6—30 “总经理办公室”单张视图 1

（4）单击“折旧科目”后的“浏览”按钮，从“科目参照表”中选择输入“660206”或直接用键盘输入“660206”科目，从而将总经理办公室的对应折旧科目设定为“管理费用——折旧费”，如图 6—31 所示。

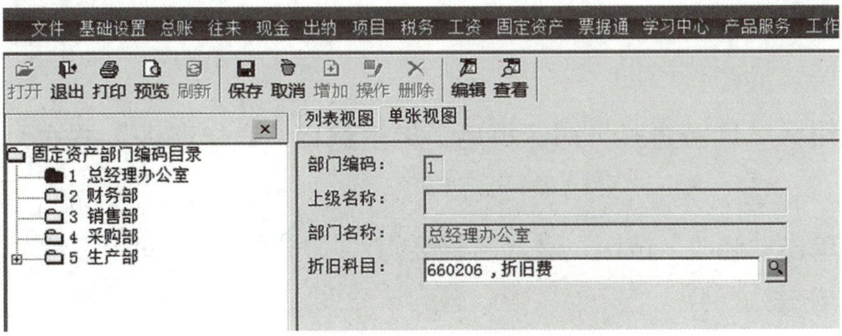

图 6—31 “总经理办公室”单张视图 2

（5）单击“保存”按钮，保存以上设置信息。

其他部门的折旧对应科目设置过程与以上过程类似，在此不再赘述。

3. 设置固定资产增减方式的对应入账科目

【例 6—5】接【例 6—4】，以操作员陈晓燕的身份在 2017 年 1 月 1 日登录用友管理软件后，进行表 6—3 中的固定资产增减方式的对应科目设置。

表 6—3　　固定资产增减方式的对应入账科目

增减方式	对应入账科目
增加方式：直接购入	100201，工行存款
减少方式：毁损	1606，固定资产清理

操作步骤为：

（1）选择“固定资产”菜单下的“设置——增减方式”命令，如图 6—32 所示。

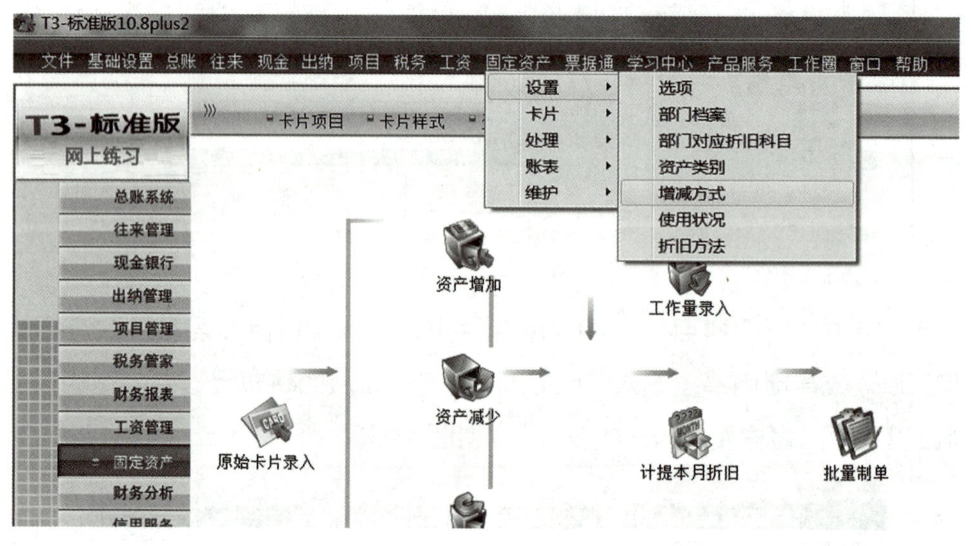

图 6—32　选择“设置——增减方式”命令

（2）进入“增减方式”对话框后，单击选择“直接购入”方式，如图 6—33 所示。

（3）单击“修改”按钮，进入“直接购入”方式的对应科目设置对话框，如图 6—34 所示。

（4）单击“对应入账科目”后的“浏览”按钮，从“科目参照表”中选择输入“100201”或直接用键盘输入“100201”科目，从而将“直接购入”方式的对应入账科目设定为“工行存款”，如图 6—35 所示。

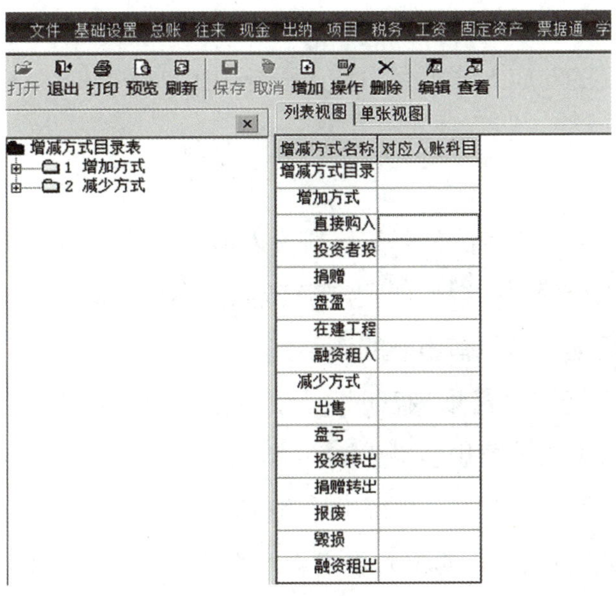

图 6—33 “增减方式”对话框

图 6—34 “直接购入方式对应科目设置”对话框 1

图 6—35 “直接购入方式对应科目设置”对话框 2

注意：已使用的增减方式不能删除，非明细级的方式不能删除。系统缺省的增减方式中，“盘盈、盘亏毁损”不能修改和删除，因为本系统提供的报表中有固定资产盘盈、盘亏报告表。

（5）单击“保存”按钮，保存以上设置信息。

其他增减方式的对应入账科目设置过程与以上过程类似，在此不再赘述。

4. 录入固定资产原始卡片

录入固定资产原始卡片的任务是系统投入运行时将全部已有的固定资产数据逐项、完整地输入计算机，以形成固定资产管理系统的基础数据库，其内容是否完备对固定资产管理系统具有重要的作用。

在输入固定资产卡片各项内容时，凡是设置过代码的项目一般使用代码输入，这样既能提高输入速度也能减少输入错误。

【例6—6】接【例6—5】，以操作员陈晓燕的身份在2017年1月1日登录用友管理软件后，进行表6—4中的固定资产原始卡片资料的录入。

表6—4　　固定资产原始卡片

固定资产名称	类别编码	所在部门	使用年限	开始使用日期	原值	累计折旧	对应折旧科目名称
轿车	012	总经理办公室	10	2015-11-10	120 000	12 792	管理费用－折旧费
计算机	022	总经理办公室	5	2015-12-15	6 000	1 173.6	管理费用－折旧费
传真机	022	采购部	5	2015-11-15	3 000	635.7	管理费用－折旧费
生产线	021	裁剪车间	5	2015-12-10	180 000	35 208	制造费用－折旧费
生产线	021	加工车间	5	2015-12-10	240 000	46 944	制造费用－折旧费

注：净残值率均为2%，使用状况均为在用，折旧方法均采用平均年限法（一），增加方式均为直接购入。

操作步骤为：

（1）选择“固定资产”菜单下的“卡片——录入原始卡片”命令，如图6—36所示。

注意：使用固定资产系统进行核算前，必须将原始卡片资料录入系统，保持历史资料的连续性。

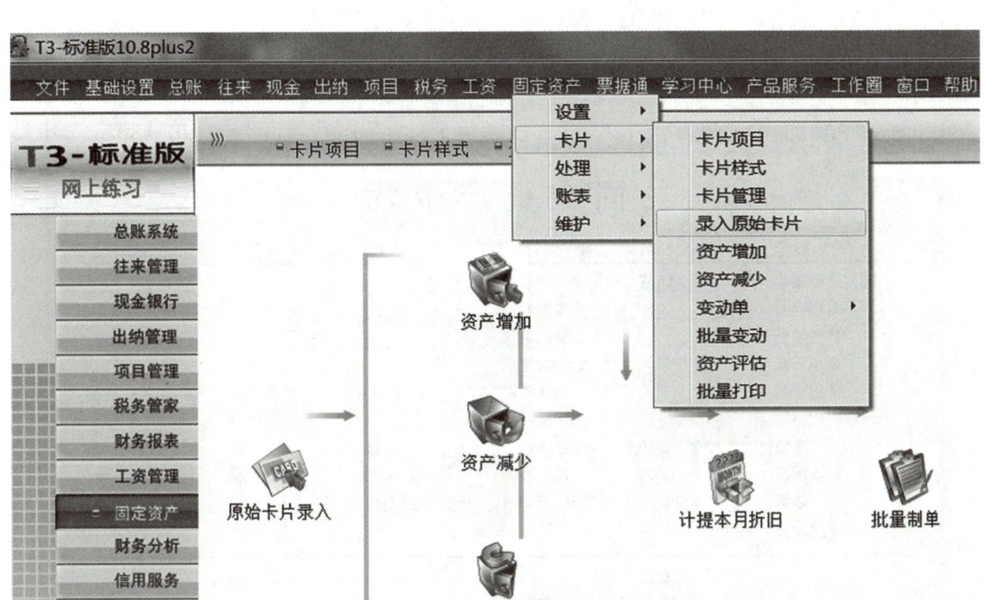

图 6—36 选择"卡片——录入原始卡片"命令

（2）单击"录入原始卡片"命令后，弹出"资产类别参照"对话框，根据例题资料，选择其中的"01 交通设备 -012 非经营用设备"，如图 6—37 所示。

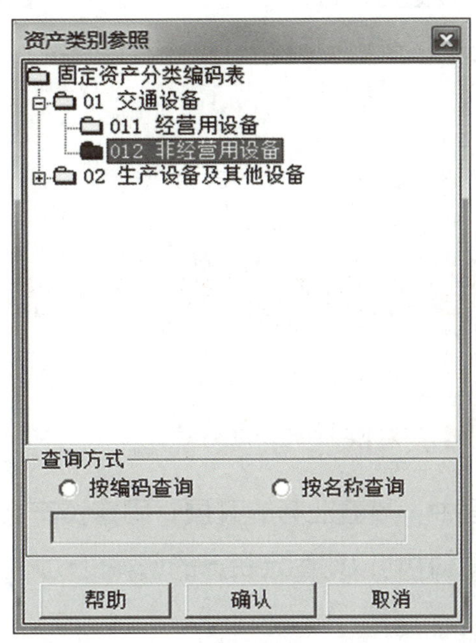

图 6—37 "资产类别参照"对话框

（3）单击"确认"按钮，打开"固定资产卡片 [录入原始卡片：00001 号卡片]"对话框，并根据表 6—4 中的资料，直接录入或选择录入轿车的相关信息，如图 6—38 所示。

固定资产卡片 [录入原始卡片:00001号卡片]

打开 退出 打印 预览 刷新 保存 取消 增加 操作 删除 编辑 查看

固定资产卡片 | 附属设备 | 大修理记录 | 资产转移记录 | 停启用记录 | 原值变动 | 标签 2017-01-01

固定资产卡片

卡片编号	00001			日期	2017-01-01
固定资产编号	0121001	固定资产名称	轿车		
类别编号	012	类别名称	非经营用设备		
规格型号		部门名称	总经理办公室		
增加方式	直接购入	存放地点			
使用状况	在用	使用年限	10年0月	折旧方法	平均年限法(一)
开始使用日期	2015-11-10	已计提月份	1	币种	人民币
原值	120000.00	净残值率	2%	净残值	2400.00
累计折旧	0.00	月折旧率	0.0082	月折旧额	984.00
净值	120000.00	对应折旧科目	660206，折旧费	项目	
可抵扣税额	0.00				
录入人	陈晓燕			录入日期	2017-01-01

图 6—38 “固定资产卡片［录入原始卡片：00001 号卡片］”对话框

注意：录入的原值、累计折旧等必须是卡片录入月月初的价值，否则将会出现计算错误。

（4）单击“保存”按钮，弹出“数据成功保存”的提示对话框。

（5）单击“确定”按钮后，打开下一张“固定资产卡片”对话框，其他固定资产相关信息的录入与前述步骤相同。

第二节　固定资产管理系统日常业务处理

一、固定资产增加和减少的处理

在企业的经营过程中，随着业务的开展，固定资产会发生增加或减少的业务，在固定资产管理系统中可以对固定资产的增减变动方便地进行处理，下面举例说明操作步骤。

【例 6—7】接【例 6—6】，以操作员陈晓燕的身份在 2017 年 1 月 31 日登录用友管理软件后，对本日发生的以下固定资产增加业务进行处理。

2017 年 1 月 31 日销售部购买复印机一台，价值 9 000 元，净残值率 2%，预计使用年限为 5 年。

操作步骤为：

（1）选择“固定资产”菜单下的“卡片——资产增加”命令（或直接单击“资产增加”按钮），如图 6—39 所示。

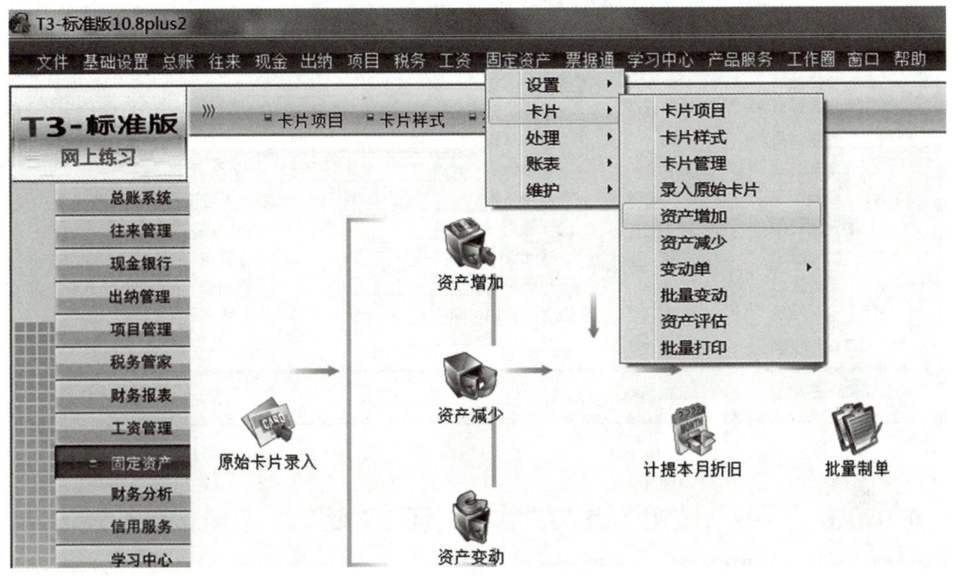

图 6—39　选择“卡片——资产增加”命令

（2）弹出“资产类别参照”对话框后，根据例题资料，选择“022 非经营用设备”，如图 6—40 所示。

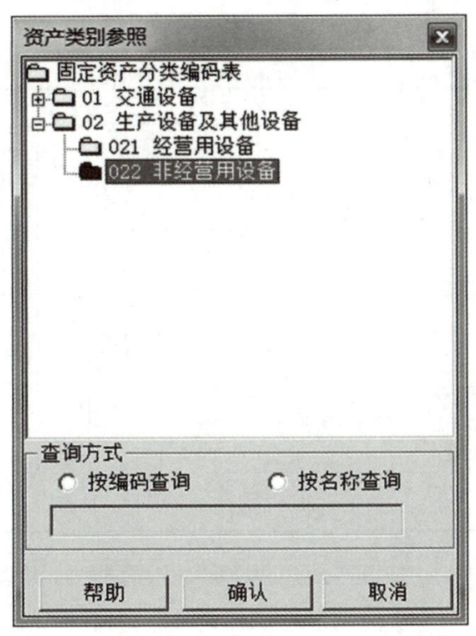

图 6—40　“资产类别参照”对话框

（3）单击“确认”按钮，打开“固定资产卡片”对话框后，录入销售部购入复印机的相关信息，如图 6—41 所示。

固定资产卡片 [新增资产:00006号卡片]

打开 退出 打印 预览 刷新 保存 取消 增加 操作 删除 编辑 查看

固定资产卡片 | 附属设备 | 大修理记录 | 资产转移记录 | 停启用记录 | 原值变动 | 标签 2017-01-31

固定资产卡片

卡片编号	00006			日期	2017-01-31
固定资产编号	0223001	固定资产名称	复印机		
类别编号	022	类别名称	非经营用设备		
规格型号		部门名称	销售部		
增加方式	直接购入	存放地点			
使用状况	在用	使用年限	5年0月	折旧方法	平均年限法(一)
开始使用日期	2017-01-31	已计提月份	0	币种	人民币
原值	9000.00	净残值率	2%	净残值	180.00
累计折旧	0.00	月折旧率	0	月折旧额	0.00
净值	9000.00	对应折旧科目	660101，折旧费	项目	
可抵扣税额	0.00				
录入人	陈晓燕			录入日期	2017-01-31

图 6—41 “固定资产卡片”对话框

（4）单击“保存”按钮，进入“填制凭证”对话框，系统按照前述设置自动生成本笔业务的记账凭证，如图 6—42 所示。

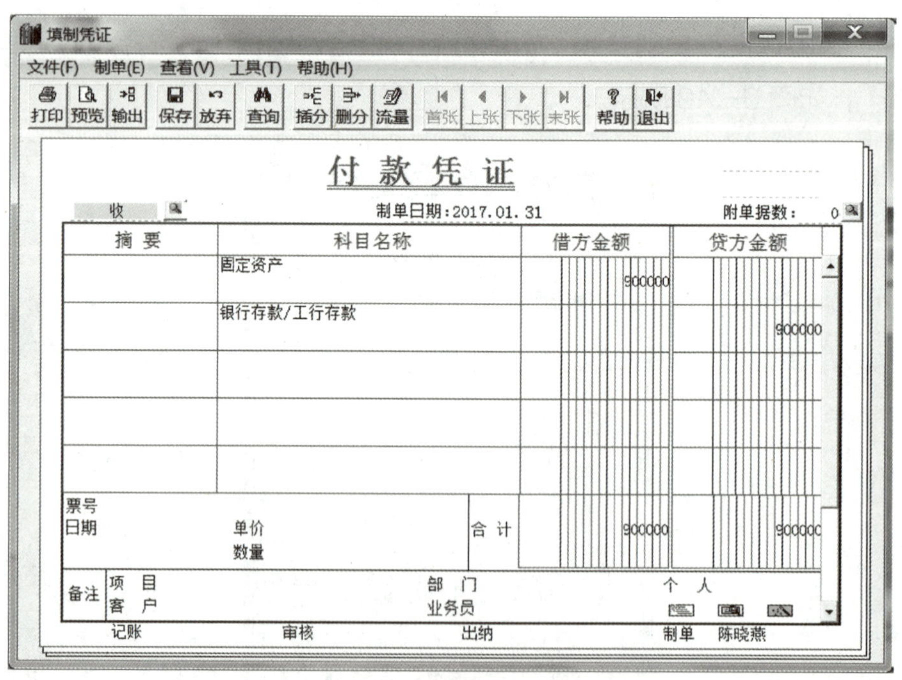

填制凭证

文件(F) 制单(E) 查看(V) 工具(T) 帮助(H)

打印 预览 输出 保存 放弃 查询 插分 删分 流量 首张 上张 下张 末张 帮助 退出

付款凭证

收 制单日期：2017.01.31 附单据数：0

摘要	科目名称	借方金额	贷方金额
	固定资产	900000	
	银行存款/工行存款		900000
票号 日期 单价 数量	合计	900000	900000

备注 项目 部门 个人

客户 业务员

记账 审核 出纳 制单 陈晓燕

图 6—42 “填制凭证”对话框

（5）上述由系统自动生成的记账凭证尚不完整，需由操作员继续完成“凭证类别”“附单据数”等相关信息的录入，根据例题资料输入相关信息（假设附 2 张原始单据）后的记账凭证如图 6—43 所示。

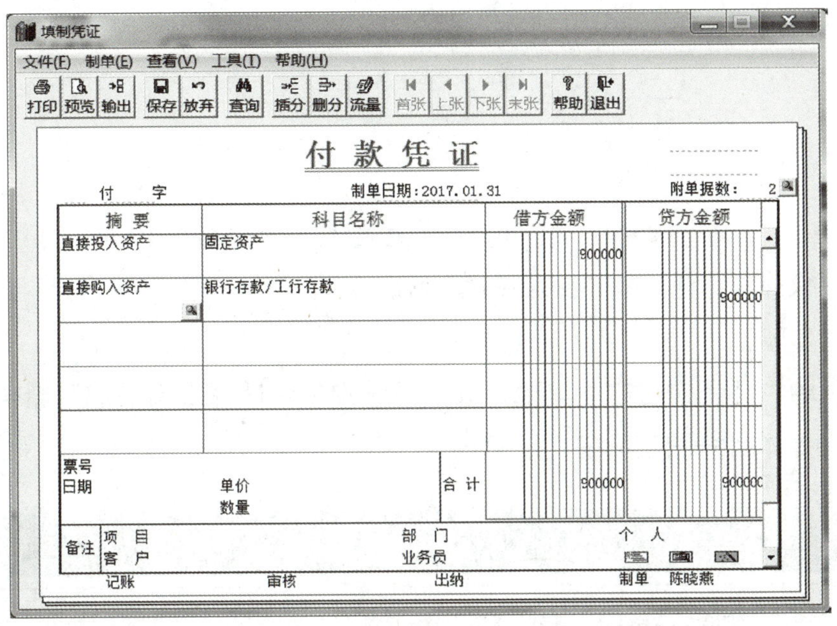

图 6—43　输入相关信息的记账凭证

（6）单击“保存”按钮，系统提示该记账凭证“已生成”，如图 6—44 所示。

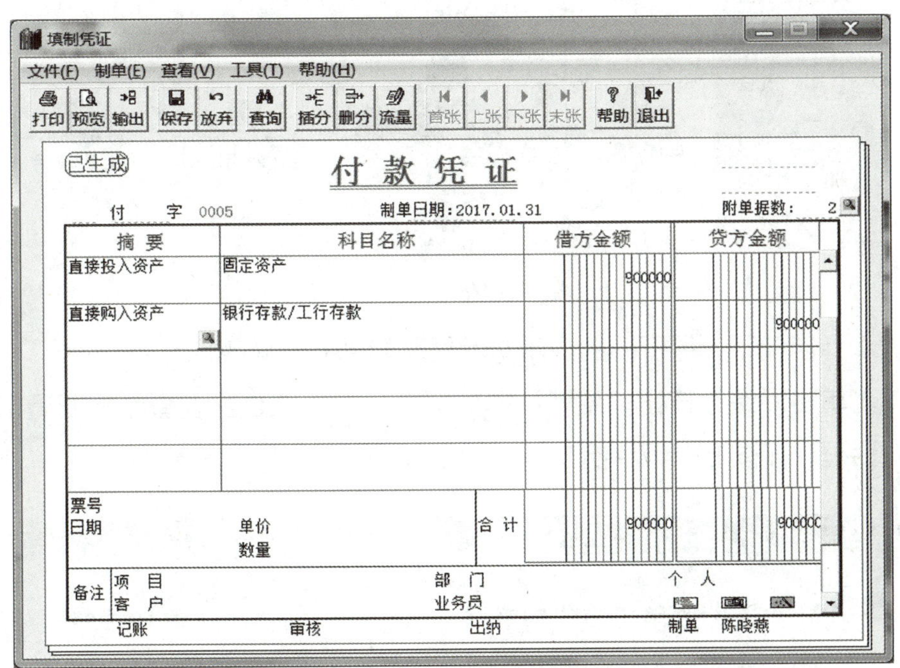

图 6—44　生成的记账凭证

（7）单击“退出”按钮，系统弹出“数据成功保存”提示对话框。

（8）单击“确定”按钮，完成固定资产增加业务的操作，再退出“固定资产卡片”对话框。

其他类型的固定资产增加业务可参照本例题进行处理。

二、固定资产折旧的处理

【例 6—8】接【例 6—7】，以操作员陈晓燕的身份在 2017 年 1 月 31 日登录用友管理软件后，计提本月固定资产折旧。

操作步骤为：

（1）单击“固定资产”菜单，选择“处理——计提本月折旧”命令或直接单击“计提本月折旧”按钮，如图 6—45 所示。

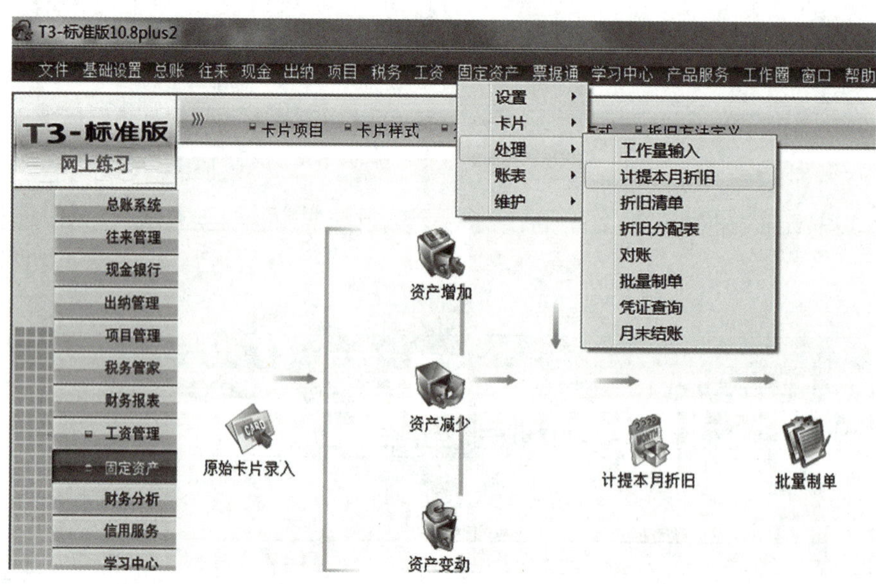

图 6—45 选择“处理——计提本月折旧”命令

（2）弹出关于计提折旧的提示对话框，如图 6—46 所示。

（3）单击“是”按钮，系统计提折旧后，弹出“是否要查看折旧清单”的提示对话框，如图 6—47 所示。

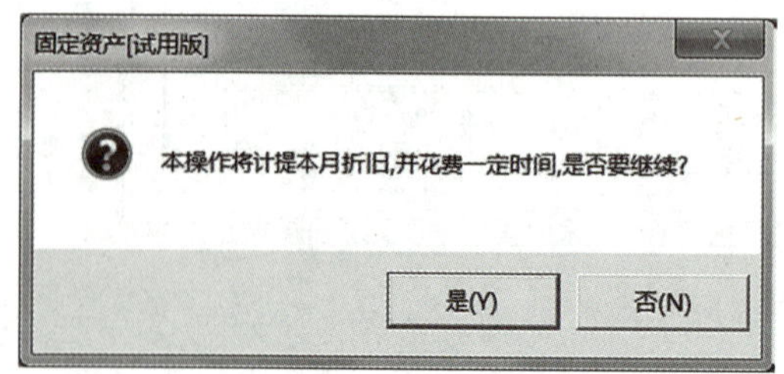

图 6—46 “计提折旧”提示对话框 1

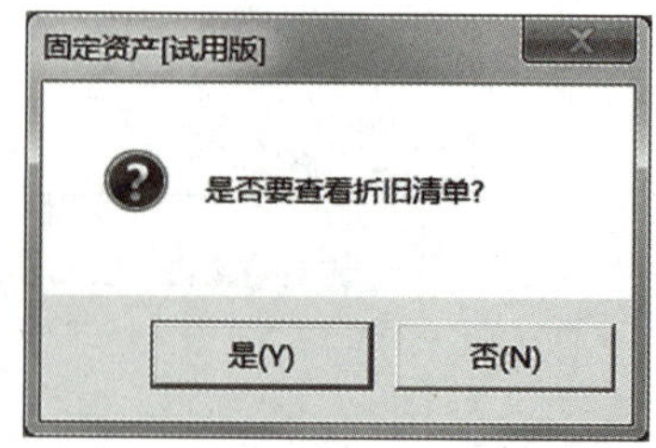

图 6—47 “计提折旧”提示对话框 2

（4）单击“是”按钮，打开“折旧清单”对话框，如图 6—48 所示。

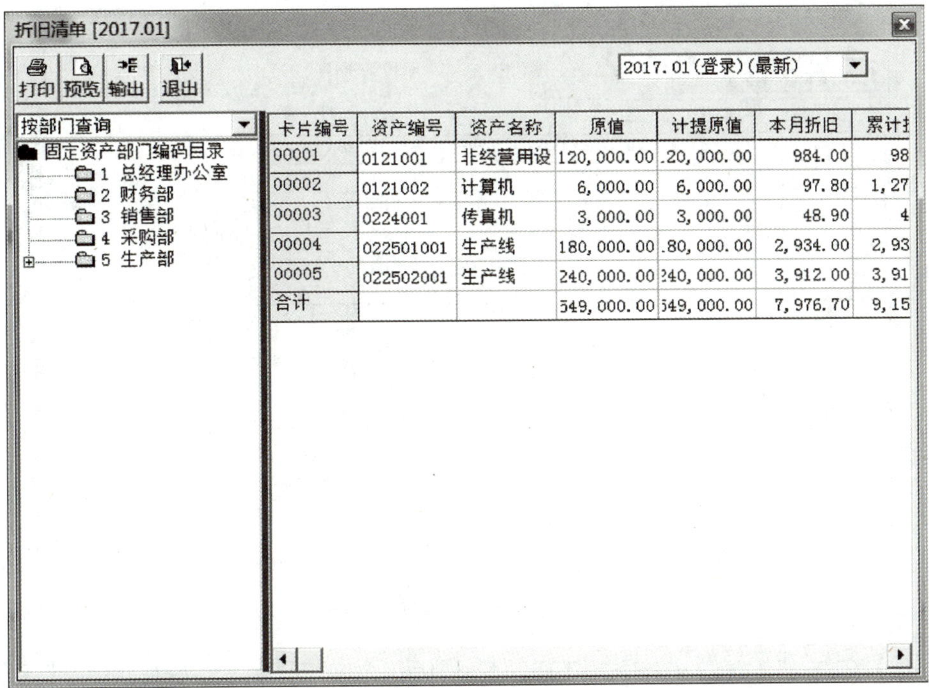

卡片编号	资产编号	资产名称	原值	计提原值	本月折旧	累计扌
00001	0121001	非经营用设	120, 000. 00	.20, 000. 00	984. 00	98
00002	0121002	计算机	6, 000. 00	6, 000. 00	97. 80	1, 27
00003	0224001	传真机	3, 000. 00	3, 000. 00	48. 90	4
00004	022501001	生产线	180, 000. 00	.80, 000. 00	2, 934. 00	2, 93
00005	022502001	生产线	240, 000. 00	240, 000. 00	3, 912. 00	3, 91
合计			549, 000. 00	549, 000. 00	7, 976. 70	9, 15

图 6—48 “折旧清单”对话框

（5）单击“退出”按钮，进入“折旧分配表”对话框，可以选择“按类别分配”或“按部门分配”的方式查看折旧分配情况，其中：

1）“按类别分配”方式查看到的折旧分配表如图 6—49 所示。

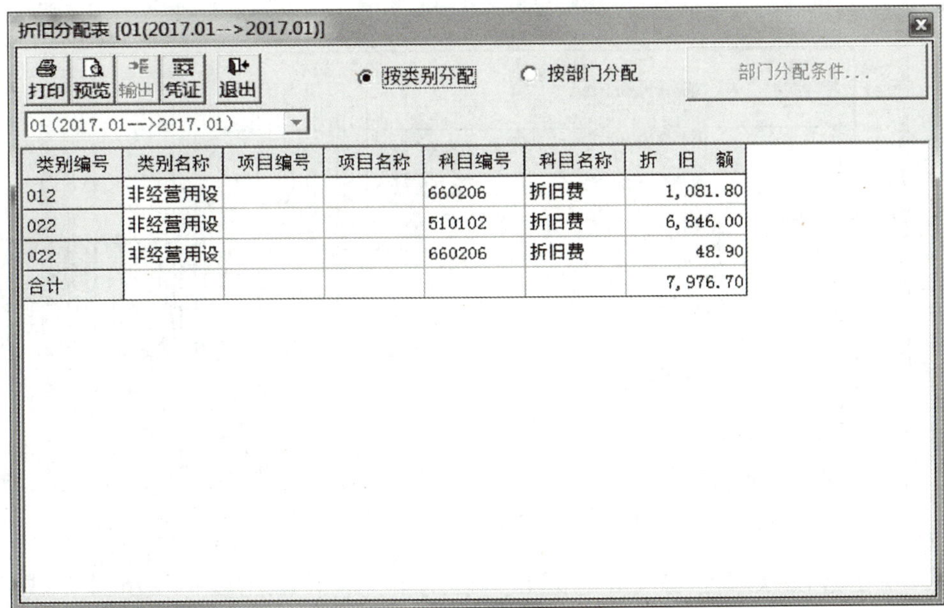

类别编号	类别名称	项目编号	项目名称	科目编号	科目名称	折 旧 额
012	非经营用设			660206	折旧费	1, 081. 80
022	非经营用设			510102	折旧费	6, 846. 00
022	非经营用设			660206	折旧费	48. 90
合计						7, 976. 70

图 6—49 折旧分配表 1

2）“按部门分配”方式查看到的折旧分配表如图 6—50 所示。

折旧分配表 [01(2017.01-->2017.01)]

打印 预览 输出 凭证 退出　　○ 按类别分配　◉ 按部门分配　　部门分配条件...

01(2017.01-->2017.01)

部门编号	部门名称	项目编号	项目名称	科目编号	科目名称	折　旧　额
1	总经理办公			660206	折旧费	1,081.80
4	采购部			660206	折旧费	48.90
501	裁剪车间			510102	折旧费	2,934.00
502	加工车间			510102	折旧费	3,912.00
合计						7,976.70

图 6—50　折旧分配表 2

（6）单击“退出”按钮，打开“填制凭证”对话框，系统按照前述设置自动生成本笔业务的记账凭证，如图 6—51 所示。

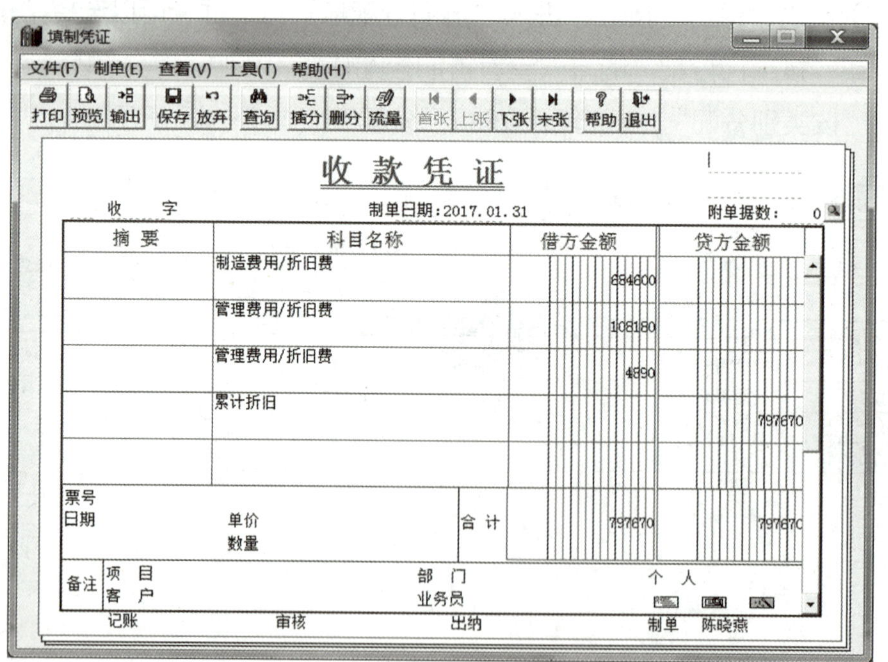

图 6—51　“填制凭证”对话框

（7）上述由系统自动生成的记账凭证尚不完整，需由操作员继续完成“凭证类别”“附单据数”等相关信息录入，根据例题资料输入相关信息（假设附 1

张原始单据）后的记账凭证如图 6—52 所示。

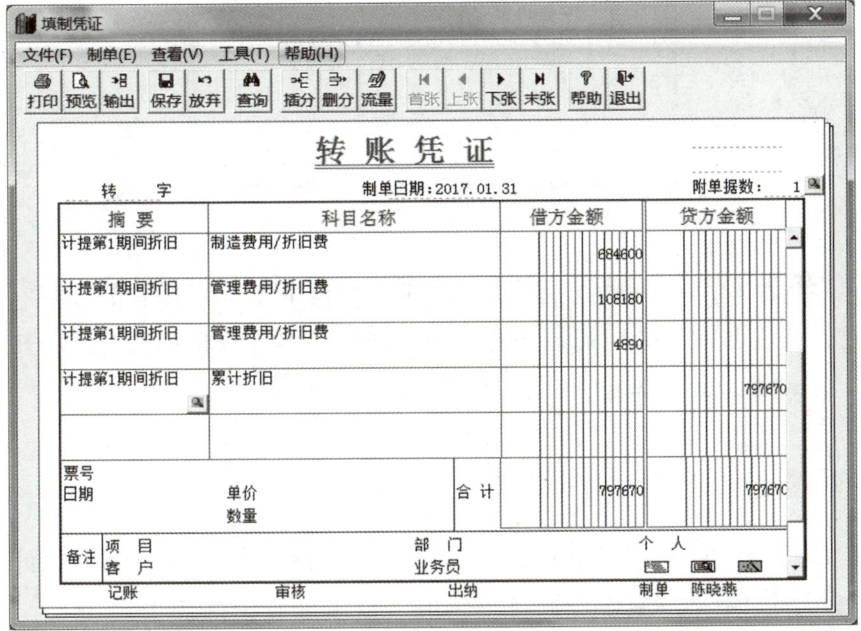

图 6—52　输入相关信息后的记账凭证

（8）单击“保存”按钮，系统提示该记账凭证“已生成”，如图 6—53 所示。

（9）单击“退出”按钮，弹出“计提折旧完成”提示对话框，如图 6—54 所示。

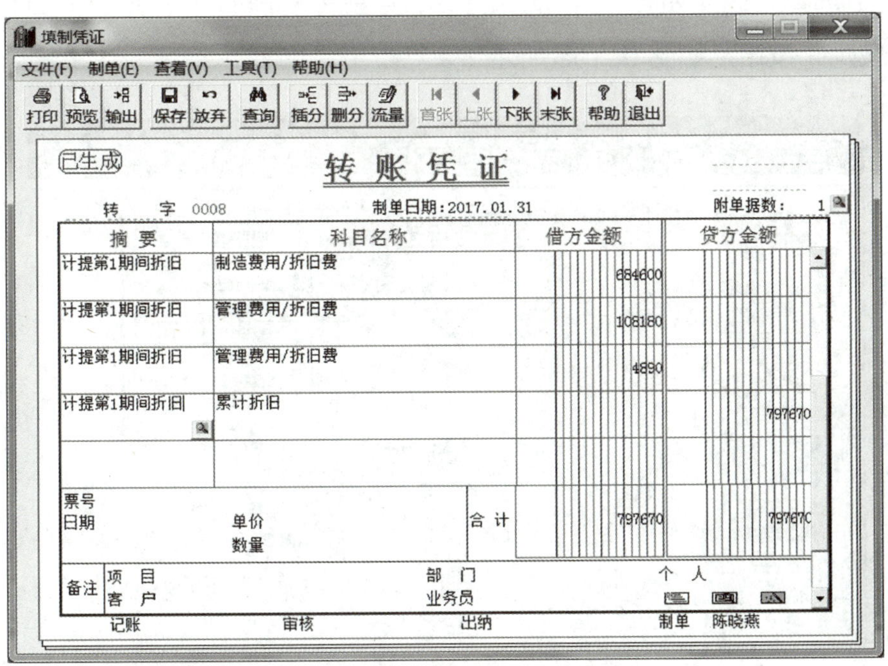

图 6—53　已生成的记账凭证

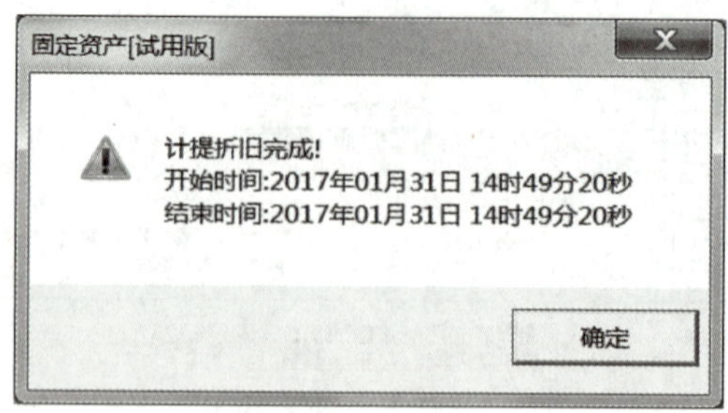

图 6—54　“计算折旧完成”提示对话框

（10）单击“确定”按钮，完成固定资产折旧业务的处理。

注意：计提折旧后又对账套进行了影响折旧计算或分配的操作，必须重新计提折旧，否则系统不允许结账。

三、固定资产减少的处理

固定资产减少业务必须在计提完当期折旧之后进行处理，因为会计制度规定当期减少的固定资产当期末应计提折旧，从下期开始停提。

【例 6—9】接【例 6—8】，以操作员陈晓燕的身份在 2017 年 1 月 31 日登录用友管理软件后，对发生的以下固定资产减少业务进行处理：2017 年 1 月 31 日，采购部的传真机毁损。

操作步骤为：

（1）选择“固定资产”菜单下的“卡片——资产减少”命令或直接单击“资产减少”按钮，如图 6—55 所示。

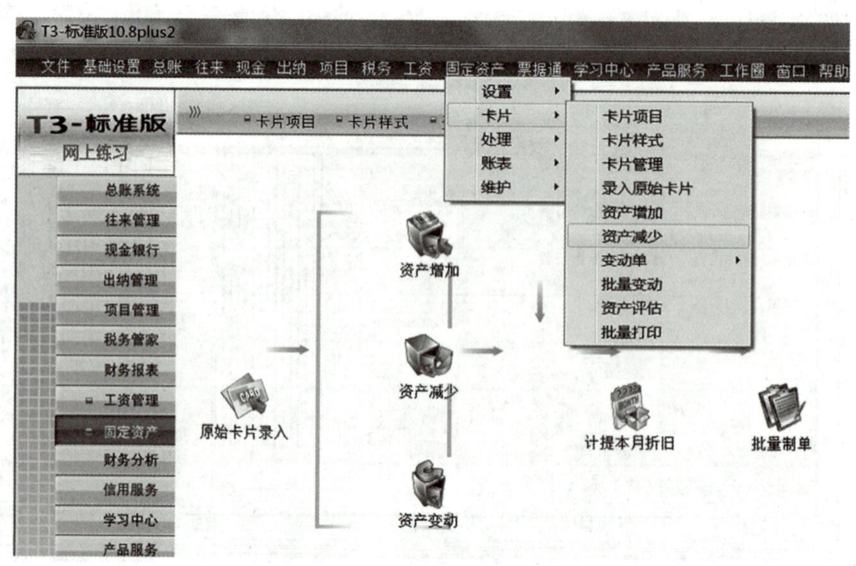

图 6—55　选择“卡片——资产减少”命令

（2）打开“资产减少”对话框，如图 6—56 所示。

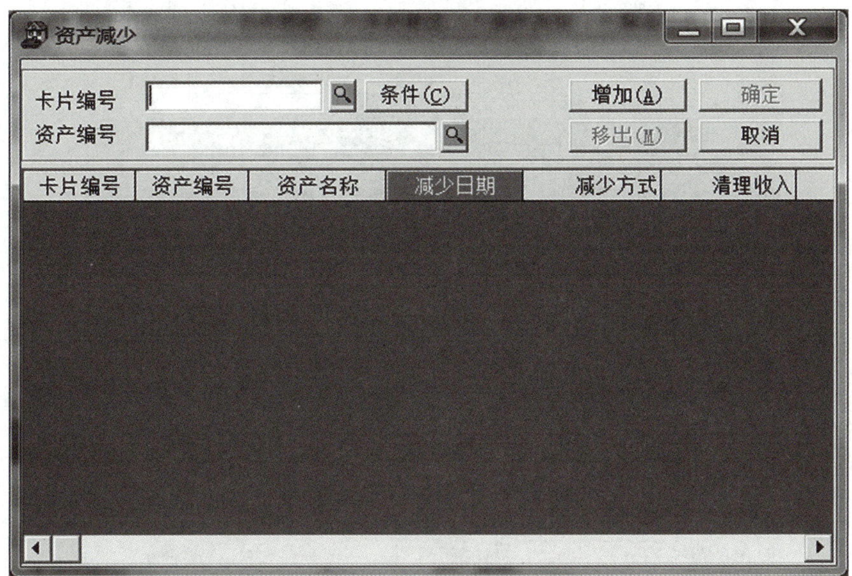

图 6—56　“资产减少”对话框

（3）单击“卡片编号”后的“浏览”按钮，在弹出的“卡片参照”窗口中选择“传真机”，如图 6—57 所示。

图 6—57　“卡片参照”窗口

（4）单击“确认”按钮，选中将要减少的固定资产，如图 6—58 所示。

（5）单击“增加”按钮，“传真机”的相关信息显示在“资产减少”对话框中，如图 6—59 所示。

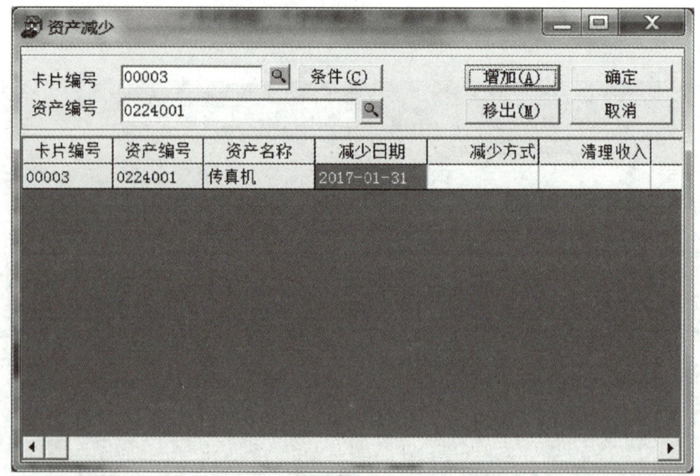

图 6—58　选中将要减少的固定资产

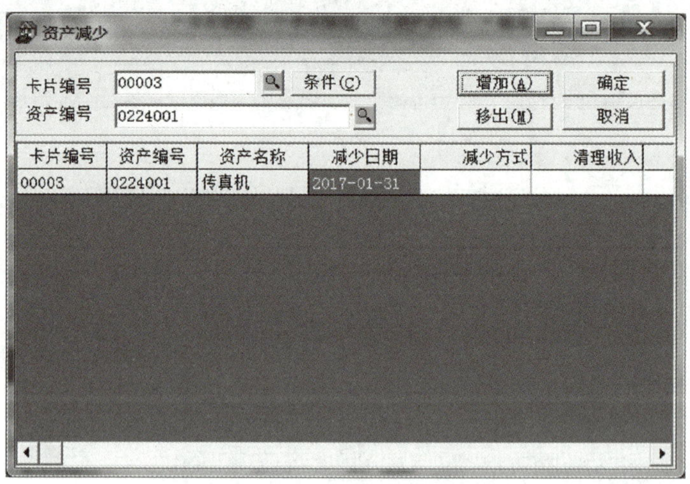

图 6—59　显示“传真机”相关信息

（6）双击“减少方式”栏，显示出“浏览”按钮，单击“浏览”按钮，弹出固定资产的“增减方式参照”对话框，选择“毁损”方式，如图 6—60 所示。

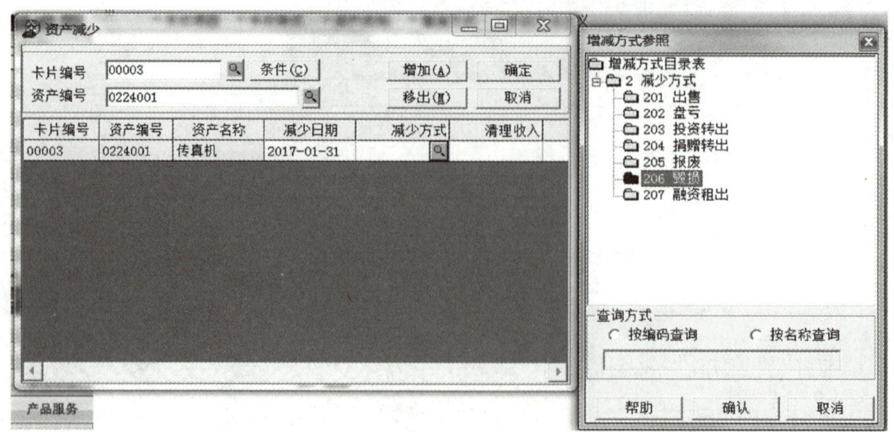

图 6—60　“增减方式参照”对话框

（7）单击“确认”按钮，将“减少方式”选定为“毁损”，如图 6—61 所示。

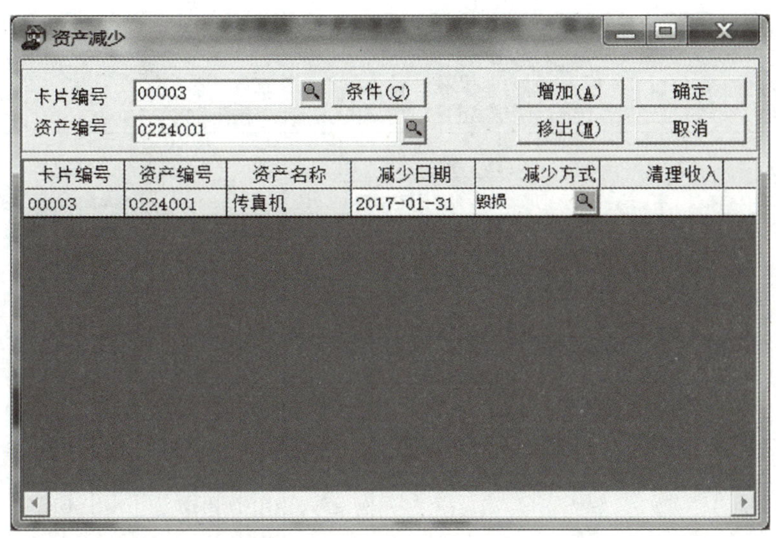

图 6—61　“减少方式”选定为“毁损”

（8）单击“确定”按钮，进入“填制凭证”对话框，系统生成该笔业务的记账凭证，如图 6—62 所示。

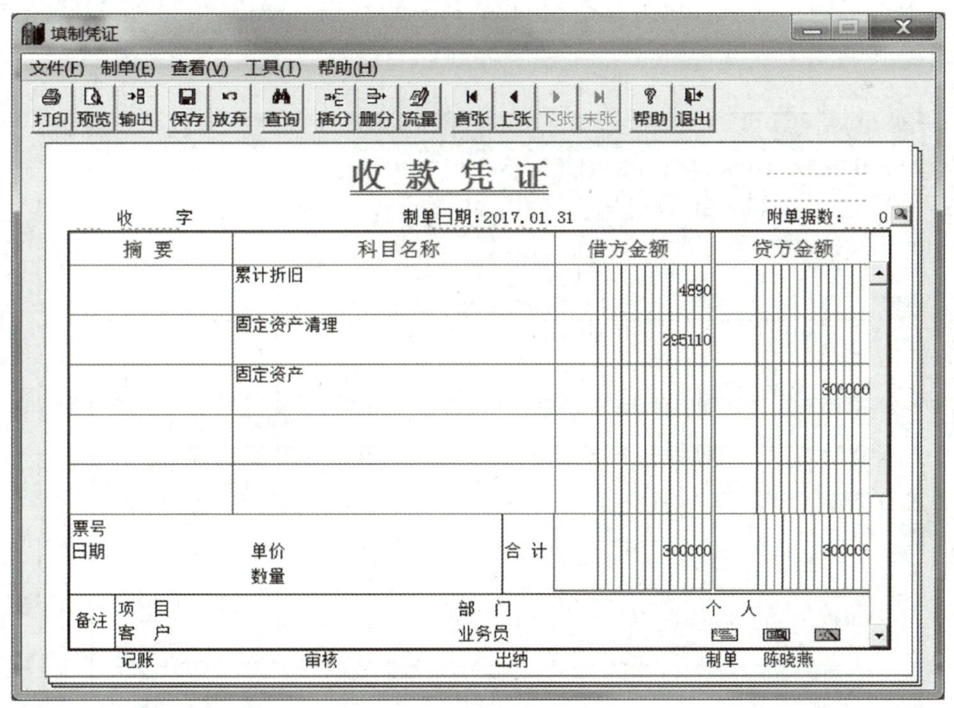

图 6—62　“填制凭证”对话框

（9）上述由系统自动生成的记账凭证尚不完整，需由操作员继续完成“凭证类别”“附单据数”等相关信息录入，根据例题资料输入相关信息（假设附 1 张原始单据）后的记账凭证如图 6—63 所示。

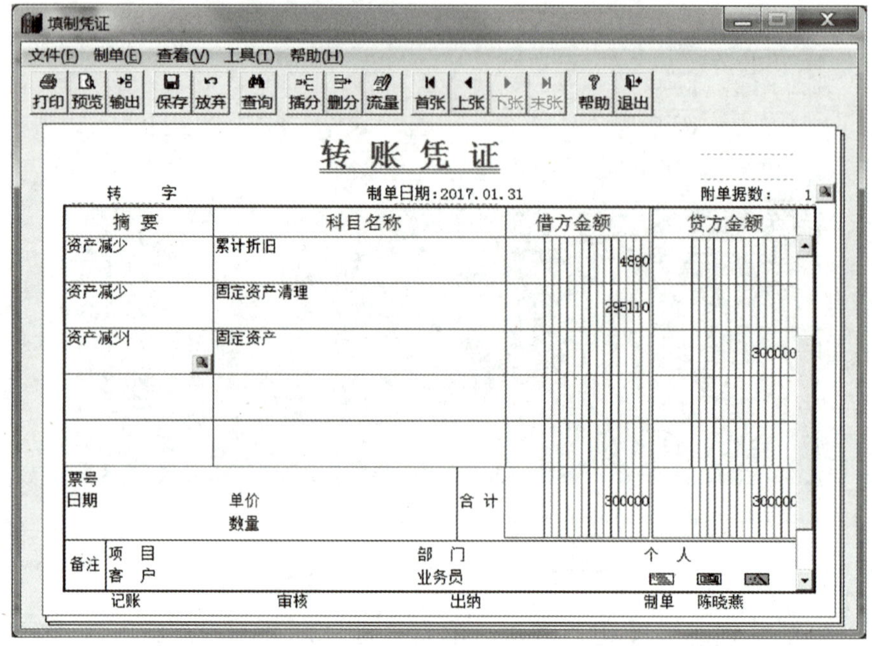

图 6—63 输入相关信息后的记账凭证

（10）单击“保存”按钮，系统提示该记账凭证“已生成”，如图 6—64 所示。

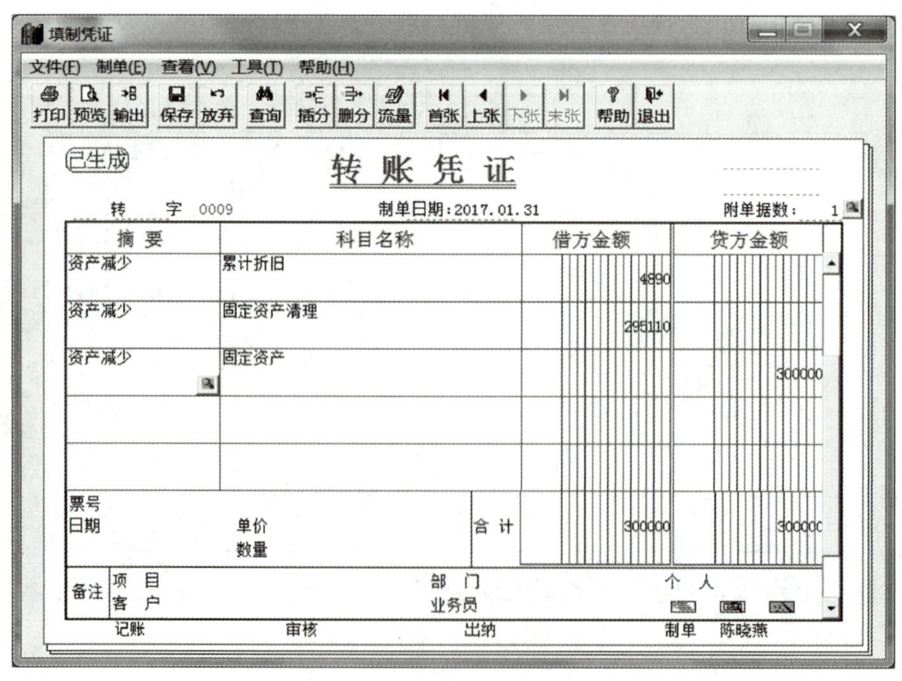

图 6—64 已生成的记账凭证

（11）单击“退出”按钮，系统弹出“所选卡片已经减少成功”提示对话框。

注意：如果要恢复已减少的资产，在已生成记账凭证的情况下必须删除记账凭证后才能恢复。

（12）单击“确定”按钮，完成本固定资产减少业务的处理。

其他类型的固定资产减少业务可参照本例进行处理。

第三节 固定资产管理系统期末处理

一、审核固定资产业务的记账凭证

【例 6—10】接【例 6—9】，以操作员刘鹏的身份在 2017 年 1 月 31 日登录用友管理软件后，对本章第二节【例 6—7】【例 6—8】【例 6—9】中的记账凭证进行审核。

操作步骤为：

（1）选择“总账”菜单下的“凭证——审核凭证”命令或直接单击“审核凭证”按钮，如图 6—65 所示。

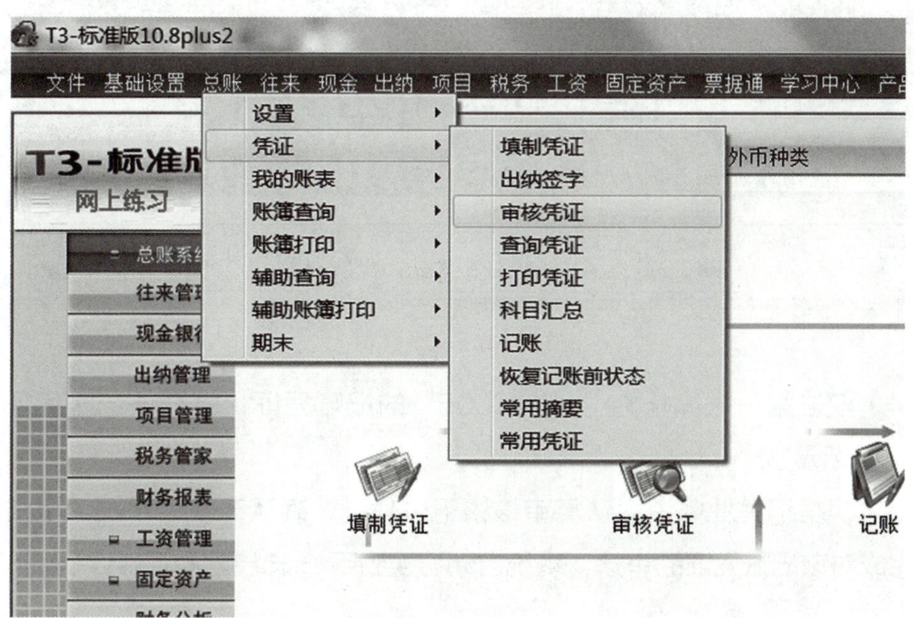

图 6—65 选择“凭证——审核凭证”命令

（2）弹出“凭证审核范围选择”对话框，如图 6—66 所示。

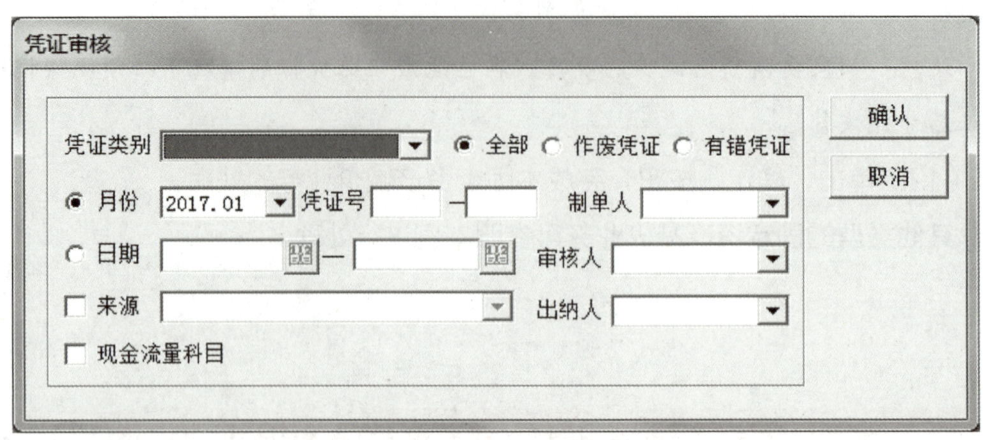

图 6—66 “凭证审核范围选择”对话框

（3）可按默认的月份选择要审核的记账凭证，单击“确认”按钮，打开凭证列表，如图 6—67 所示。

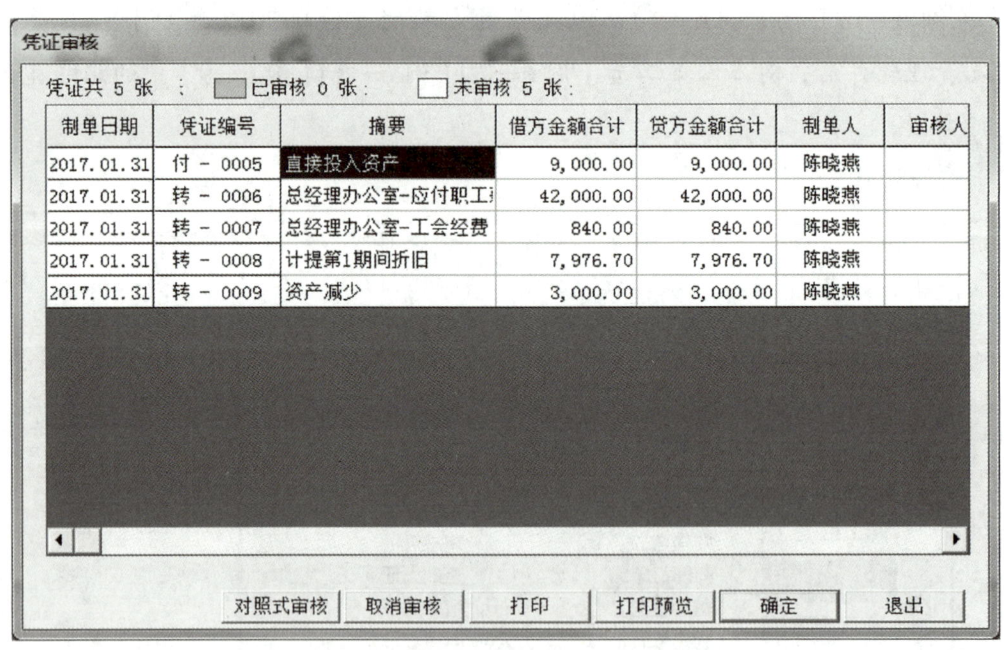

图 6—67 凭证列表

（4）双击第一张编号为“付字 0005”的记账凭证，打开该记账凭证，如图 6—68 所示。

（5）根据相关业务资料认真审核该记账凭证，确认无误后单击“审核”按钮，完成对该记账凭证的审核，系统自动切换到下一张记账凭证。

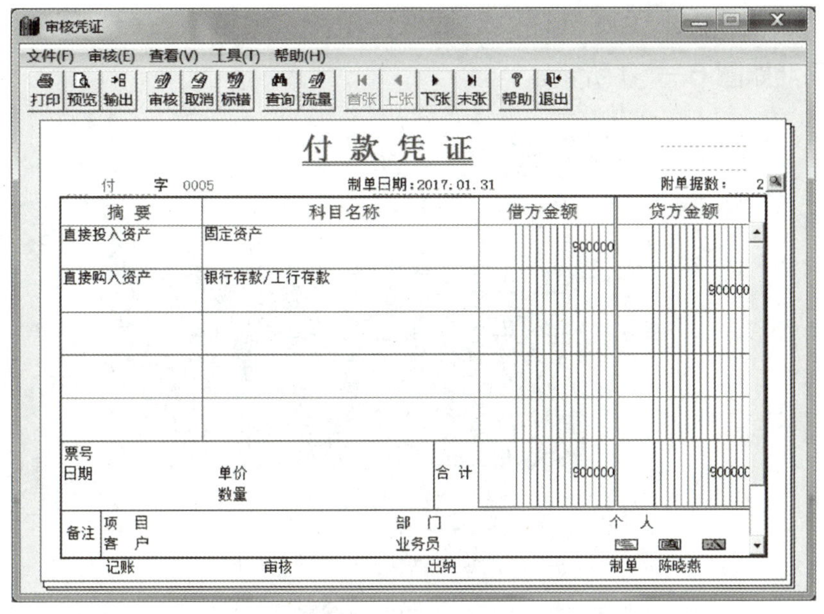

图 6—68　记账凭证

二、固定资产管理系统记账

【例 6—11】接【例 6—10】，以操作员陈晓燕的身份在 2017 年 1 月 31 日登录用友管理软件后，对发生的固定资产等业务进行记账处理。

操作步骤为：

（1）选择“总账”菜单下的“凭证——记账”命令或直接单击“记账”按钮，如图 6—69 所示。

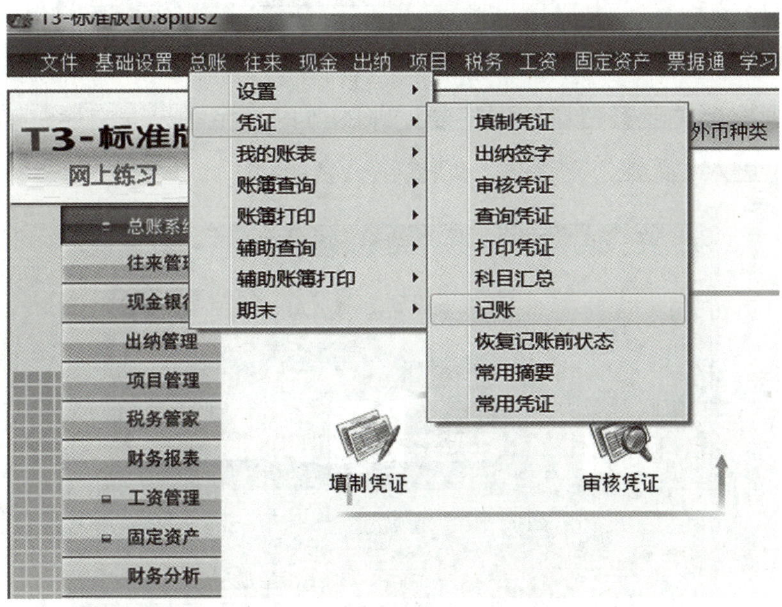

图 6—69　选择“凭证——记账”命令

（2）进入“记账范围选择”对话框，单击“全选”按钮，选中将记账的记账凭证，如图 6—70 所示。

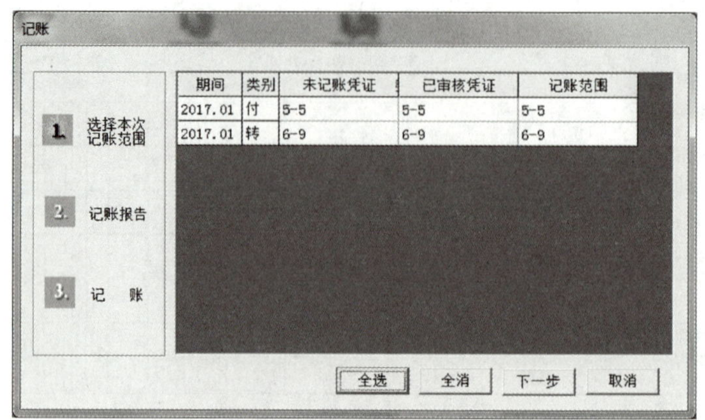

图 6—70 “记账范围选择”对话框

（3）单击“下一步”按钮，进入“记账报告”对话框，如图 6—71 所示。

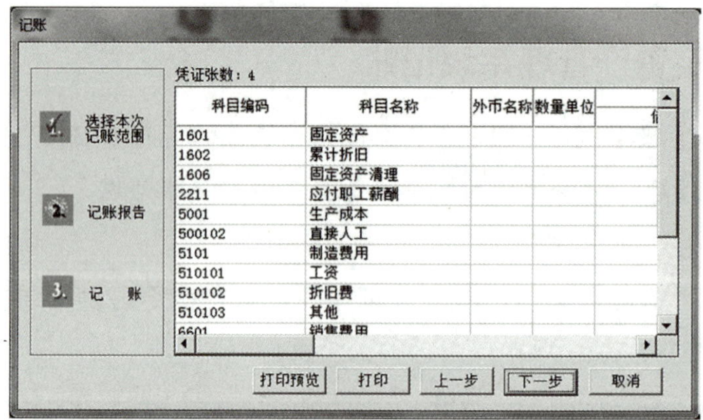

图 6—71 “记账报告”对话框

（4）根据相关业务资料核对将要记账的账户及金额无误之后，单击“下一步”按钮，进入“记账”对话框，如图 6—72 所示。

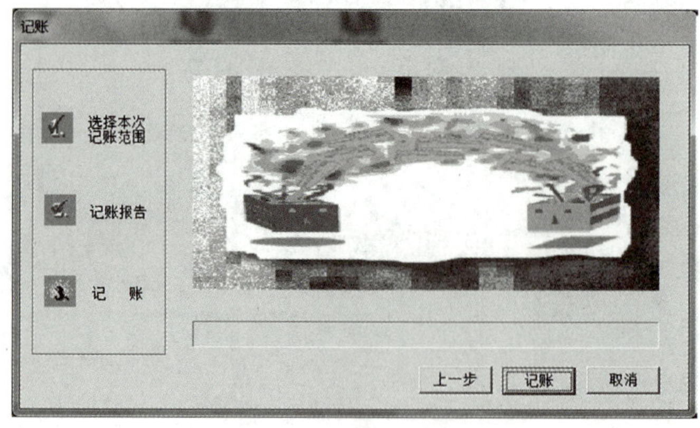

图 6—72 “记账”对话框

（5）单击“记账”按钮系统开始记账，记账完成后，系统弹出“记账完毕”提示对话框。

（6）单击“确定”按钮，完成记账工作。

三、固定资产管理系统对账

固定资产管理系统在运行过程中应保证本系统管理的固定资产的价值和账务系统中固定资产科目的数值相等。两个系统的资产价值是否相等，可以通过执行本系统提供的对账功能实现。

【例 6—12】接【例 6—11】，以操作员陈晓燕的身份在 2017 年 1 月 31 日登录用友管理软件后，进行固定资产管理系统的对账处理。

操作步骤为：

（1）选择“固定资产”菜单下的“处理——对账”命令，如图 6—73 所示。

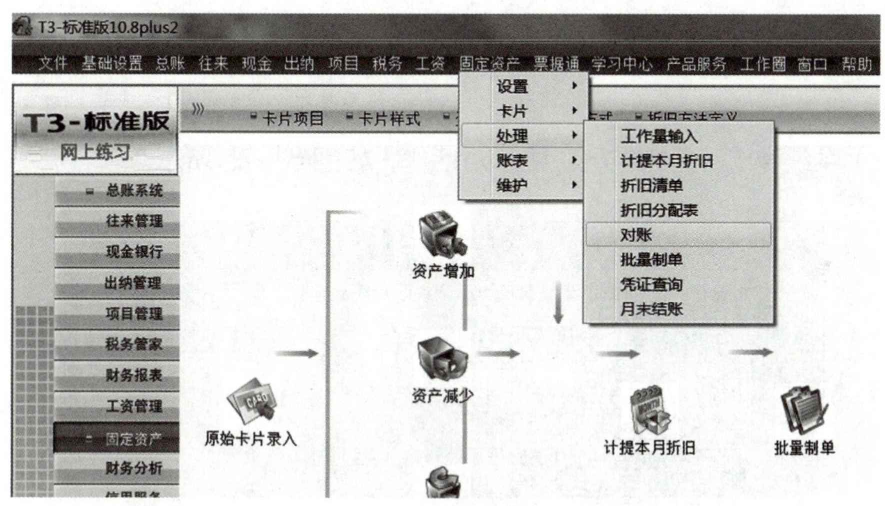

图 6—73 选择“处理——对账”命令

（2）系统对账后，弹出“与账务对账结果”对话框。

注意：对账操作不限制执行的时间，任何时候均可进行对账。系统在执行月末结账时自动对账一次，给出对账结果。

（3）确认对账结果平衡后，单击“确定”按钮，完成与账务系统的对账工作。

四、固定资产管理系统结账

【例 6—13】接【例 6—12】，以操作员陈晓燕的身份在 2017 年 1 月 31 日登录用友管理软件后，进行固定资产管理系统的月末结账处理。

操作步骤为：

（1）选择“固定资产”菜单下的“处理——月末结账”命令或直接单击“月末结账”按钮，如图6—74所示。

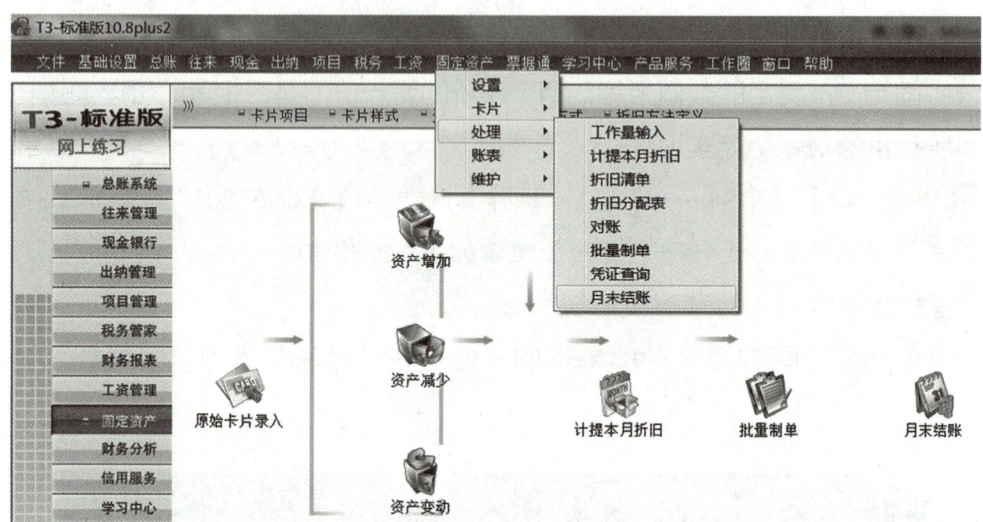

图6—74　选择“处理——月末结账”命令

（2）系统弹出“月末结账”提示对话框，如图6—75所示。

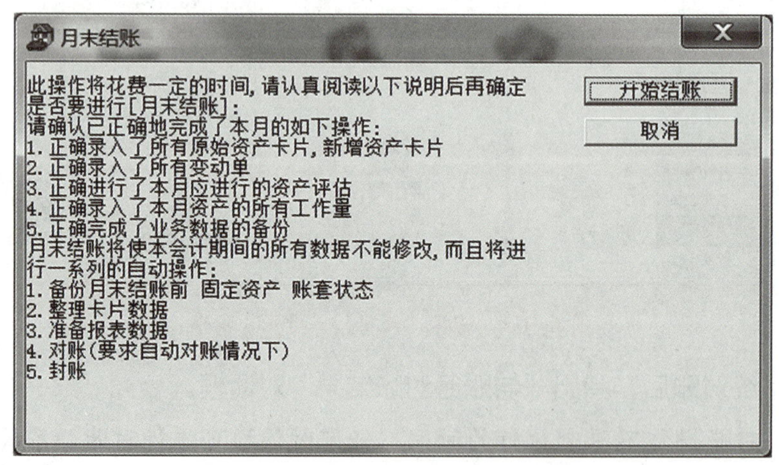

图6—75　“月末结账”提示对话框

（3）认真阅读相关说明并确认相关操作无误后，单击“开始结账”按钮，系统进行与账务系统对账后，弹出“与账务对账结果”对话框。

（4）确认对账结果平衡后，单击“确定”按钮进行月末结账工作，结账完成后，系统弹出“月末结账成功完成”提示对话框，如图6—76所示。

（5）单击“确定”按钮，完成固定资产管理系统的月末结账工作。

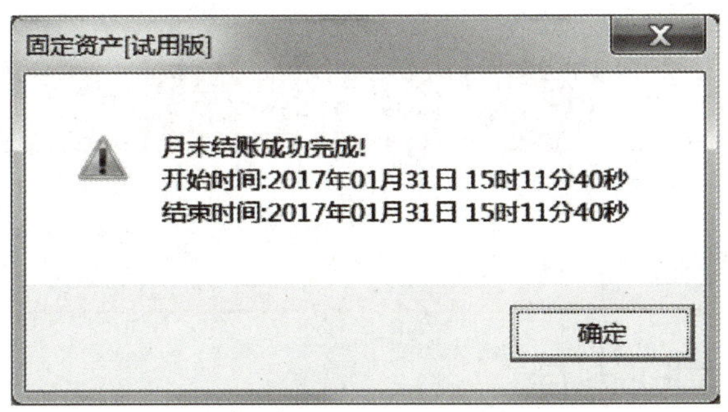

图 6—76　“月末结账成功完成”提示对话框

注意：如果月末结账后发现有数据错误必须修改时，可通过“恢复结账前状态”功能返回修改。

练习题

1. 资料

广州豪杰食品有限公司固定资产管理的有关资料如下：

（1）控制参数

1）启用月份：2017 年 1 月。

2）折旧方法：本账套计提折旧采用平均年限法（一）。

3）折旧分配汇总周期：一个月，当月初已计提折旧月份 = 可使用月份 -1 时，将剩余折旧全部提足。

4）固定资产编码方式为 2112，采用自动编码，选择“类别编号 + 部门编号 + 序号”，卡片序号长度设定为 3。

5）固定资产对账科目：1601，固定资产；累计折旧对账科目：1602，累计折旧。

6）补充控制参数：业务发生后立即制单，月末结账前一定要完成制单登账业务。

（2）固定编码类别名称

编码	类别名称	净残值率	单位	计提属性
01	交通车辆	5%		正常计提
011	办公用车辆	5%	辆	正常计提
012	生产用车辆	5%	辆	正常计提
02	其他设备	5%		正常计提

续表

编码	类别名称	净残值率	单位	计提属性
021	生产用设备	5%	台	正常计提
022	非生产用设备	5%	台	正常计提

（3）部门及对应折旧科目

部门	对应折旧科目
总经理办公室、财务部、采购部	管理费用－折旧费
销售部	销售费用－折旧费
生产部	制造费用－折旧费

（4）固定资产增减方式对应科目

增减方式	对应入账科目
增加方式：直接购入	100201，工行存款
减少方式：毁损	1606，固定资产清理

（5）固定资产原始卡片资料

固定资产名称	类别编码	所在部门	使用年限	开始使用日期	原值	累计折旧	对应折旧科目名称
轿车	012	总经理办公室	10	2015-11-10	120 000	12 792	管理费用－折旧费
办公自动化设备	022	总经理办公室	5	2015-12-15	6 000	1 173.6	管理费用－折旧费
传真机	022	采购部	5	2015-11-15	3 000	635.7	管理费用－折旧费
生产线	021	加工车间	5	2015-12-10	180 000	35 208	制造费用－折旧费
生产线	021	包装车间	5	2015-12-10	240 000	46 944	制造费用－折旧费

注：净残值率均为5%，使用状况均为在用，折旧方法均采用平均年限法（一），增加方式均为直接购入。

（6）2017年1月发生的固定资产业务如下：

1）1月29日，包装车间购买食品真空包装机一台，价值7 800元，净残

值率 5%，预计使用年限为 5 年。

2）1 月 31 日，计提本月固定资产折旧。

3）1 月 31 日，总经理办公室的办公自动化设备毁损。

2．要求

请根据以上资料进行固定资产管理系统初始设置、日常业务处理、月末处理的操作。

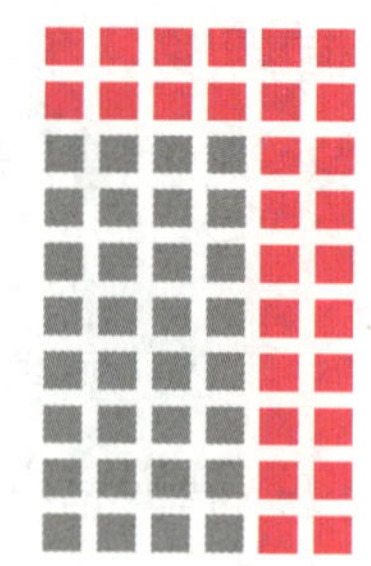

第七章

总账系统——期末处理

学习目标

- 了解取消结账的操作
- 掌握自动转账凭证的定义和生成
- 掌握对账和结账的操作

期末处理是指会计人员在每个会计期末都应做的一些特定工作，主要包括期末转账、对账和结账等，这些业务数量不大但是处理却较麻烦，而且都集中在期末。由于许多期末业务具有较强的规律性，所以一般由计算机根据用户的设置自动进行处理。

第一节 自动转账

转账分为外部转账和内部转账两种。外部转账是指将其他专项核算子系统，如工资、固定资产子系统生成的凭证转入总账系统中，一般由系统自动完成；内部转账是指在总账系统内部，将某个或某几个会计科目的余额或本期发生额转到一个或多个会计科目中。本节所讲的是内部转账。

一、定义自动转账凭证

定义自动转账凭证是指设置自动转账业务会计分录的过程，即把凭证的摘要、会计科目借贷方向以及金额的计算公式预先设置成模板，在需要时调用生成相应的凭证，这种凭证也称机制凭证。

系统提供了六种类型的转账定义，包括自定义转账、对应结转、销售成本结转、售价划价销售成本结转、汇兑损益和期间损益结转。本节重点介绍自定义转账和期间损益结转。

1. 自定义结转设置

由于各个企业的实际情况不尽相同，因此电算化系统提供了用户自定义自动转账凭证的功能，主要包括：费用的分配、税金的计算和各项辅助核算的结转等。

自定义结转设置在操作时应注意以下几点：

◆ 转账编号是该张转账凭证的代号，一张转账凭证对应一个转账编号，不是凭证号。转账凭证的凭证号在每月转账时自动产生，转账编号可任意定义，但只能输入数字且不能重号。

◆ 科目编码可以为非末级科目编码。

◆ 部门可为空，表示所有部门。

◆ 金额公式是指发生额的数据来源取数公式。输入金额公式有两种：一种是直接输入计算公式，另一种是利用公式向导录入公式。

【例 7—1】以操作员刘鹏的身份对以下业务进行自定义转账设置。假设期初无形资产不需要摊销。

2017 年 1 月 31 日，摊销总经理办公室使用的一项无形资产的价值，该无形资产原始价值为 30 000 元，摊销年限为 5 年。

会计分录如下：

借：管理费用——其他　　　　500

　　贷：累计摊销　　　　500

操作步骤为：

（1）单击“总账”菜单中的“期末——转账定义——自定义转账”命令，打开“自动转账设置”对话框，如图 7—1 所示。

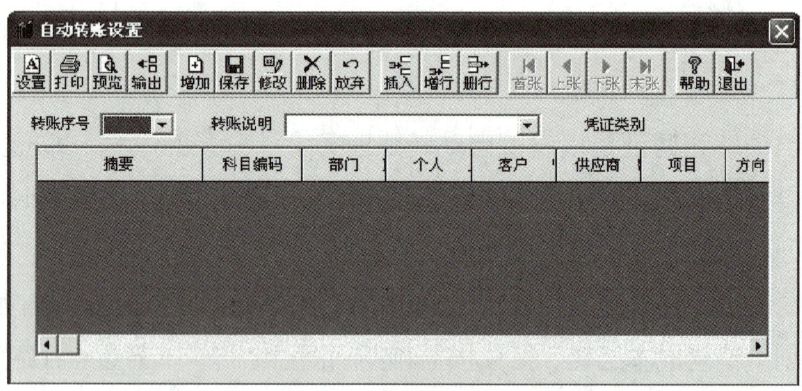

图 7—1　“自动转账设置”对话框

（2）单击“增加”按钮，出现“转账目录”对话框，在“转账序号”栏输入“0001”，转账说明栏输入“摊销无形资产价值”，“凭证类别”栏选择为“转账凭证”，如图 7—2 所示。

图 7—2　“转账目录”对话框

（3）单击“确定”按钮，“自动转账设置”对话框中出现转账凭证信息设置行，如图 7—3 所示。

（4）首先确定会计分录的借方信息，在“科目编码”栏直接输入或选择“660207”，部门栏直接输入或选择“总经理办公室”，方向为“借”，金额公式栏输入“JG（1702）”或单击查询按钮，进入如图 7—4 所示的“公式向导”窗口进行选择设置。

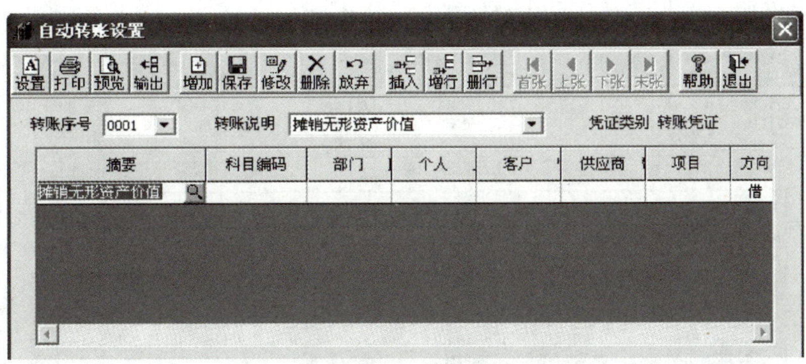

图 7—3　转账凭证信息设置行

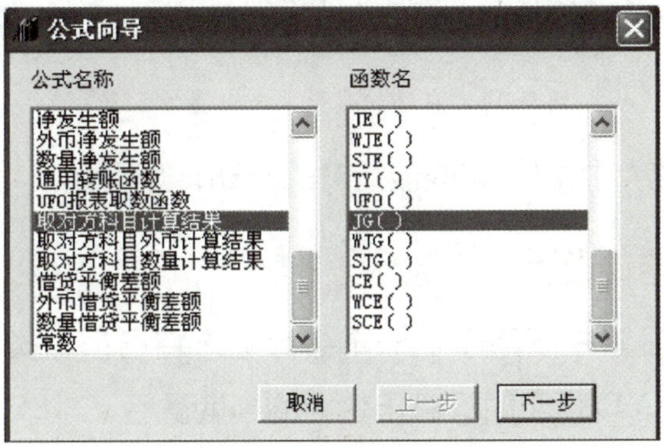

图 7—4　“公式向导”窗口

注意：“JG(　)”中的“(　)”输入时必须为英文字符，否则系统会提示“金额公式不合法：未知函数名”。

本行内容设置完成后如图 7—5 所示。

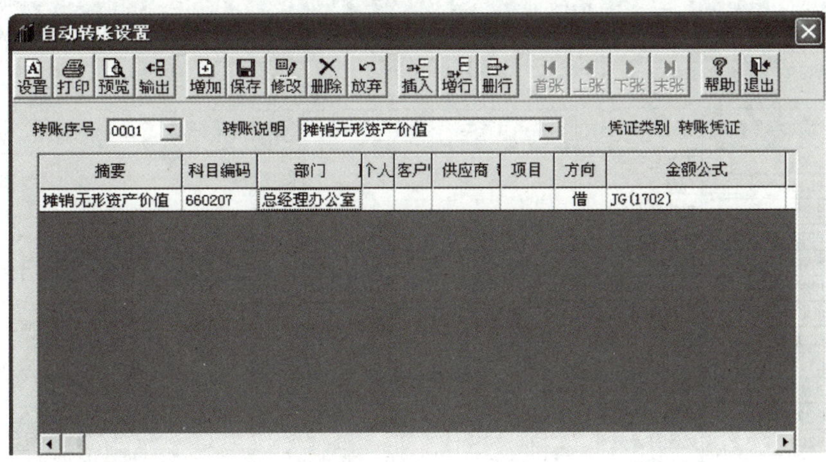

图 7—5　自动转账设置——借方设置

（5）单击“增行”按钮，出现第二行空行，输入会计分录的贷方信息，在“科目编码”栏直接输入或选择输入“1702”，方向为“贷”，“金额公式”栏输入“30000/60”，如图 7—6 所示。

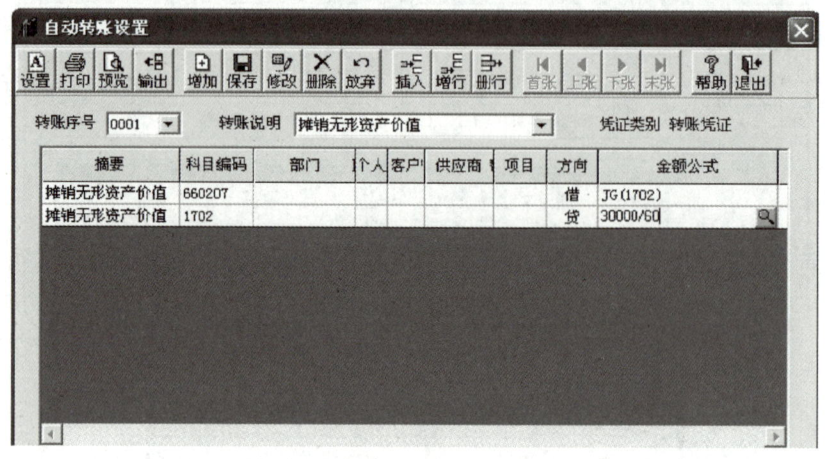

图 7—6　自动转账设置——贷方设置

（6）单击“保存”按钮，完成该业务的自动转账设置。

2. 期间损益结转设置

期间损益结转设置主要用于在一个会计期末将各损益类科目的余额结转到“本年利润”科目中，以便及时计算出企业的当期盈亏。

【例 7—2】以操作员刘鹏的身份进行 2017 年 1 月的期间损益结转设置。

操作步骤为：

（1）单击“总账”菜单中的“期末——转账定义——期间损益”命令，出现“期间损益结转”设置对话框，如图 7—7 所示。

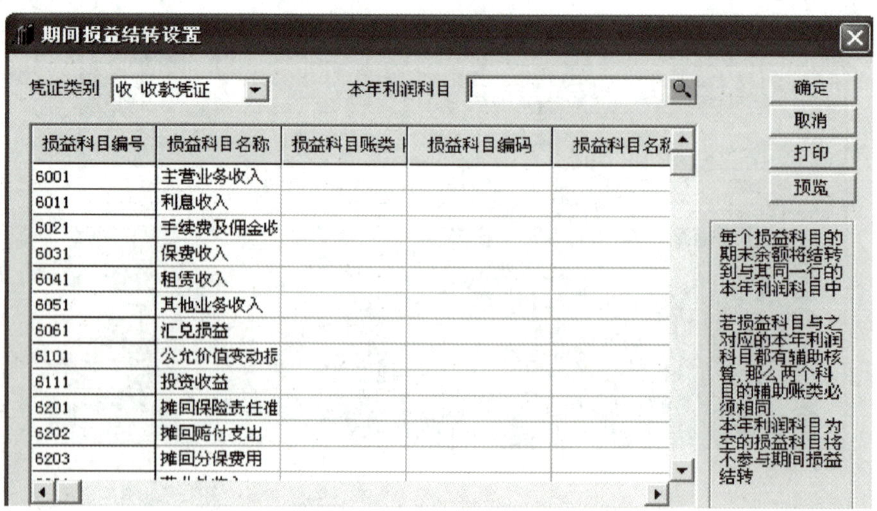

图 7—7　“期间损益结转”设置对话框

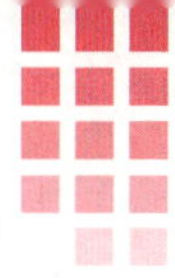

（2）在“凭证类别”栏选择设置为“转 转账凭证”，“本年利润科目”栏选择设置为“4103”，单击“确定”按钮完成设置，如图 7—8 所示。

期间损益结转设置

凭证类别　转 转账凭证　　本年利润科目　4103

确定　取消　打印　预览

损益科目编号	损益科目名称	损益科目账类	损益科目编码	损益科目名称
6001	主营业务收入			
6011	利息收入			
6021	手续费及佣金收			
6031	保费收入			
6041	租赁收入			
6051	其他业务收入			
6061	汇兑损益			
6101	公允价值变动损			
6111	投资收益			
6201	摊回保险责任准			
6202	摊回赔付支出			
6203	摊回分保费用			

每个损益科目的期末余额将结转到与其同一行的本年利润科目中

若损益科目与之对应的本年利润科目都有辅助核算，那么两个科目的辅助账类必须相同。
本年利润科目为空的损益科目将不参与期间损益结转

图 7—8　期间损益结转设置

二、生成自动转账凭证

定义自动转账完成后，每个会计期末只需要执行自动转账生成功能就能够自动生成转账凭证，并追加到未记账凭证序列。通过本功能生成的转账凭证，必须经过审核、记账。

由于转账凭证是按照已记账的数据来计算的，因此生成转账凭证之前，应将所有未记账凭证全部记账，否则生成的转账凭证数据可能出错。转账凭证每月只能生成一次。

1. 生成自定义转账凭证

【例 7—3】以操作员刘鹏的身份进行生成摊销无形资产价值的自定义转账凭证的操作。

操作步骤为：

（1）单击“总账”菜单中的“期末——转账生成”命令，出现“转账生成”对话框，选择“自定义转账”单选按钮后，单击“全选”按钮，如图 7—9 所示。

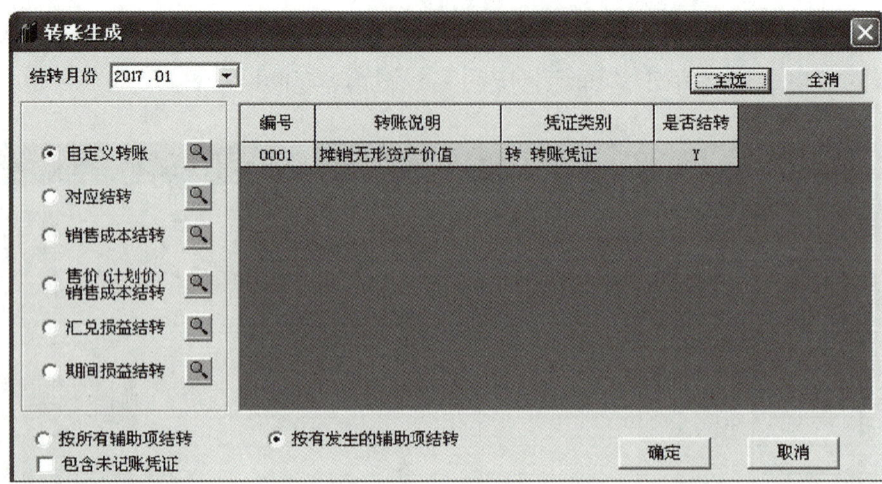

图 7—9 自定义转账

（2）单击“确定”按钮，系统生成相关业务转账凭证。单击“保存”按钮，系统自动将当前凭证追加到未记账凭证中，凭证左上角出现“已生成”标志，如图 7—10 所示。

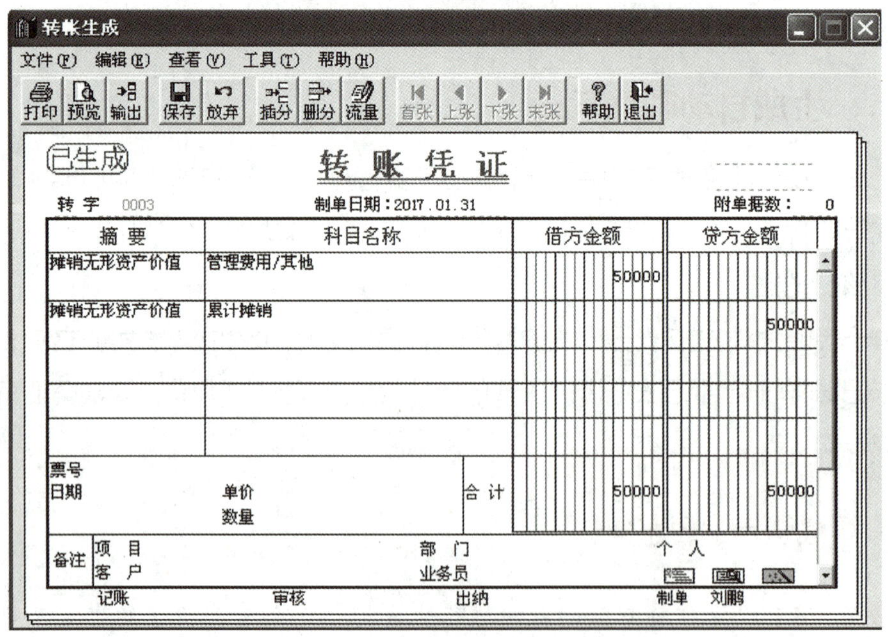

图 7—10 转账生成

（3）转账凭证生成后进行操作更换操作员操作，以陈晓燕的身份重新登录系统，将生成的自定义转账凭证进行审核、记账。

2. 生成期间损益结转凭证

【例 7—4】以操作员刘鹏的身份进行生成期间损益结转凭证的操作。

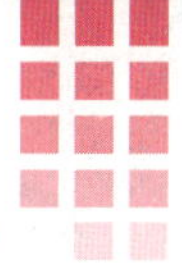

操作步骤为：

（1）选择“总账”菜单中的“期末——转账生成”命令，出现“转账生成”对话框，选中“期间损益结转”单选按钮后，单击“全选”按钮，如图7—11所示。

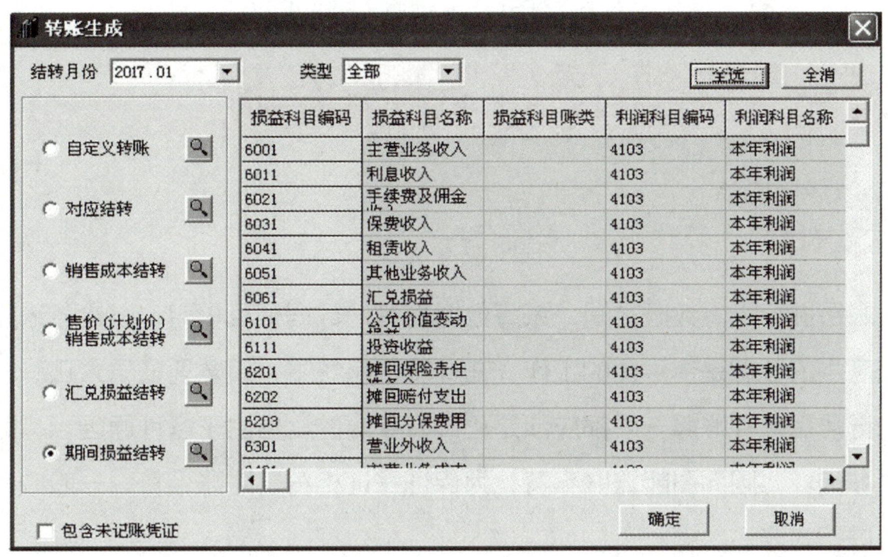

图7—11　期间损益结转

（2）单击“全选”按钮，再单击“确定”按钮生成转账凭证，如图7—12所示。

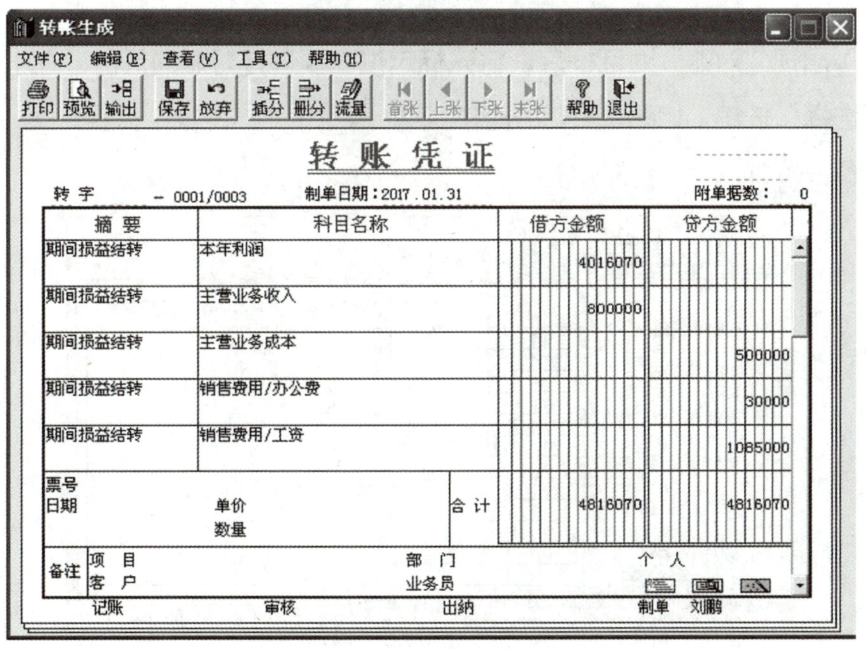

图7—12　期间损益结转凭证

（3）单击“保存”按钮，系统自动将当前凭证追加到未记账凭证中。

（4）转账凭证生成后进行更换操作员操作，以陈晓燕的身份重新登录系统，将生成的自定义转账凭证进行审核、记账。

第二节 对账和结账

一、对账

对账是进行账簿数据之间、账簿数据与其他数据相互核对，以检查记账正确性和账簿中的数据是否平衡的工作。在计算机系统下，只要凭证录入正确，计算机自动记账后各种账簿一般都应该是正确、平衡的。但由于各种原因，有时某些数据会被破坏，因而引起账账不符，为保证账证相符、账账相符，一般应在月末结账前进行对账。

【例 7—5】以操作员陈晓燕的身份对 2017 年 1 月业务进行对账。

操作步骤为：

（1）以陈晓燕的身份登录系统后，选择“总账”菜单中的“期末——对账”命令。

（2）出现“对账”对话框后，将光标定位在要进行对账的月份“2017.01”，单击“选择”按钮，如图 7—13 所示。

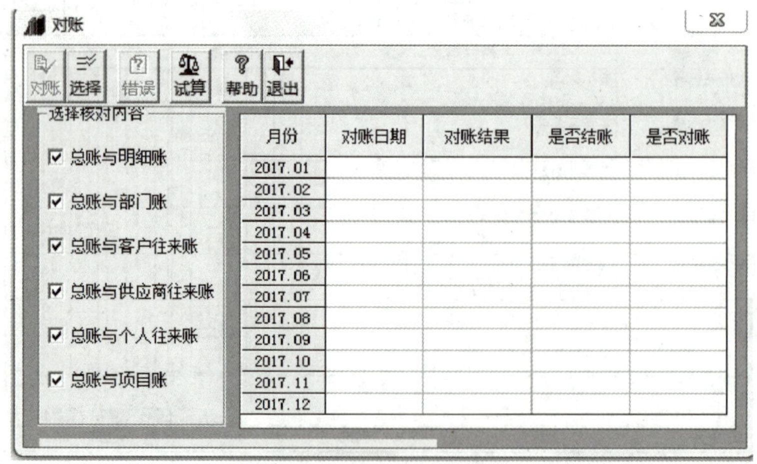

图 7—13 “对账”对话框

（3）单击“对账”按钮开始自动对账，对账结果如图 7—14 所示。

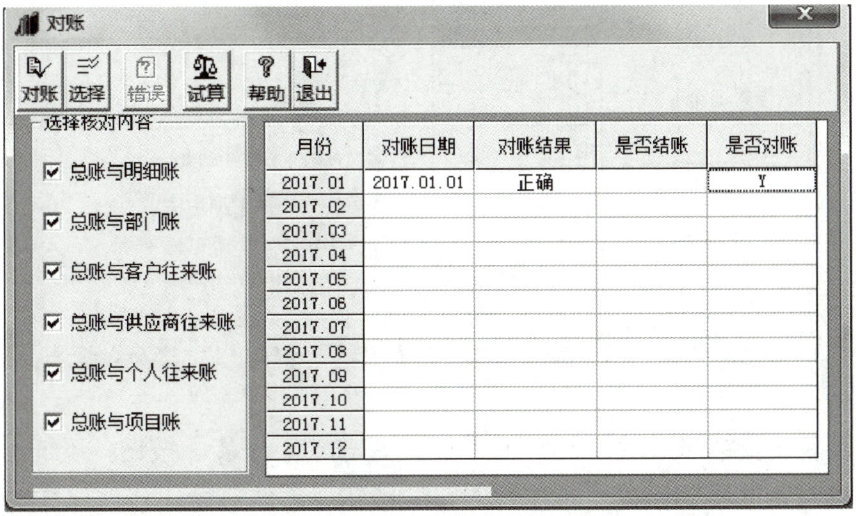

图 7—14　对账结果

（4）单击“试算”按钮，可以对各科目的余额进行试算平衡，然后单击“确认”按钮退出。

二、结账

结账就是在会计期末由会计人员计算并结转各账簿的本期发生额和期末余额，并终止本期的账务处理工作。在电算化系统中，结账工作比手工会计简单易行，可由计算机自动完成。

1. 结账

结账前要做以下检查：检查本月经济业务是否全部记账、月末自动转账凭证是否全部生成并记账、账账核对是否相符、上月是否已结账，如果启用了其他子系统，还应检查其他子系统是否已结账。

结账前还需要进行一次数据备份，以便于结完账之后若发现问题还可以通过恢复功能回到结账前的状态。

结账只能由具有结账权限的操作员执行，结账完成后不得再录入本月凭证。

【例 7—6】以操作员陈晓燕的身份进行 2017 年 1 月末的结账操作。

操作步骤为：

（1）以陈晓燕的身份登录系统后，选择“总账”菜单中的“期末——结账”命令，出现“结账——开始结账”对话框，如图 7—15 所示。

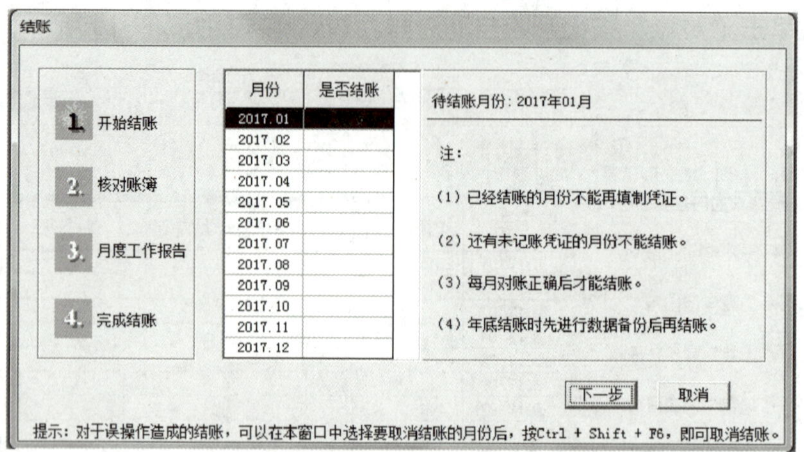

图 7—15 “结账——开始结账”对话框

（2）单击要结账月份“2017.01”后，单击“下一步”按钮，系统出现“结账——核对账簿”对话框，单击“对账”按钮，系统开始进行账账核对，显示“对账完毕”，如图 7—16 所示。

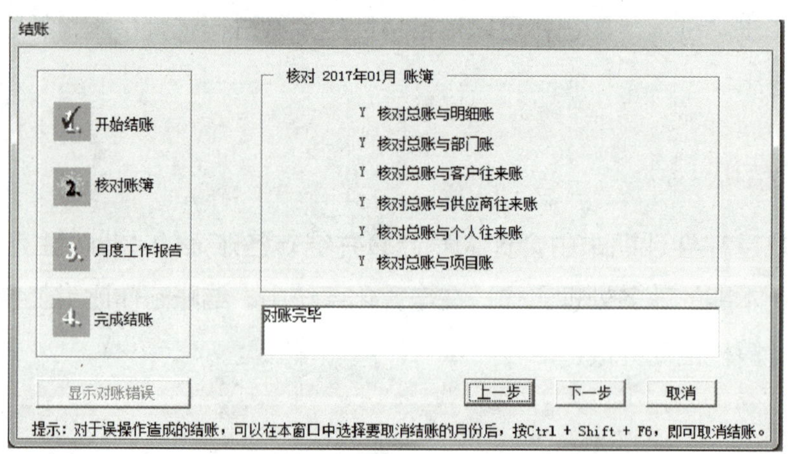

图 7—16 “结账——核对账簿”对话框

（3）单击“下一步”按钮，系统显示 2017 年 1 月工作报告，如图 7—17 所示。

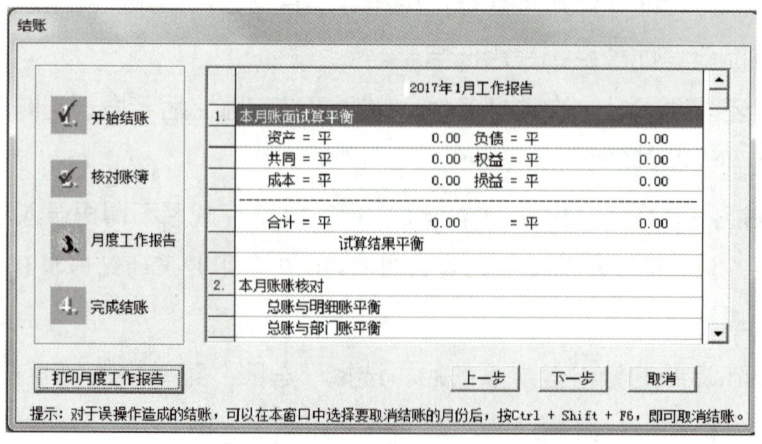

图 7—17 2017 年 1 月工作报告

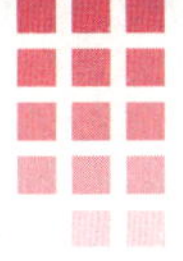

（4）阅读工作报告后，单击“下一步”按钮，再单击“结账”按钮，若符合结账要求，系统将进行结账，否则不予结账。

2. 取消结账

取消结账也称反结账。如果结账以后发现本月还有未处理的业务或其他情况，可以取消结账，然后进行修正，再进行结账工作。取消结账的权限一般都是严格控制的。

【例 7—7】以操作员陈晓燕的身份进行取消结账的操作。

操作步骤为：

（1）以陈晓燕的身份登录系统后，选择“总账”菜单中的“期末——结账”命令，出现“结账——开始结账”对话框，选择要取消结账的月份，如图 7—18 所示。

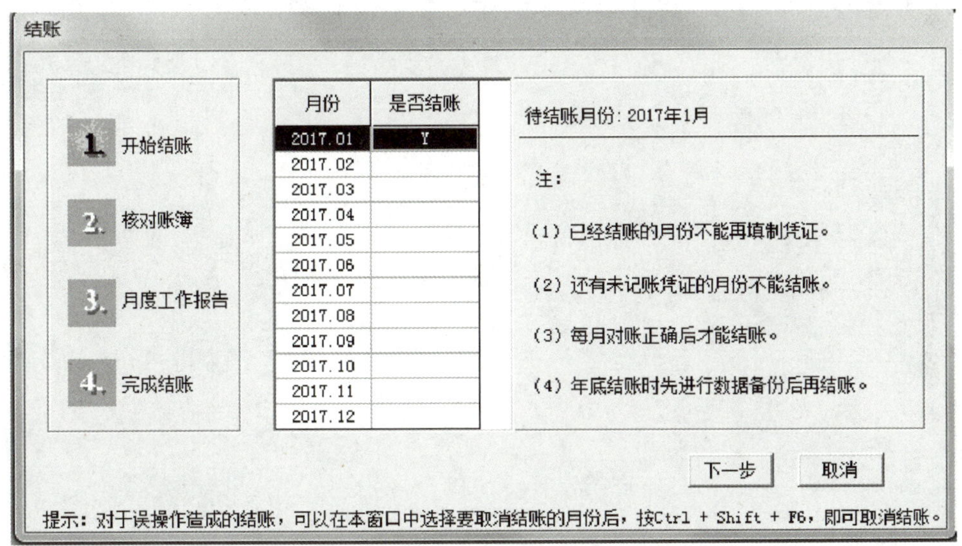

图 7—18 “结账——开始结账”对话框

（2）同时按下“Ctrl+Shift+F6”键激活“取消结账”功能，出现“确认口令”提示对话框，如图 7—19 所示。

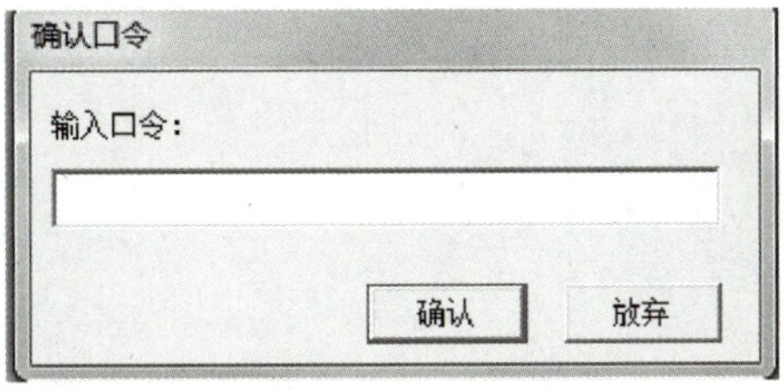

图 7—19 “确认口令”提示对话框

（3）输入账套主管的口令（密码），单击“确认”按钮，取消相关月份的结账标记，完成取消结账的操作。

练习题

1．资料

广州豪杰食品有限公司有关资料如下：

（1）需自定义转账的业务为：

1）2017 年 1 月 31 日摊销无形资产价值。假设仅需设置本期新增无形资产的摊销。

2）2017 年 1 月 31 日结转期间损益。

（2）月末进行对账和结账。

2．要求

请根据以上资料进行期末自定义转账、对账和结账的操作。

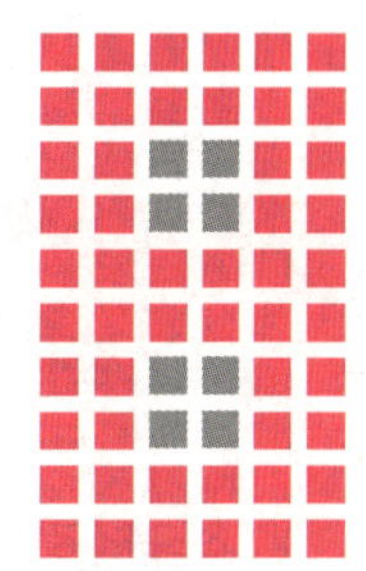

第八章 报表管理系统

学习目标

- 了解报表管理系统的基本概念
- 掌握使用报表模板生成基本会计报表的操作方法
- 掌握使用报表模板生成自定义报表的操作方法

报表管理系统的主要作用是帮助用户及时、方便地编制需要的各种会计报表。用户可以使用报表模板生成常用会计报表或根据需要生成自定义报表。报表管理系统的主要功能包括提供各行业报表模板、文件管理功能、格式管理功能、数据处理功能、图表功能等。

第一节 报表管理系统的基本概念

会计报表是会计工作成果的体现，也是对会计核算工作的总结。使用计算机编制报表与手工编制报表有相似之处，但也有计算机处理所具有的特点，并产生了一些新的概念。

一、报表格式

在计算机报表管理系统中，报表格式实质上是一个保存在计算机中的模板，使用此模板可以无限复制相同格式的表格供用户使用。

一份报表的格式包括以下几个方面：

1. 标题

标题用来表示报表名称及报表的编制日期、编制单位、使用的货币单位等内容。标题可能有一行，也可能有若干行。

2. 表头

表头用来表示报表的栏目。栏目和栏目的名称是报表格式中最重要的内容，它们决定了报表及报表每一栏的宽度，从而确定了报表的基本格式。有些报表软件也将表的标题和表头部分视为一个整体，将这个整体称为表头。以下为说明方便统一将标题和表头合称为表头。

3. 表体

表体是报表的主体，由横向的若干行和纵向的若干栏组成。纵向的表格线和横向的表格线将表体部分划分成一些方格用于填写表中的数据，这些方格称为表单元。表单元是组成报表的最小基本单位，每一个表单元都可以用它所在的列坐标和行坐标来表示。通常将确定某一单元位置的要素称为“维”。

4. 表尾

表尾是指表格线以下进行辅助说明的部分。表头、表体和表尾是组成报表的

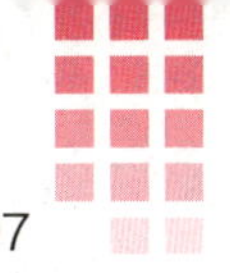

基本要素，不同报表的区别实际上是报表中各要素的内容不同。表处理子系统的基本工作原理就是软件提供给用户设置表头、表体和表尾等功能，用户只要运行这些功能，就能得到满足需要的报表。

二、报表公式

在计算机报表管理系统中，报表的格式和报表的数据是分开处理和管理的。其中报表的格式起说明数据的经济含义和管理数据的作用，而报表数据则起到反映相应经济指标大小的作用。报表数据部分每月编制报表时一般不相同，在使用计算机进行报表编制时，表中数据一般不由手工从键盘输入，而是通过设置报表单元公式，由计算机自动从指定的文件中调取。这些单元公式就是报表公式最主要的构成部分。

报表公式除了报表单元公式外，还有报表审核公式和报表舍位平衡公式。其中报表审核公式的作用是根据报表数据间的勾稽关系检查报表数据是否正确；报表舍位平衡公式是将以元为单位的报表转换为以千元或万元为单位的报表时为保持报表数据的平衡而使用的公式。

在报表的编制过程中，虽然报表中的数据在每个会计期间并不同，但同一报表中各个单元填列数据的规律一般是不变的，如资产负债表中货币资金项目总是从现金、银行存款和其他货币资金调取数据，因此报表公式一经设定，在编制不同会计期间的同一会计报表时，公式的内容也是固定不变的，每次编制报表通常不需要重新设定。

由于报表的格式和公式在编制不同期间的会计报表时通常是不变的，表格式和表公式构成了同一会计报表的基本结构，因此在计算机报表管理系统中一般将它们合称为表结构，而将表处理软件运行表结构文件所得到的、填列好具体数字的报表称为数字表。

三、报表关键字

报表关键字实质上是一个计算机的取值函数，是表页定位的特定标志。

报表关键字在报表管理系统中的主要作用是：在编制报表时，由系统自动地在报表相应位置填列报表编制的年、季、月、日等日期和报表编制单位的名称等内容。报表关键字通常在表格式设置中进行设置。

报表关键字主要包括单位名称、单位编号以及日期，另外还可以根据自己的需要自定义关键字。

第二节 基本会计报表的编制

会计工作中的基本会计报表主要是指资产负债表、利润表、现金流量表等。这些常用会计报表的格式基本是固定的，为了简化常用报表的编制，用友软件报表管理系统为用户提供了多个行业的各种财务报表模板，用户可以直接调用系统内的相关报表模板来编制会计报表。

一、资产负债表的编制

资产负债表是反映企业在某一特定日期所拥有或控制的经济资源、所承担的现时义务和所有者对净资产要求权的会计报表，下面举例说明其编制步骤。

【例 8—1】以操作员陈晓燕的身份在 2017 年 1 月 31 日登录用友管理软件，利用资产负债表模板生成该公司 2017 年 1 月 31 日的资产负债表。

操作步骤为：

（1）登录软件，单击窗口左边的“财务报表”按钮进入财务报表管理系统，如图 8—1 所示。

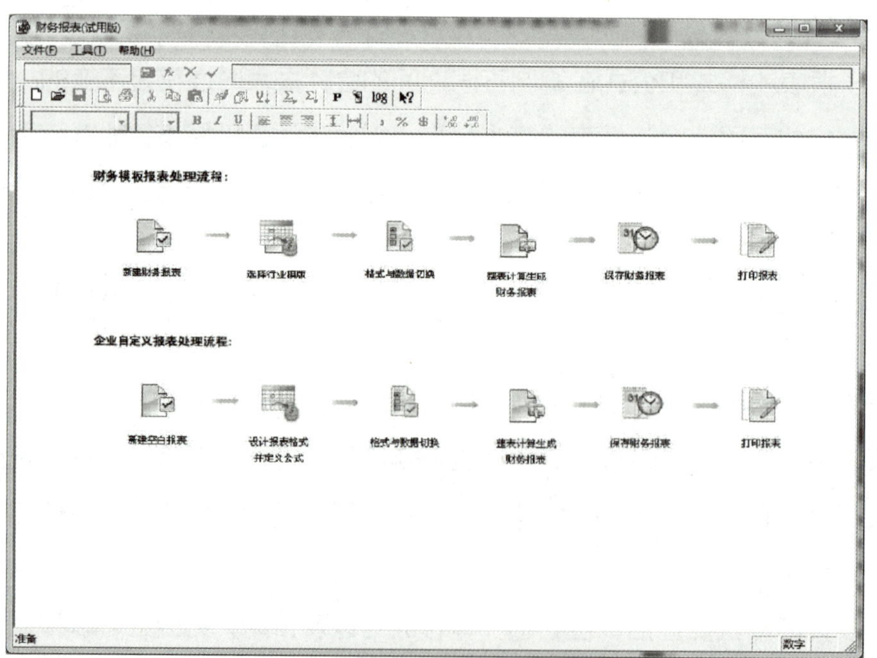

图 8—1 财务报表管理系统

（2）选择“文件”菜单下的“新建”命令，如图 8—2 所示。

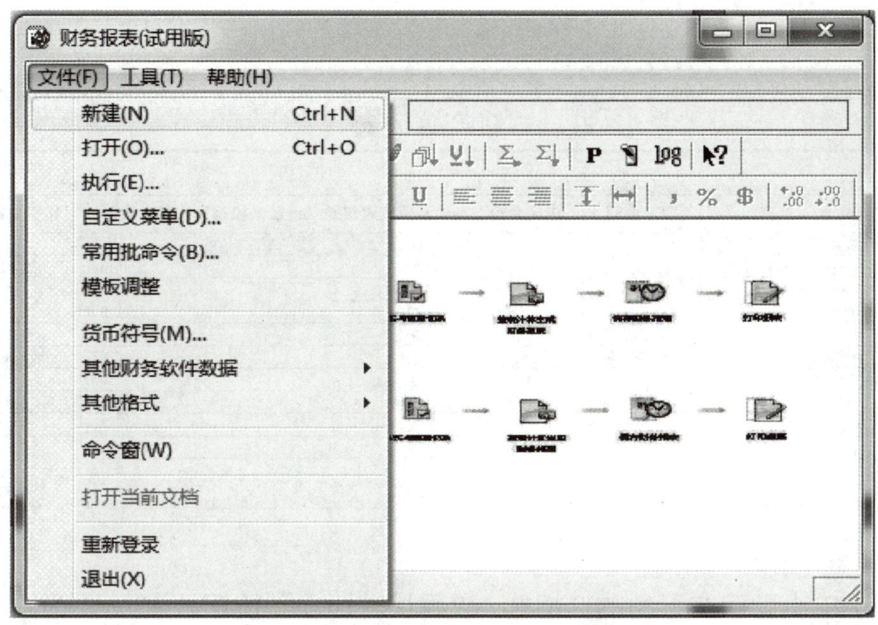

图 8—2 选择“新建”命令

（3）进入报表“新建”对话框，并在左侧的“模板分类”栏中单击选中“一般企业（2007 年新会计准则）”，在右侧单击选中“资产负债表”模板，如图 8—3 所示。

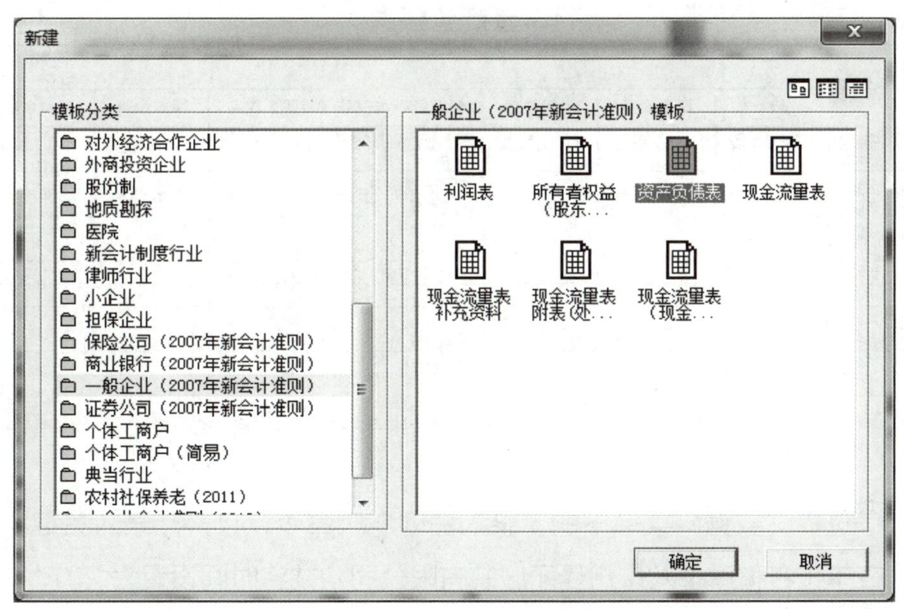

图 8—3 新建——选择模板

（4）单击“确定”按钮，打开“资产负债表（格式状态）”窗口，如图 8—4 所示。

	A	B	C	D	E	F
1	资产负债表					
2						会企01表
3	单位名称：xxxxxxxxxxxxxxxxxxxxxxxxxxxxxx年		xx 月	xx 日		单位：元
4	资　产	期末余额	年初余额	负债及所有者权益（或股东权益）	期末余额	年初余额
5	流动资产：			流动负债：		
6	货币资金	公式单元	公式单元	短期借款	公式单元	公式单元
7	交易性金融资产	公式单元	公式单元	交易性金融负债	公式单元	公式单元
8	应收票据	公式单元	公式单元	应付票据	公式单元	公式单元
9	应收账款	公式单元	公式单元	应付账款	公式单元	公式单元
10	预付款项	公式单元	公式单元	预收款项	公式单元	公式单元
11	应收利息	公式单元	公式单元	应付职工薪酬	公式单元	公式单元
12	应收股利	公式单元	公式单元	应交税费	公式单元	公式单元
13	其他应收款	公式单元	公式单元	应付利息	公式单元	公式单元
14	存货	公式单元	公式单元	应付股利	公式单元	公式单元

图 8—4 “资产负债表（格式状态）”窗口

（5）单击窗口左下角的“格式 / 数据状态切换”按钮，进入“资产负债表（数据状态）”窗口，如图 8—5 所示。

	A	B	C	D	E	F
1	资产负债表					
2						会企01表
3	单位名称：	年	月	日		单位：元
4	资　产	期末余额	年初余额	负债及所有者权益（或股东权益）	期末余额	年初余额
5	流动资产：			流动负债：		
6	货币资金			短期借款		
7	交易性金融资产			交易性金融负债		
8	应收票据			应付票据		
9	应收账款			应付账款		
10	预付款项			预收款项		
11	应收利息			应付职工薪酬		
12	应收股利			应交税费		
13	其他应收款			应付利息		
14	存货			应付股利		
15	一年内到期的非流动资产	演示数据		其他应付款		

图 8—5 “资产负债表（数据状态）”窗口

（6）选择“数据”菜单下的“录入关键字”命令，打开“录入关键字”对话框，在单位名称后录入广州曼丽服装有限公司，并将时间设置为 2017 年 1 月 31 日，如图 8—6 所示。

（7）单击“确定”按钮，弹出“是否重算第一页”提示对话框，单击“是”按钮，系统自动生成该公司 2017 年 1 月 31 日的资产负债表，如图 8—7 所示。

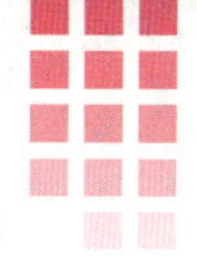

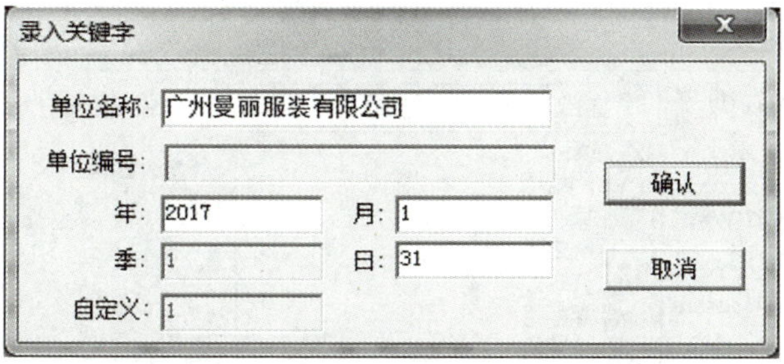

录入关键字

单位名称：广州曼丽服装有限公司

单位编号：

年：2017 月：1

季：1 日：31

自定义：1

确认 取消

图 8—6 “录入关键字”对话框

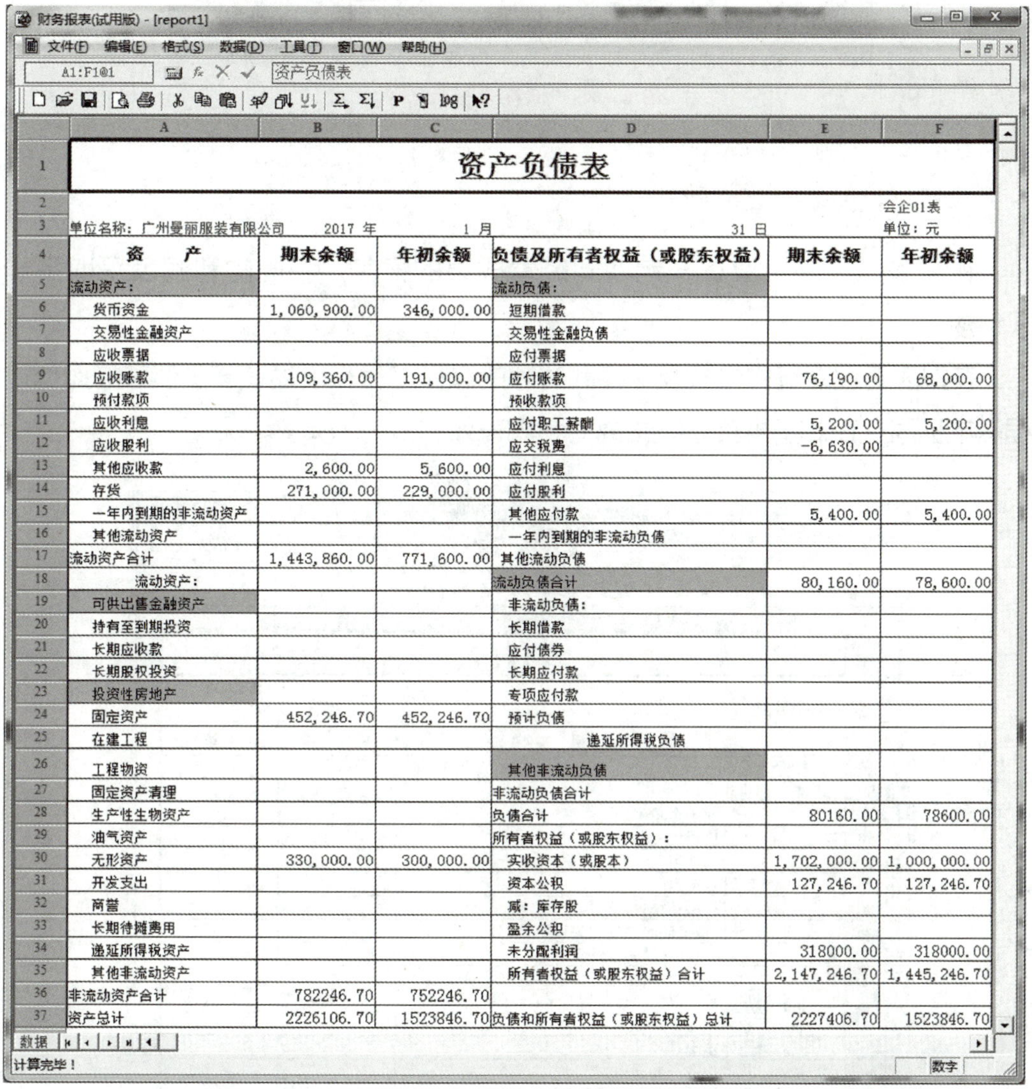

财务报表(试用版) - [report1]

文件(F) 编辑(E) 格式(S) 数据(D) 工具(T) 窗口(W) 帮助(H)

A1:F1@1 资产负债表

	A	B	C	D	E	F
1	资产负债表					
2						会企01表
3	单位名称：广州曼丽服装有限公司	2017 年	1 月	31 日		单位：元
4	资　　产	期末余额	年初余额	负债及所有者权益（或股东权益）	期末余额	年初余额
5	流动资产：			流动负债：		
6	货币资金	1,060,900.00	346,000.00	短期借款		
7	交易性金融资产			交易性金融负债		
8	应收票据			应付票据		
9	应收账款	109,360.00	191,000.00	应付账款	76,190.00	68,000.00
10	预付款项			预收款项		
11	应收利息			应付职工薪酬	5,200.00	5,200.00
12	应收股利			应交税费	-6,630.00	
13	其他应收款	2,600.00	5,600.00	应付利息		
14	存货	271,000.00	229,000.00	应付股利		
15	一年内到期的非流动资产			其他应付款	5,400.00	5,400.00
16	其他流动资产			一年内到期的非流动负债		
17	流动资产合计	1,443,860.00	771,600.00	其他流动负债		
18	流动资产：			流动负债合计	80,160.00	78,600.00
19	可供出售金融资产			非流动负债：		
20	持有至到期投资			长期借款		
21	长期应收款			应付债券		
22	长期股权投资			长期应付款		
23	投资性房地产			专项应付款		
24	固定资产	452,246.70	452,246.70	预计负债		
25	在建工程			递延所得税负债		
26	工程物资			其他非流动负债		
27	固定资产清理			非流动负债合计		
28	生产性生物资产			负债合计	80160.00	78600.00
29	油气资产			所有者权益（或股东权益）：		
30	无形资产	330,000.00	300,000.00	实收资本（或股本）	1,702,000.00	1,000,000.00
31	开发支出			资本公积	127,246.70	127,246.70
32	商誉			减：库存股		
33	长期待摊费用			盈余公积		
34	递延所得税资产			未分配利润	318000.00	318000.00
35	其他非流动资产			所有者权益（或股东权益）合计	2,147,246.70	1,445,246.70
36	非流动资产合计	782246.70	752246.70			
37	资产总计	2226106.70	1523846.70	负债和所有者权益（或股东权益）总计	2227406.70	1523846.70

数据

计算完毕！ 数字

图 8—7 系统生成的资产负债表

（8）单击“文件”菜单中的“另存为”命令，弹出“保存为”对话框，如图 8—8 所示。在保存路径中选择或者键入合适的保存路径，即可将该报表保存到相关的文件夹中。

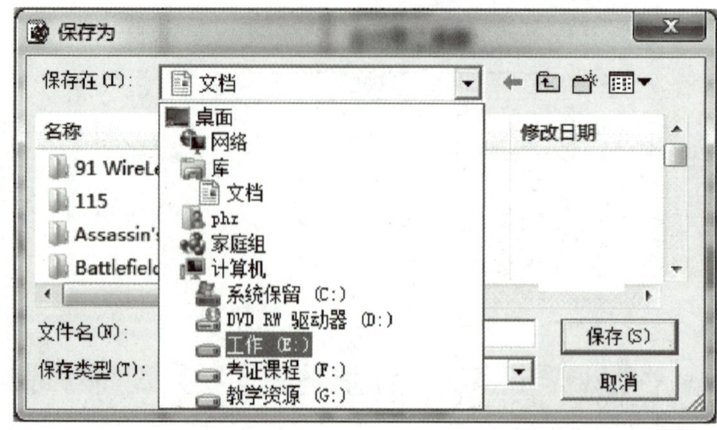

图 8—8　“保存为”对话框

二、利润表的编制

利润表是反映企业在一定期间经营成果的报表。我国的利润表采取多步式结构。

在报表管理系统中生成及保存利润表的操作过程和前述资产负债表的操作过程基本相同，在此不再赘述，生成的利润表如图 8—9 所示。

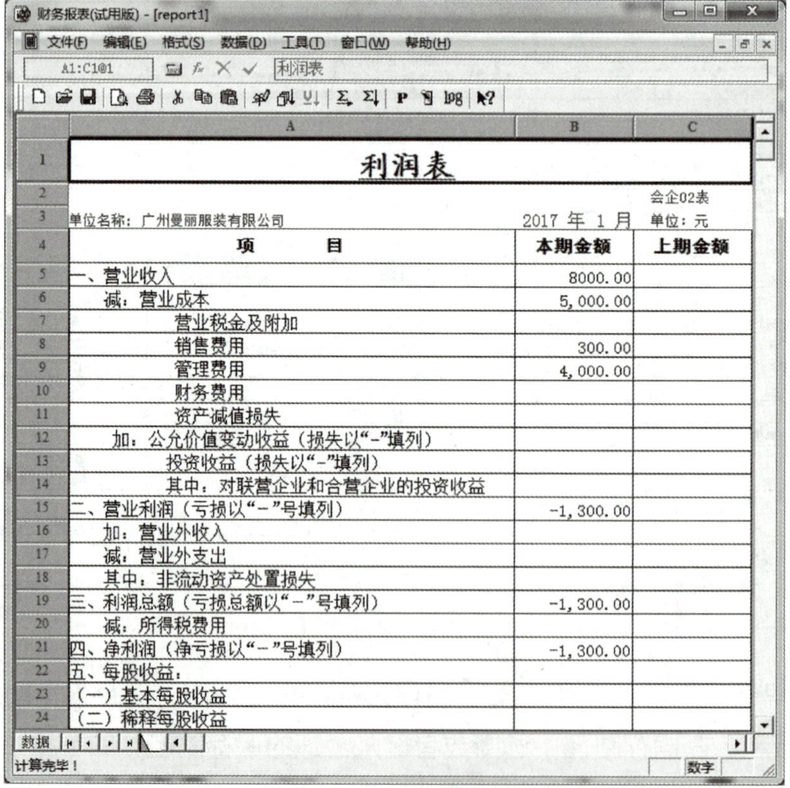

利润表

会企02表

单位名称：广州曼丽服装有限公司　　2017 年 1 月　　单位：元

项　目	本期金额	上期金额
一、营业收入	8000.00	
减：营业成本	5,000.00	
营业税金及附加		
销售费用	300.00	
管理费用	4,000.00	
财务费用		
资产减值损失		
加：公允价值变动收益（损失以“-”填列）		
投资收益（损失以“-”填列）		
其中：对联营企业和合营企业的投资收益		
二、营业利润（亏损以“－”号填列）	-1,300.00	
加：营业外收入		
减：营业外支出		
其中：非流动资产处置损失		
三、利润总额（亏损总额以“－”号填列）	-1,300.00	
减：所得税费用		
四、净利润（净亏损以“－”号填列）	-1,300.00	
五、每股收益：		
（一）基本每股收益		
（二）稀释每股收益		

图 8—9　系统生成的利润表

三、现金流量表的编制

现金流量表是反映企业在一定时期内现金和现金等价物流入和流出信息的报表，是以现金收付实现制为基础编制的。作为财政部规定的对外编报的报表之一，现金流量表自颁布实施以来越来越引起使用者的重视。由于现金流量表信息量大、专业性强、编制比较困难且容易出现差错，大多数会计人员和计算机程序员都在试图寻找一种简易的编制方法。用友管理软件将账务处理和现金流量处理进行了整合，用户可以借助用友管理软件报表管理系统，比较方便地完成现金流量表的编制。

在报表管理系统中，编制现金流量表的基本处理应从经济业务发生、会计数据录入计算机系统时，就将同一科目中与现金流量有关和与现金流量无关的数据进行分类，以便于编制现金流量表时分类汇总并在报表中列示，即对现金流量科目凭证进行处理，同时按权责发生制和收付实现制对数据进行处理。

使用用友管理软件报表管理系统编制现金流量表的基本方法，就是利用系统内置的现金流量项目，通过修改、设置账务系统的现金流量处理选项，在凭证填制时将数据录入现金流量项目，报表编制时通过现金流量项目函数定义取数公式。利用这种方法，用户可以随时查询企业任意时间的现金流量情况，有助于提高企业的经营决策质量。

1. 设置现金流量科目和项目

设置现金流量科目的目的就是告诉计算机系统哪些科目和项目是与现金流量有关，以便于系统在数据处理时正确地归集。

【例 8—2】 以操作员陈晓燕的身份在 2017 年 2 月 1 日登录用友管理软件，设置现金流量科目和项目。

（1）设置现金流量科目

操作步骤为：

1）登录软件，选择“基础设置”菜单中“财务”下的“会计科目”命令，如图 8—10 所示。

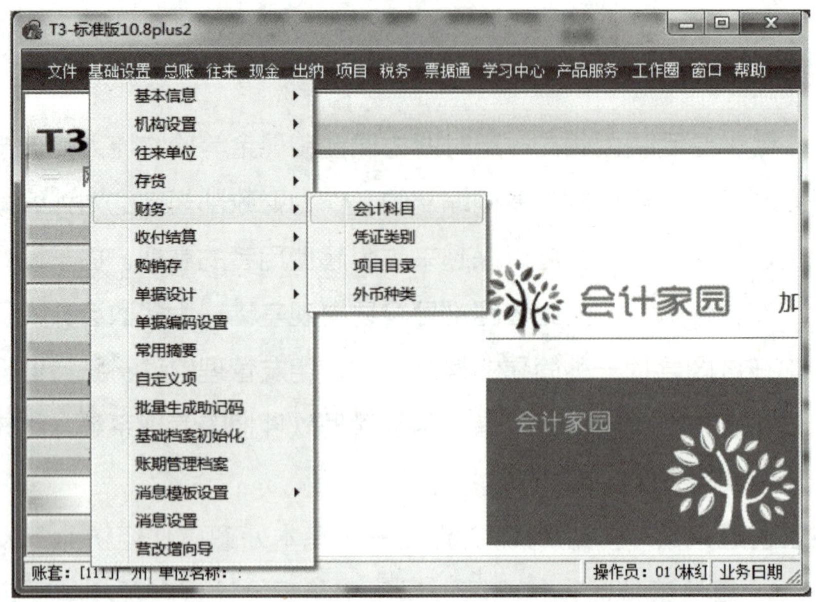

图 8—10　基础设置——财务——会计科目

2）打开“会计科目”对话框后，选择“编辑”菜单下的“指定科目”命令，如图 8—11 所示。

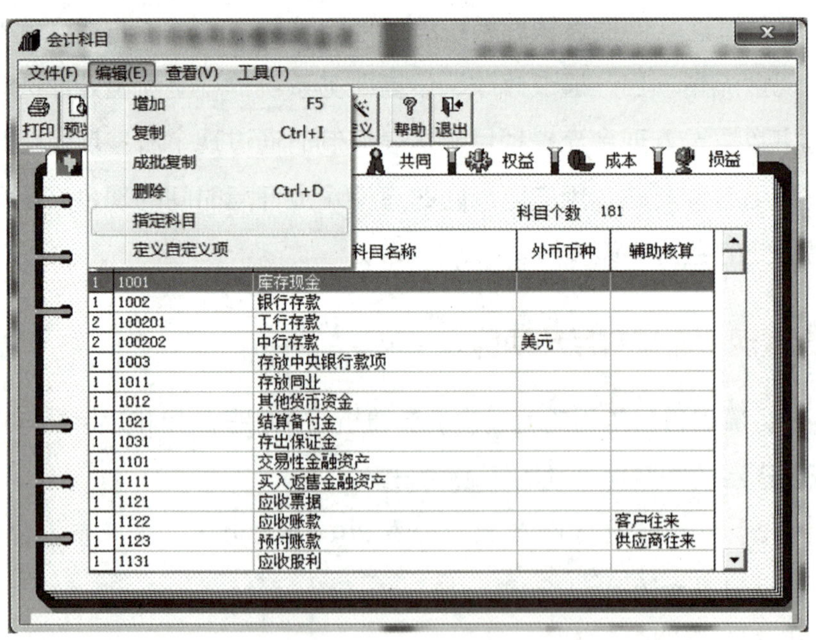

图 8—11　“会计科目”对话框

3）打开“指定科目”对话框后，选中“现金流量科目”选项，在待选科目列表框中分别选中“1001 库存现金”“100201 工行存款”“100202 中行存款”“1012 其他货币资金”，单击 › 按钮，将以上科目选入已选科目列表框，如图 8—12 所示。

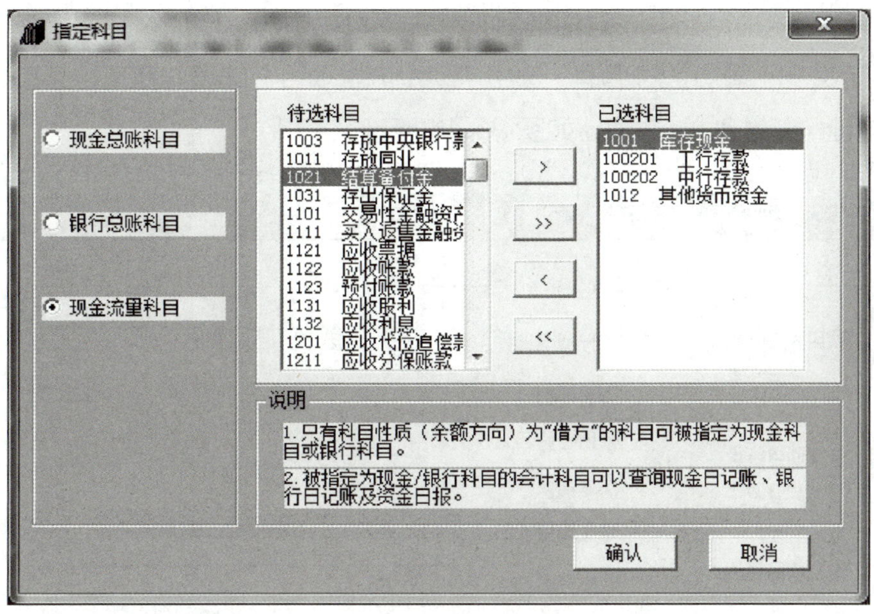

图 8—12 “指定科目”对话框

4）单击“确认”按钮，完成现金流量科目的设置。

（2）设置现金流量项目

操作步骤为：

1）选择“基础设置”菜单中“财务”下的“项目目录”命令，如图 8—13 所示。

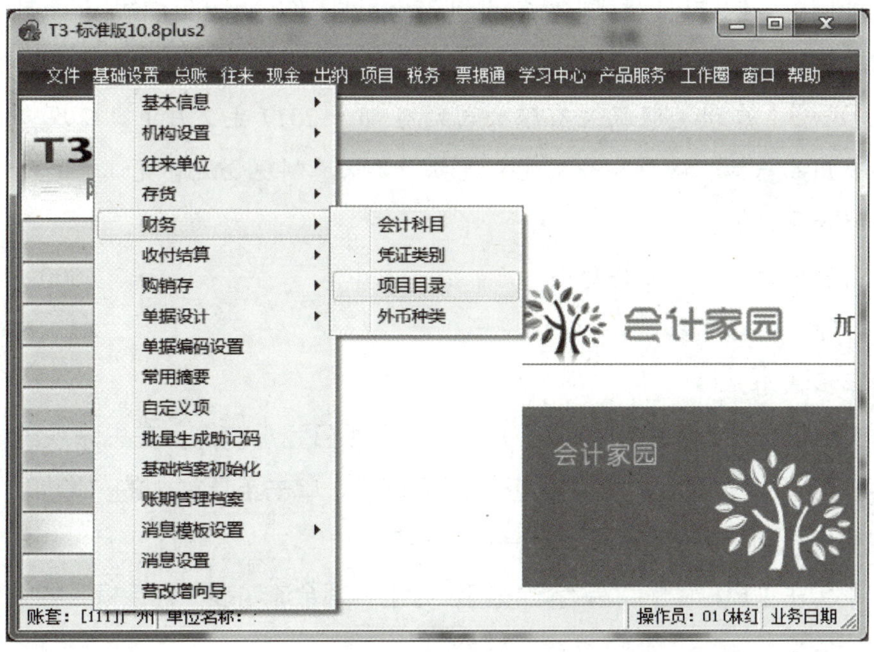

图 8—13 基础设置——财务——项目目录

2）弹出“项目档案”对话框后，单击工具栏中的“增加”按钮，弹出“项目大类定义——增加”对话框，选中“现金流量项目”选项，在下拉菜单中选择“一般企业（新准则）”选项，如图8—14所示。

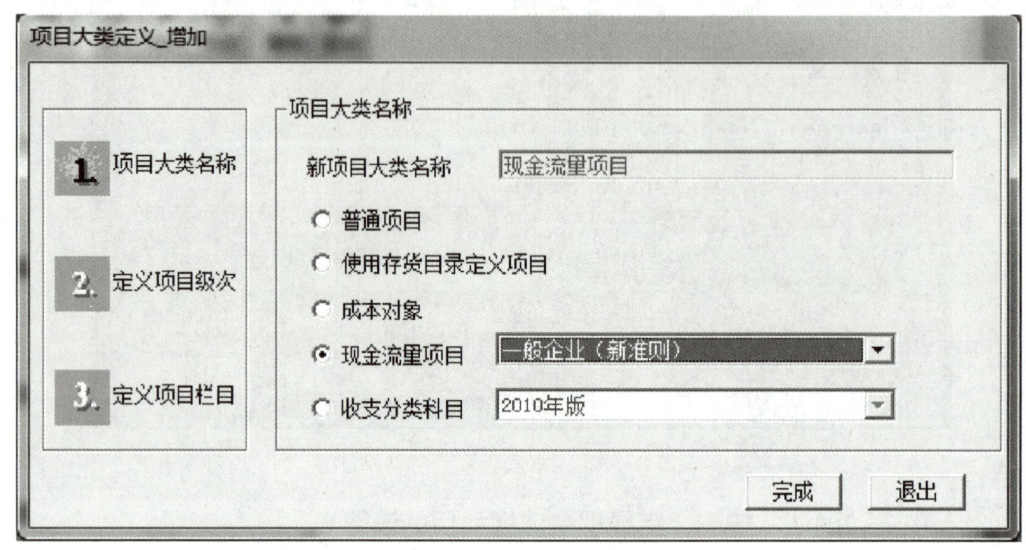

图8—14 “项目大类定义——增加”对话框

2. 填制现金流量凭证

在凭证填制时，涉及现金流量科目时，必须将现金流量信息正确地记录到现金流量项目中，这样可以将现金流量的归集处理工作分解到日常凭证填制中，可以有效地减轻期末业务的工作量。

【例8—3】广州曼丽服装有限公司财务部于2017年2月1日以现金600元购买办公用品一批。该业务涉及现金流量，要求填制现金流量凭证。

会计分录如下：

借：管理费用——办公费　　600

　贷：库存现金　　600

操作步骤为：

（1）以操作员刘鹏的身份在2017年2月1日登录软件，在总账系统中选择“填制凭证”命令，弹出“填制凭证”对话框后，单击工具栏中的“增加”按钮，录入该笔分录的相关信息，如图8—15所示。

（2）单击工具栏中的“保存”按钮，弹出“现金流量表”对话框，如图8—16所示。

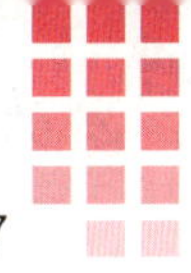

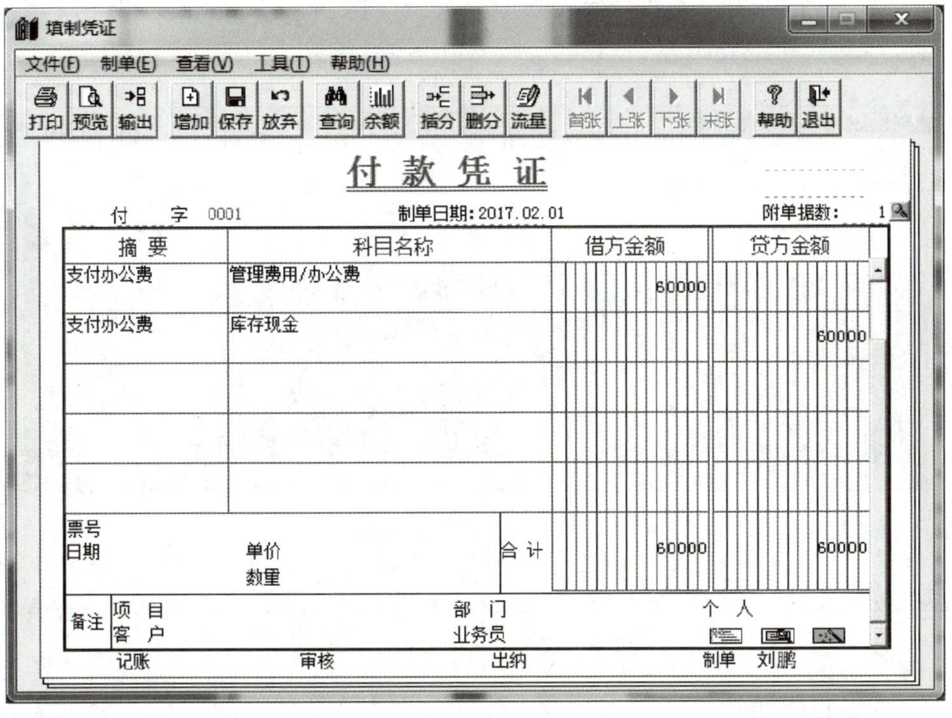

图 8—15　“填制凭证”对话框

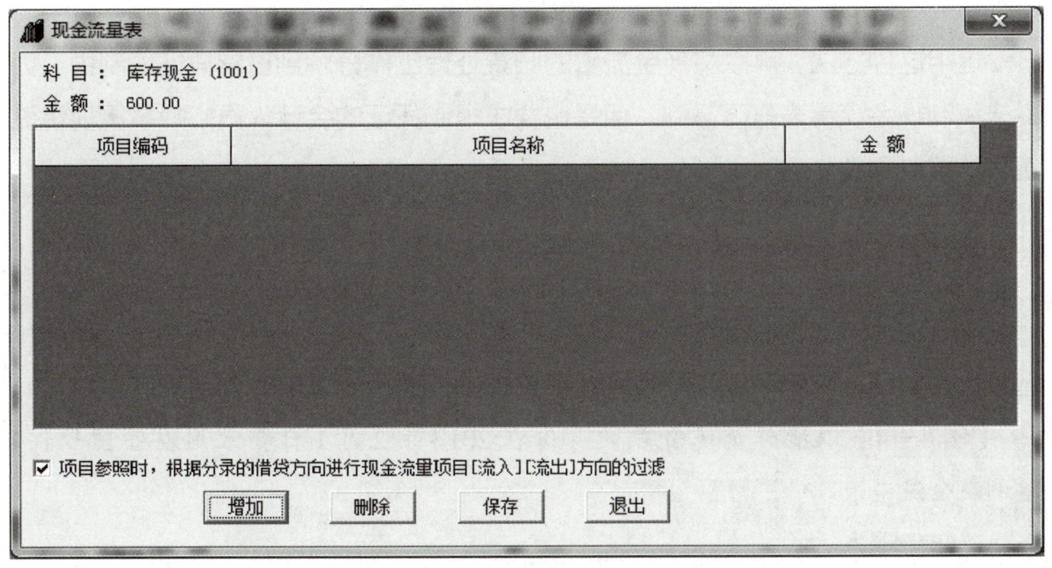

图 8—16　“现金流量表”对话框

（3）单击“增加”按钮，该对话框中增加一行，单击该行中“项目编码”栏中的按钮，选择“07 支付其他与经营活动有关的现金”，如图 8—17 所示。

（4）单击“保存”按钮，将该笔业务的现金流量信息保存到相关的现金流量项目中，然后再单击“填制凭证”对话框中的“保存”按钮，将该记账凭证予以保存。

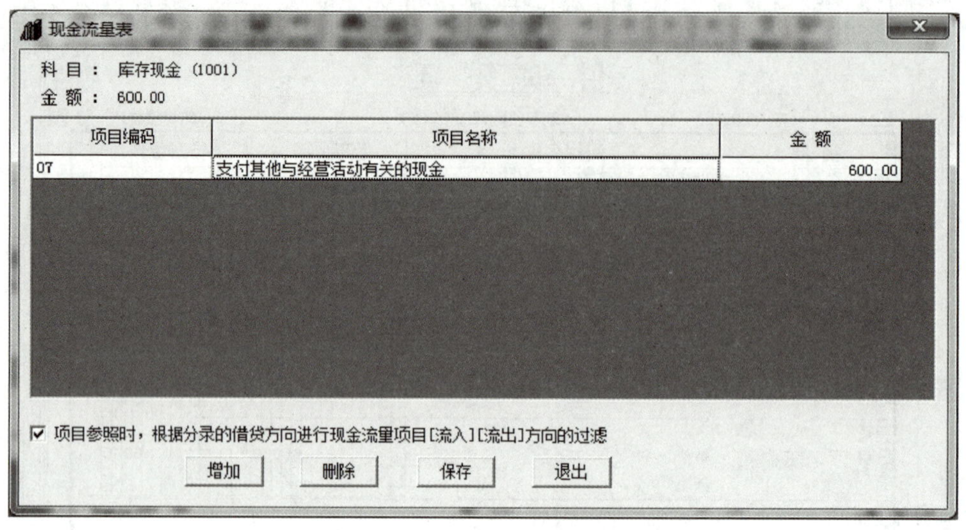

图 8—17 录入现金流量信息

在其他业务情况下，现金流量凭证的填制和现金流量信息的处理不再举例说明，请读者结合以上操作步骤，运用现金流量表编制的原理进行相关处理。

运用这种方法，可以将现金流量的归集处理工作分解到日常凭证填制中，为期末编制现金流量表打下基础，但是也要求填制凭证的会计人员必须掌握现金流量表的编制原理。

3. 编制现金流量表

按照前述内容，在日常凭证填制工作中，录入了相关业务的现金流量项目和金额后，到了期末就可以在报表管理系统中进行现金流量表的编制了。

【例 8—4】 *以操作员陈晓燕的身份在 2017 年 2 月 1 日登录用友管理软件，编制现金流量表。*

操作步骤为：

（1）进入“财务报表”窗口后，选择“文件”菜单下的“新建”命令，打开“新建”对话框，在左侧的“模板分类”栏中单击选中“一般企业（2007 年新会计准则）”选项，在右侧的“一般企业（2007 年新会计准则）”栏中选中“现金流量表”选项，单击“确定”按钮打开“现金流量表（格式状态）”窗口，如图 8—18 所示。

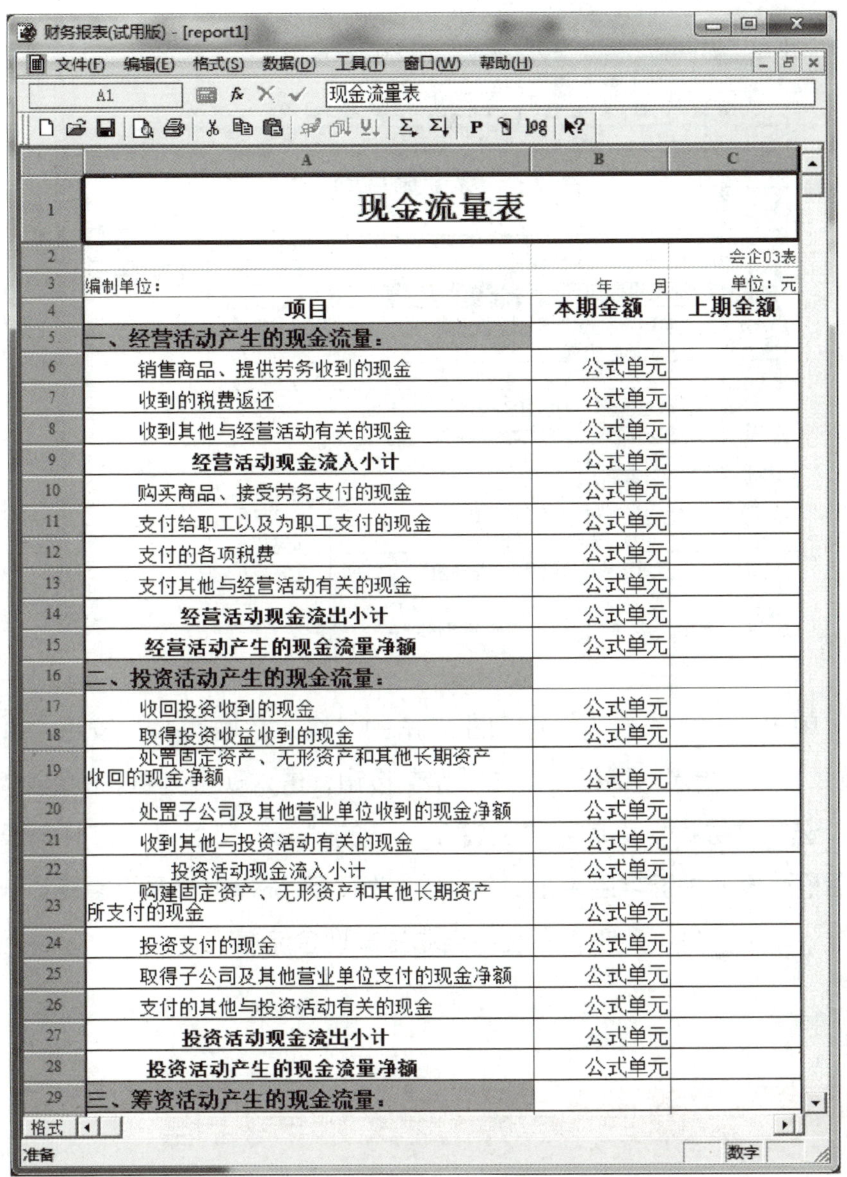

	A	B	C
1	现金流量表		
2			会企03表
3	编制单位：	年 月	单位：元
4	项目	本期金额	上期金额
5	一、经营活动产生的现金流量：		
6	销售商品、提供劳务收到的现金	公式单元	
7	收到的税费返还	公式单元	
8	收到其他与经营活动有关的现金	公式单元	
9	经营活动现金流入小计	公式单元	
10	购买商品、接受劳务支付的现金	公式单元	
11	支付给职工以及为职工支付的现金	公式单元	
12	支付的各项税费	公式单元	
13	支付其他与经营活动有关的现金	公式单元	
14	经营活动现金流出小计	公式单元	
15	经营活动产生的现金流量净额	公式单元	
16	二、投资活动产生的现金流量：		
17	收回投资收到的现金	公式单元	
18	取得投资收益收到的现金	公式单元	
19	处置固定资产、无形资产和其他长期资产收回的现金净额	公式单元	
20	处置子公司及其他营业单位收到的现金净额	公式单元	
21	收到其他与投资活动有关的现金	公式单元	
22	投资活动现金流入小计	公式单元	
23	购建固定资产、无形资产和其他长期资产所支付的现金	公式单元	
24	投资支付的现金	公式单元	
25	取得子公司及其他营业单位支付的现金净额	公式单元	
26	支付的其他与投资活动有关的现金	公式单元	
27	投资活动现金流出小计	公式单元	
28	投资活动产生的现金流量净额	公式单元	
29	三、筹资活动产生的现金流量：		

图 8—18 “现金流量表（格式状态）”窗口

（2）系统预置的现金流量表模板中，显示的“编制单位”并不是关键字，要清除后重新设置关键字。

操作步骤为：

双击“编制单位”所在的单元格，选中“编制单位”选项，按“Delete”键将其删除。以同样的方法删除“年”“月”，然后把光标定位于 A3 单元格中，选择“数据”菜单中“关键字”下的“设置”命令，打开“设置关键字”对话框，选中“单位名称”选项，单击“确定”按钮，从而将“单位名称”设置为关键字。设置完成后如图 8—19 所示。

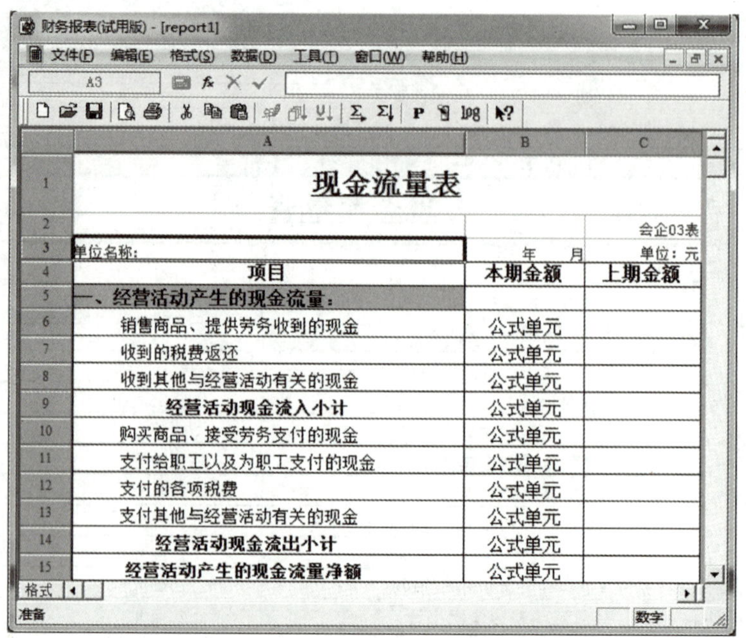

图 8—19 设置关键字后结果显示

（3）单击“现金流量表”窗口左下角的“格式数据切换”按钮，系统弹出“是否重算表页”提示对话框，单击“是”按钮，进入现金流量表的数据状态。

（4）选择“数据”菜单中“关键字”下的“录入”命令，打开“录入关键字”对话框，录入关键字后单击“确认”按钮，系统弹出“是否重算第一页”提示对话框，单击“是”按钮，系统将自动生成现金流量表。

第三节 自定义报表处理

自定义报表是指用户根据自己的实际需要来设计的报表。本节通过举例说明定义一张资金统计表的过程，简要介绍自定义报表的基本操作流程。

一、报表格式的定义

自定义报表时，首先应该定义报表数据的载体——报表格式。不同的报表，格式定义的具体内容也会不同，但是一般情况下报表格式应该包括报表表头、表体、表尾等内容。

【例 8—5】以操作员陈晓燕的身份在 2017 年 1 月 31 日登录用友管理软件，进行以下资金统计表（见表 8—1）的格式定义。

表 8—1　资金统计表

编制单位：　　　　　　　　　　年　月　日　　　　　　　　　　单位：元

行次	项目	期初数	期末数
1	库存现金		
2	银行存款		
3	合计		

制表人：

格式要求：

◆ 标题行的行高设置为 7 毫米，各列的列宽设置为 30 毫米。

◆ 表头：标题“资金统计表”设置为宋体、14 号、居中，编制单位及金额单位设置为宋体、12 号。

◆ 表体：其中的文字设置为宋体、12 号、居中。

◆ 表尾：“制表人”设置为宋体、12 号。

◆ “年”“月”“日”设置为关键字，“年”的偏移量为 –150，“月”的偏移量为 –120，“日”的偏移量为 –90。

操作步骤为：

（1）单击软件窗口左边的“财务报表”按钮，进入报表管理系统后，选择“文件”下的“新建”命令，如图 8—20 所示。

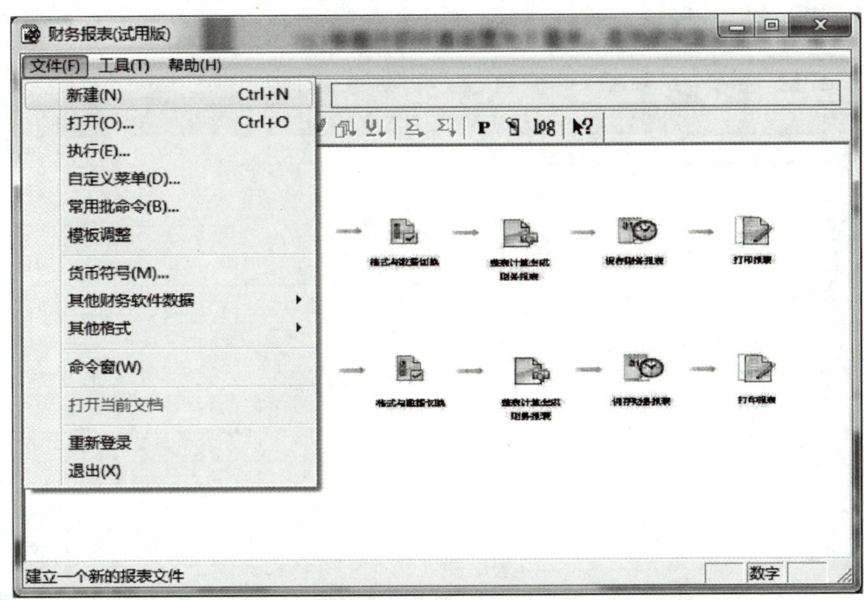

图 8—20　报表“管理系统”窗口

（2）打开“新建”对话框，选择“模板分类”栏中的“常用”选项，并单击选择“常用模板”栏中的“空报表”，如图 8—21 所示。

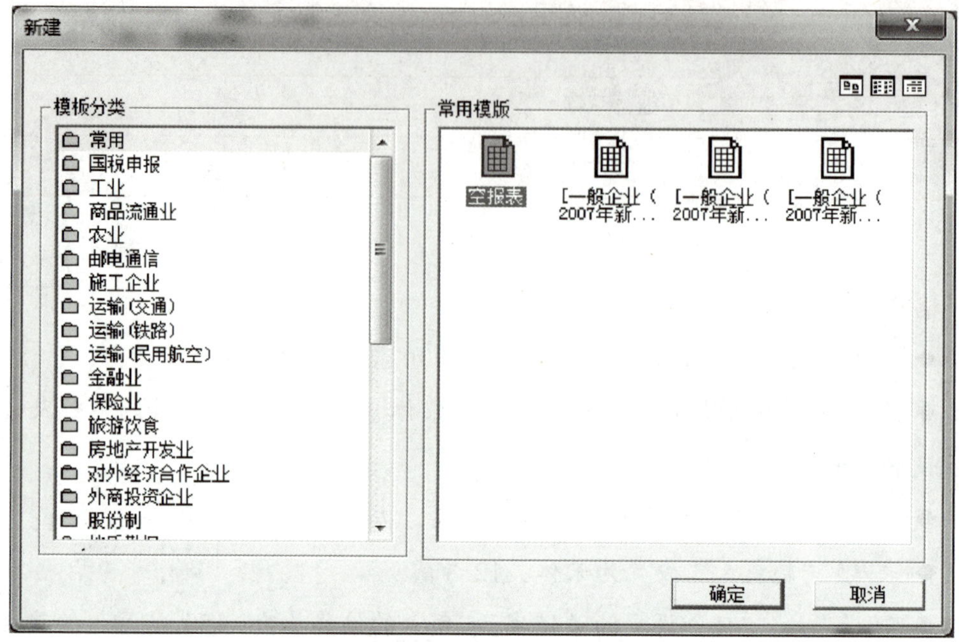

图 8—21　报表“新建”窗口

（3）单击“确定”按钮，系统建立一张默认名为“report1”的空白报表，如图 8—22 所示。

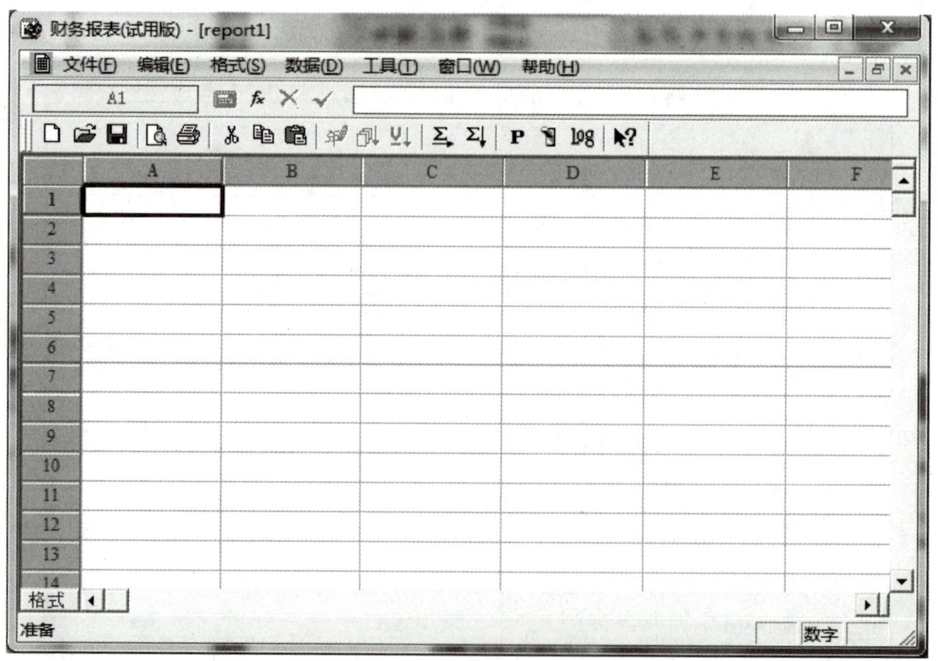

图 8—22　“空白报表”窗口

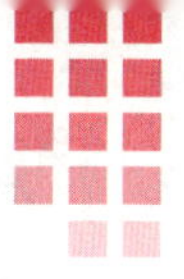

（4）选择“数据”菜单下的“账套初始”命令，打开“账套及时间初始”对话框，如图 8—23 所示。

注意：报表的格式和公式都必须在“格式”状态下进行设置。

确认账套号为“111”，会计年度为“2017”后，单击“确认”按钮，完成账套初始设置。

（5）确认当前状态为“格式”状态后，选择“格式”菜单下的“表尺寸”命令，打开“表尺寸”对话框后，根据例题资料进行“行数”和“列数”的设置，本例应设置为“7 行 4 列”，如图 8—24 所示。

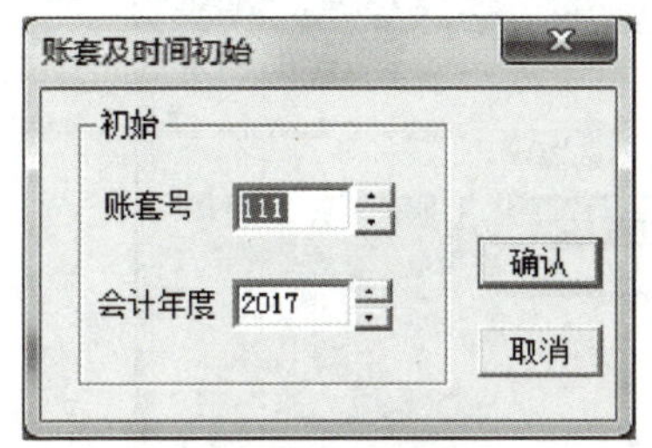

图 8—23　“账套及时间初始”对话框

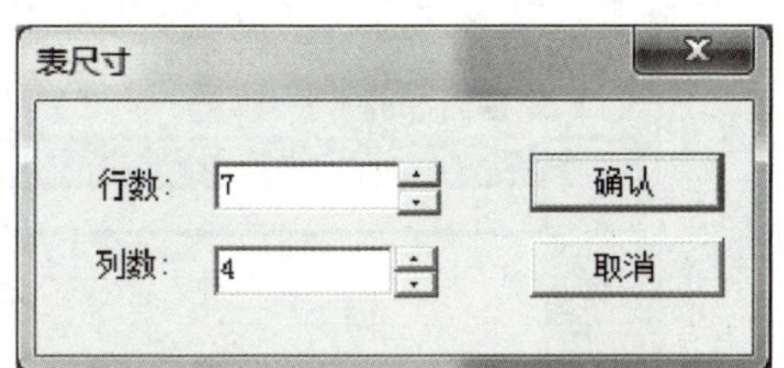

图 8—24　“表尺寸”对话框

单击“确认”按钮，系统生成一张 7 行 4 列的空报表，如图 8—25 所示。

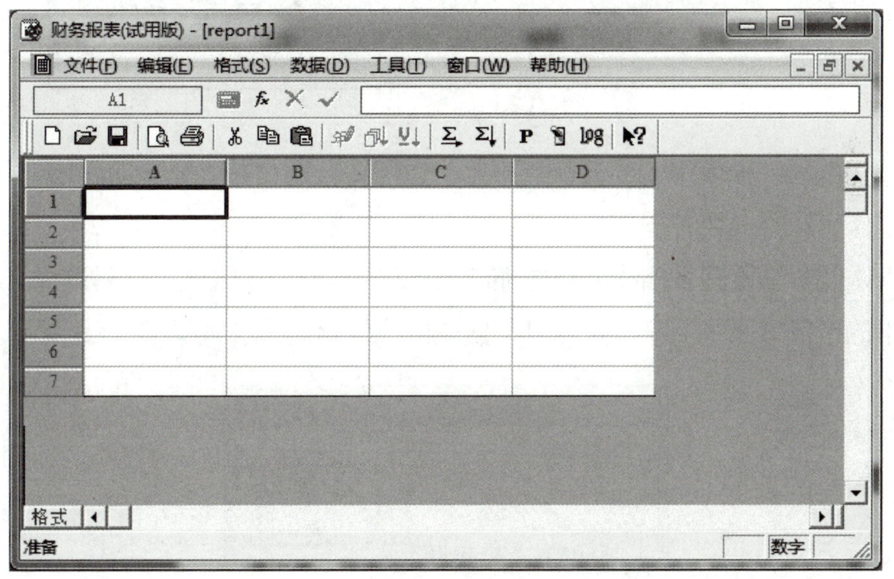

图 8—25　报表窗口 1

（6）根据资料，需要将报表第一行合并为一个单元格。首先拖动鼠标选中第一行，然后选择“格式”菜单下的“组合单元”命令，打开“组合单元”对话框，如图 8—26 所示。

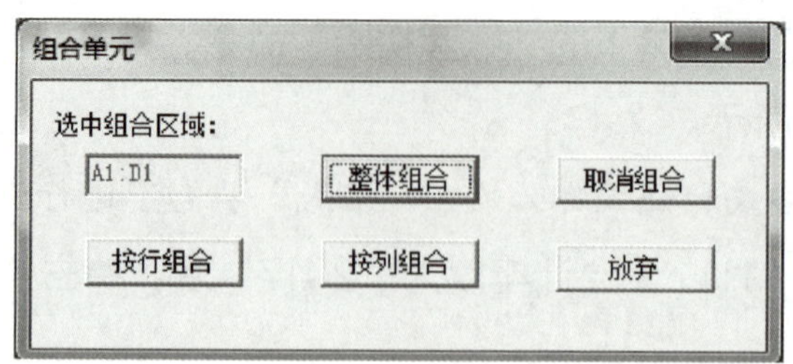

图 8—26 “组合单元”对话框

单击“整体组合”或“按行组合”按钮，第一行被合并为一个单元格，如图 8—27 所示。

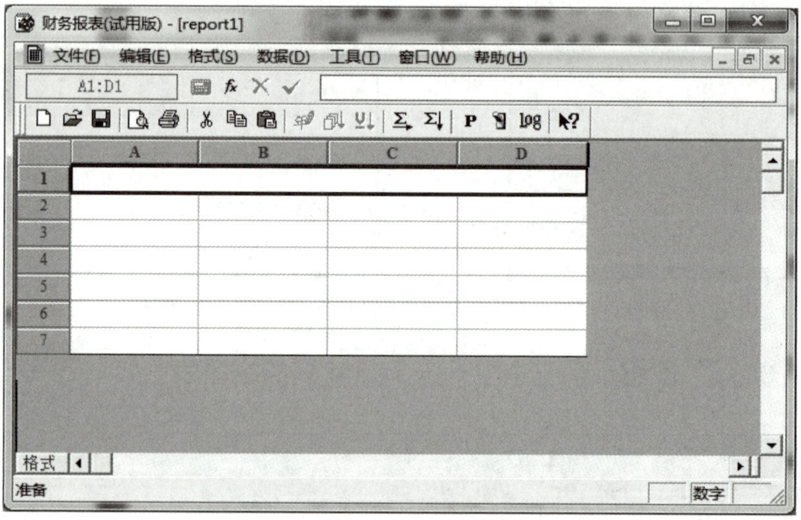

图 8—27 报表窗口 2

（7）同理，报表中的第二行和第七行也需要分别合并为一个单元格，可按照上述操作步骤完成合并操作。

表体部分需要画表格线。首先拖动鼠标选中 A3:D6 区域，然后选择“格式”菜单下的“区域画线”命令，打开“区域画线”对话框，如图 8—28 所示。

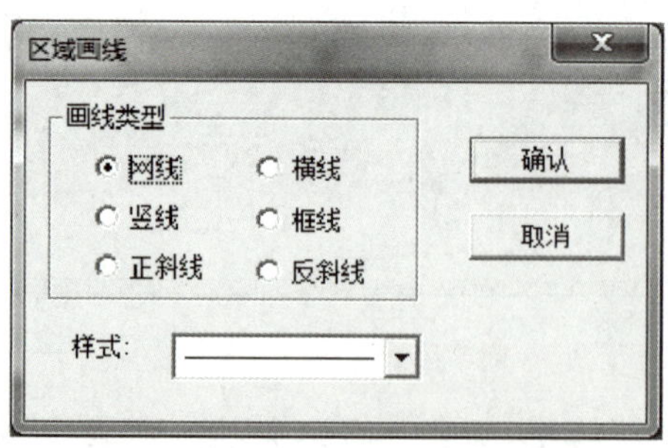

图 8—28 “区域画线”对话框

选中“网线”选项，单击“确认”按钮，完成表体部分的画线操作。选中相关单元格，输入例题资料中的文字内容，如图 8—29 所示。

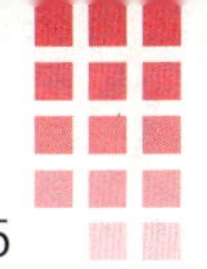

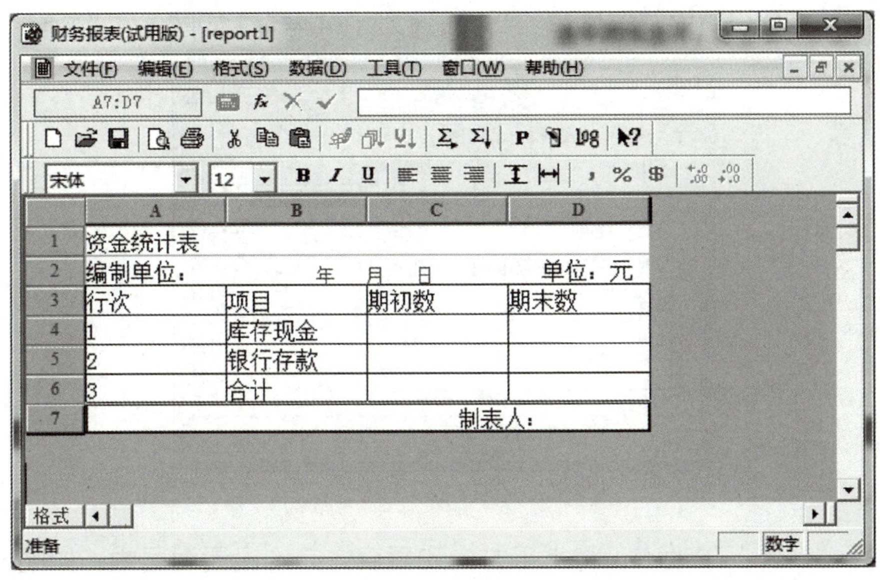

图 8—29 报表窗口 3

注意：编制单位和日期一般不作为文字内容输入，而是需要设置为关键字。

（8）根据例题资料调整行高和列宽。选中第一行，选择“格式”菜单下的“行高”命令，打开“行高”对话框，如图 8—30 所示，将行高调整为“7 毫米”，单击“确认”按钮完成第一行的行高设置。

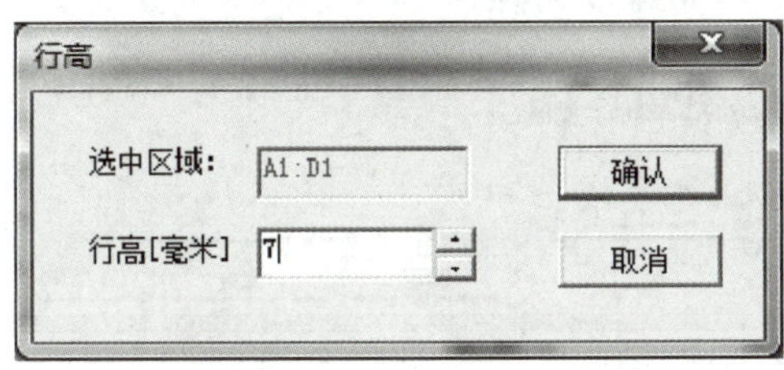

图 8—30 “行高”对话框

拖动鼠标选中 A 列到 D 列，然后选择“格式”菜单下的“列宽”命令，打开“列宽”对话框，如图 8—31 所示，将列宽调整为 30 毫米，单击“确认”按钮完成列宽设置。

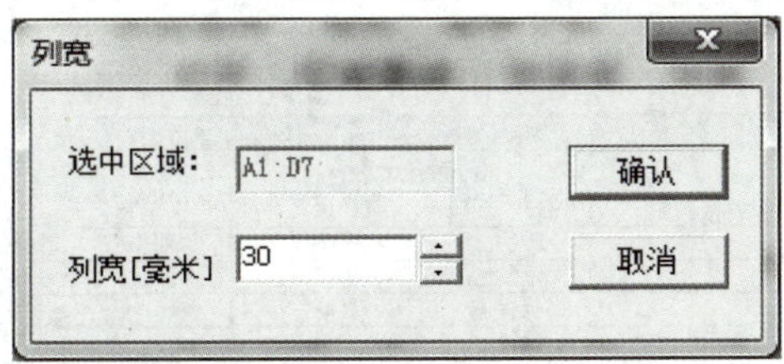

图 8—31 “列宽”对话框

（9）再进行字体和对齐方式的设置。选中第一行，然后选择“格式”菜单下的“单元属性”命令，打开“单元格属性”对话框，选择“字体图案”选项卡，根据资料将字体设置为“宋体”，字号设置为“14 号”，如图 8—32 所示。

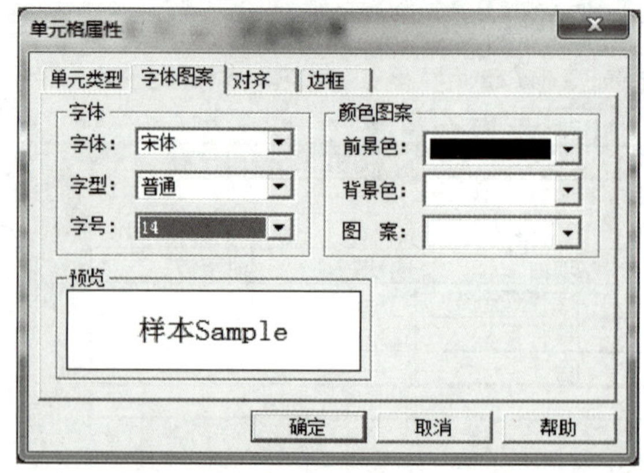

图 8—32 “单元格属性”对话框 1

选择“对齐”选项卡，将水平方向和垂直方向均设置为居中，如图 8—33 所示。

单元格属性

单元类型 | 字体图案 | 对齐 | 边框

对齐

水平方向： 自动 居左 居中 居右

垂直方向： 自动 居上 居中 居下

文字在单元内折行显示

对齐方式选择"自动"表示自动根据单元类型来对齐，即表样和字符类型居左，其他类型居右。

确定 取消 帮助

图 8—33 “单元格属性”对话框 2

单击“确定”按钮，完成字体和对齐方式的设置。参照上述步骤，对报表中的其他文字内容按例题要求进行设置，设置完成后的报表如图 8—34 所示。

财务报表(试用版) - [report1]

资金统计表

编制单位： 年 月 日 单位：元

行次	项目	期初数	期末数
1	库存现金		
2	银行存款		
3	合计		

制表人：

图 8—34 报表窗口 4

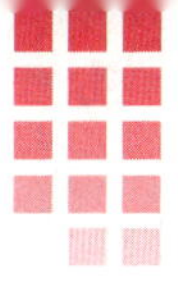

注意：为了在“数据”状态下输入制表人的名字，第七行的单元类型应设置为字符格式。

（10）接着进行关键字的设置。选中第二行，然后选择数据菜单中“关键字”下的“设置”命令，打开“设置关键字”对话框，如图 8—35 所示。

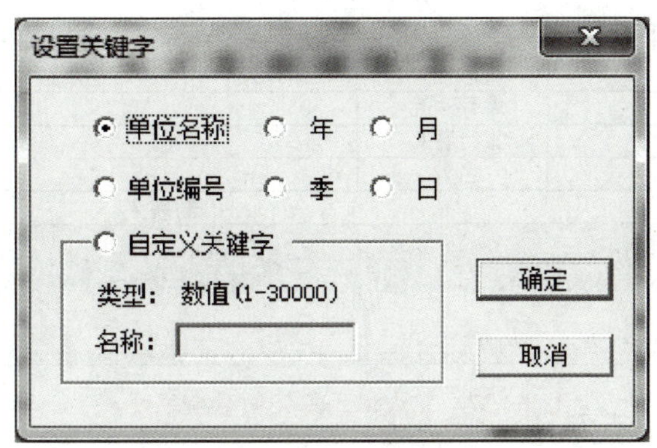

图 8—35 “设置关键字”对话框

选中“年”选项，单击“确定”按钮，将“年”设为关键字。参照此步骤，将“月”和“日”也设置为关键字。

再设置关键字的偏移量，以使关键字移动到合适的位置。选择“数据”菜单中“关键字”下的“偏移”命令，打开“定义关键字偏移”对话框，并根据资料，在“年”后输入“-150”，在“月”后输入“-120”，在“日”后输入“-90”，如图 8—36 所示。

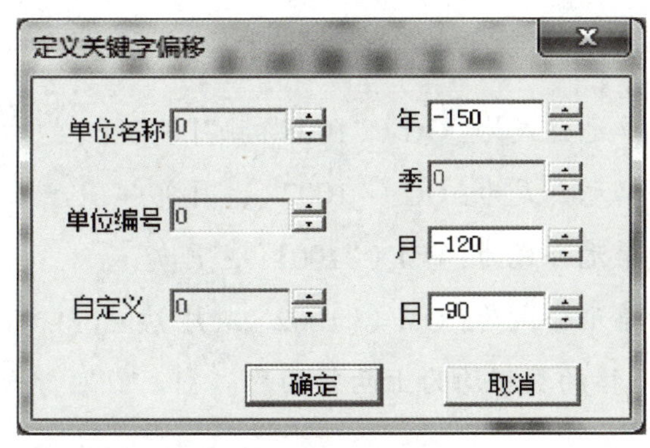

图 8—36 “定义关键字偏移”对话框

注意：关键字的偏移量以像素为单位，负数值表示向左偏移，正数值表示向右偏移。

单击“确定”按钮，完成关键字的偏移设置。完成格式定义的资金统计表如图 8—37 所示。

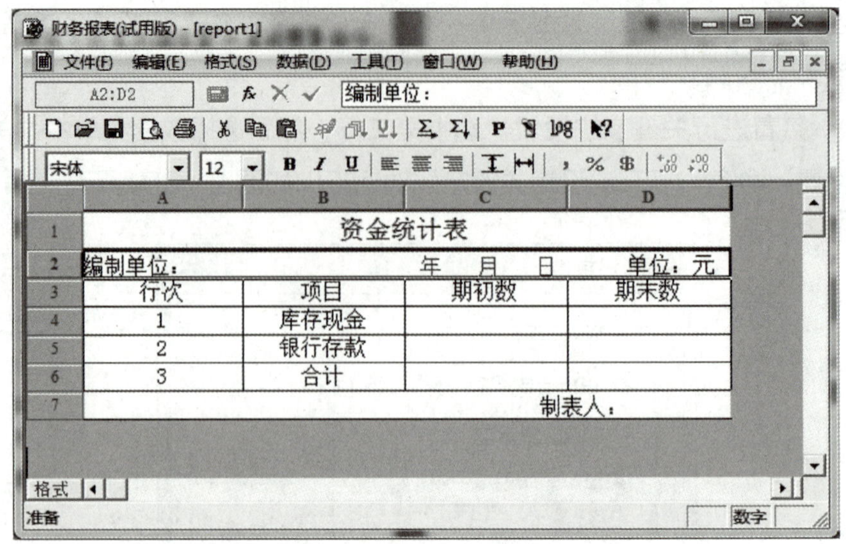

图 8—37 完成格式定义的资金统计表

二、报表公式的定义

1. 单元公式的定义

单元公式即计算公式，决定着报表中数据的来源。因此，单元公式必须进行设置。

【例 8—6】接【例 8—5】，对资金统计表中的期初数、期末数和合计的单元公式进行设置。

相关公式为：

◆ C4 单元格的单元公式为：QC（“1001”，月）。

◆ C5 单元格的单元公式为：QC（“1002”，月）。

◆ D4 单元格的单元公式为：QM（“1001”，月）。

◆ D5 单元格的单元公式为：QM（“1002”，月）。

◆ C6 和 D6 单元格的数据均为上两行的和。

操作步骤为：

（1）单击选中 C4 单元格，即库存现金的期初数，然后选择“数据”菜单中“编辑公式”下的“单元公式”命令，打开“定义公式”对话框，在对话框内直接输入总账期初函数公式 QC（“1001”，月），也可以通过函数向导引导输入，如图 8—38 所示。

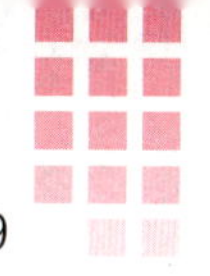

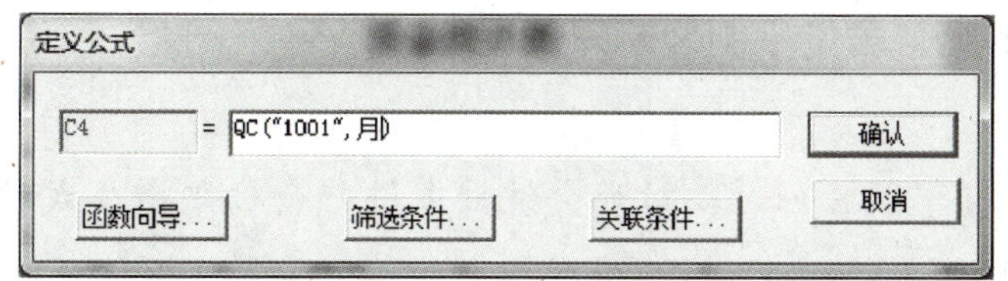

图 8—38　“定义公式”对话框

注意：单元公式中涉及的符号均为英文半角字符。

（2）单击“确认”按钮，完成 C4 单元格的公式定义。可参照上述步骤完成 C5、D4、D5 单元格的单元公式定义。

（3）选中 C4:C6 区域，再单击工具栏上的“向下求和”命令，将 C6 单元格的数据定义为上两行的和。同理，可将 D6 单元格的数据定义为上两行的和。完成前述设置后的资金统计表（格式状态）如图 8—39 所示。

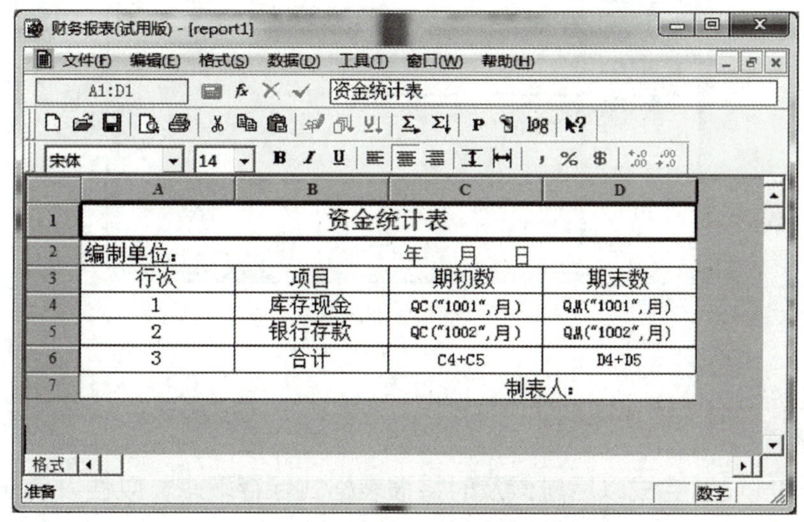

图 8—39　完成设置的资金统计表

2. 审核公式的定义

审核公式用于审核报表内或报表之间勾稽关系是否正确，如资产负债表中的“资产合计 = 负债合计 + 所有者权益合计”。本节例题中的资金统计表中不存在这种勾稽关系。若要定义审核公式，执行“数据”菜单中“编辑公式”下的“审核公式”命令即可实现。

3. 舍位平衡公式的定义

舍位平衡公式是指用来重新调整报表数据进位后的小数位平衡关系的公式。每个公式一行，各公式之间用“，”（半角）隔开，最后一条公式不用写逗号，否则公式无法执行，舍位平衡公式只能用“+”“-”符号，不能使用其他运算符及函数。

【例8—7】接【例8—6】，对资金统计表进行舍位平衡公式的定义，定义信息包括：舍位表名为“SW1”，舍位范围为“C4：D6”，舍位位数为“3”，平衡公式为“C6=C4+C5；D6=D4+D5”。

操作步骤为：

（1）选择“数据”菜单中“编辑公式”下的“舍位公式”命令，打开“舍位平衡公式”对话框，根据资料输入相关信息，如图8—40所示。

（2）单击“完成”按钮，完成舍位平衡公式的定义。

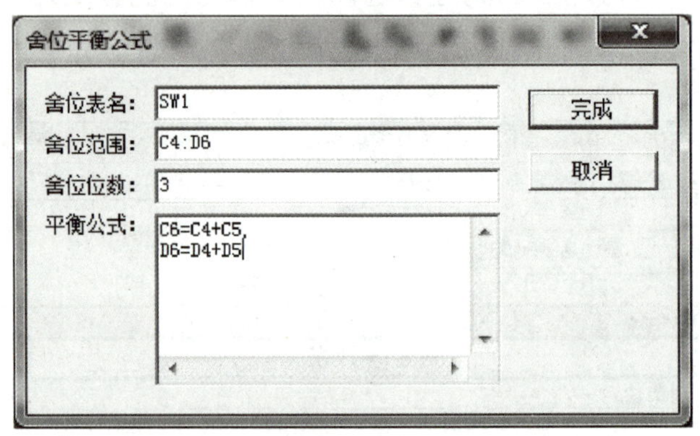

图8—40 “舍位平衡公式”对话框

三、报表格式的保存

报表格式设置完成以后应该及时将报表格式保存下来，以便以后随时调用。为了保存的方便，在保存报表格式之前，应首先建好存放报表的文件夹。

保存报表格式时，选择“保存”或“另存为”命令，然后选择保存的文件夹位置后进行保存即可，注意应将文件名保存为“资金统计表”。

四、报表数据的处理

【例8—8】以操作员陈晓燕的身份在2017年1月31日登录软件，生成2017年1月的资金统计表。

操作步骤为：

（1）选择“文件”菜单下的“打开”命令，在“打开”对话框中选择保存好的资金统计表，单击“确定”按钮打开资金统计表，通过单击窗口左下角的“数据/格式”切换按钮，将该表切换到“数据”状态，如图8—41所示。

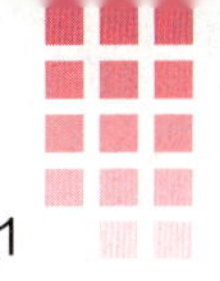

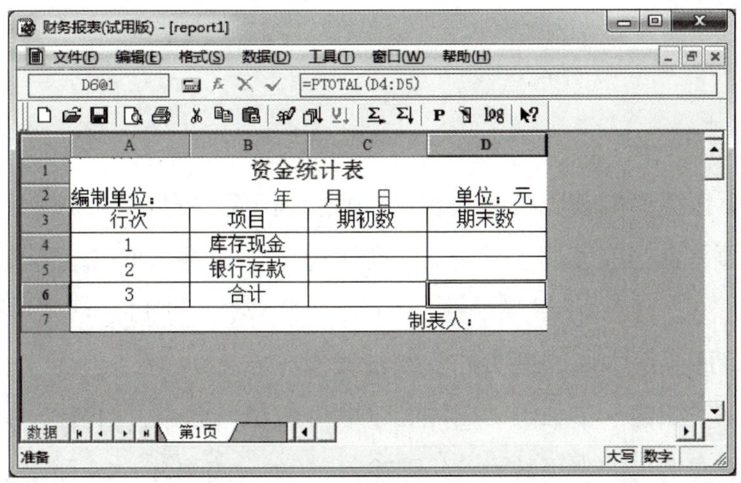

图 8—41　打开资金统计表

（2）选择“数据”菜单中“关键字”下的“录入”命令，打开“录入关键字”对话框，将日期设置为“2017 年 1 月 31 日”，如图 8—42 所示。

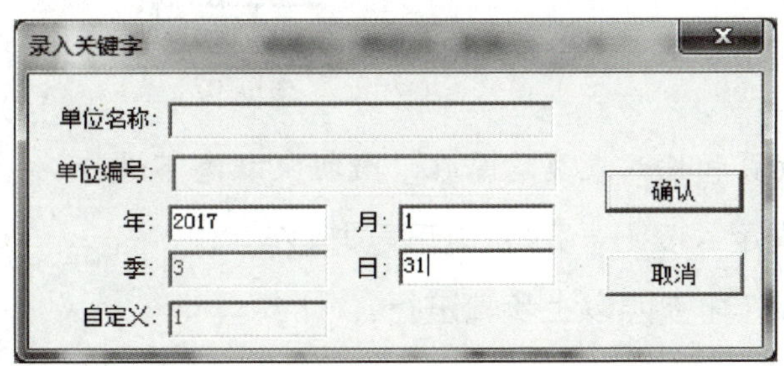

图 8—42　“录入关键字”对话框

（3）单击“确认”按钮，弹出“是否重算第一页”提示对话框，单击“是”按钮，系统生成 2017 年 1 月的资金统计表，如图 8—43 所示。

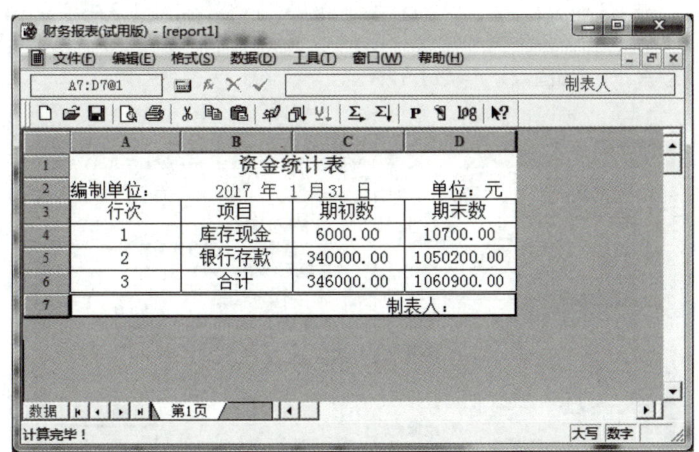

图 8—43　系统生成的 2017 年 1 月资金统计表

（4）将生成的报表保存。

五、报表表页的管理

1. 增加表页

增加表页包括追加表页和插入表页。追加表页是在最后一张表页后追加空表页，插入表页是在当前表页后面插入一张空表页，一张报表最多能管理 99 999 张表页。

在报表管理系统中追加表页的操作步骤为：

（1）选择“编辑”菜单中“追加”下的“表页”命令，打开“追加表页”对话框，假设需要追加的表页数为 3，则输入“3”，如图 8—44 所示。

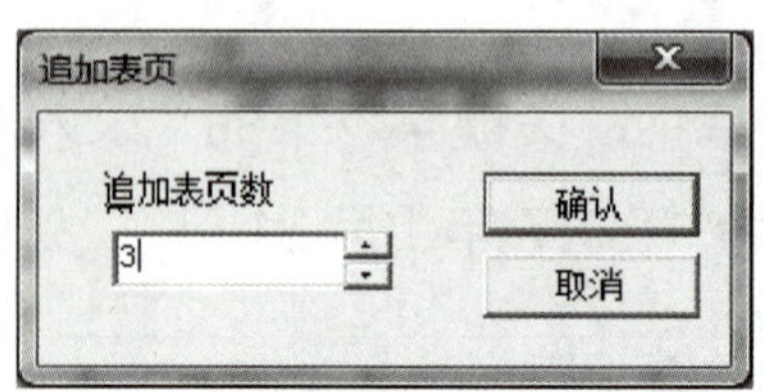

图 8—44 “追加表页”对话框

注意：追加表页和插入表页均需在“数据”状态下进行。

（2）单击“确定”按钮，完成追加表页操作。

插入表页的操作可参照以上步骤进行。

2. 表页排序

在报表管理系统中，表页排序的操作步骤为：

（1）选择“数据”菜单中“排序”下的“表页”命令，打开“表页排序”对话框，选择第一关键值为“年”，排序方向为“递增”，第二关键值为“月”，排序方向为“递增”，如图 8—45 所示。

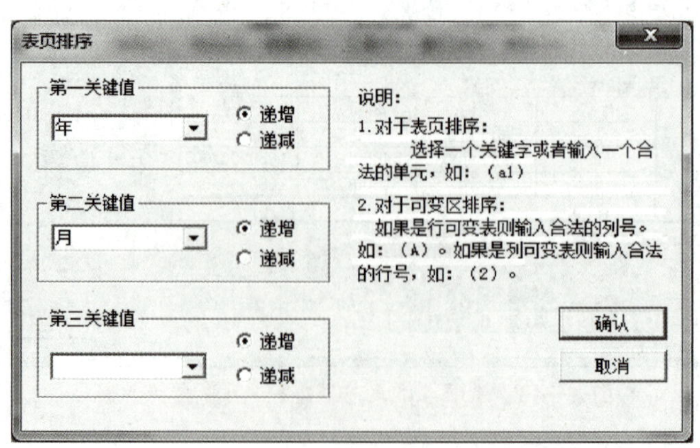

图 8—45 “表页排序”对话框

注意：表页排序需在“数据”状态下进行。

（2）单击“确认”按钮，系统将自动把表页按年份递增顺序重新排列，如果年份相同则按月份递增顺序排列。

3. 表页查找

在报表管理系统中，表页查找的操作步骤为：

（1）选择“编辑”菜单下的“查找”命令，打开“查找”对话框，确定查找内容为表页，假设查找条件为“月 =1”，如图 8—46 所示。

（2）单击“查找”按钮，系统将查找到符合条件的表页作为当前表页。

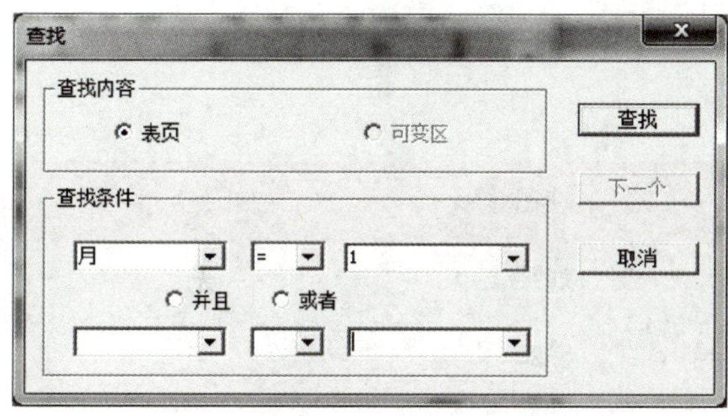

图 8—46 “查找”对话框

练习题

一、资料

接上章练习题。

二、要求

进行 2017 年 1 月末的资产负债表和利润表的操作。

综合实训

一、资料（以下资料中，金额单位除特殊说明者外均为“元”）

1. 系统管理相关资料

（1）操作员资料

编号	姓名	口令	所属部门
01	刘军	无	财务部
02	杨明	无	财务部
03	丁宇	无	财务部

（2）账套资料

1）账套信息。账套号“001”，账套名称“北京光华电器有限公司”，采用默认账套路径。启用会计期为 2018 年 1 月，会计期间设置为 1 月 1 日至 12 月 31 日。

2）单位信息。单位名称“北京光华电器有限公司”，单位简称“北京光华”。

3）核算类型。该企业的记账本位币为人民币（RMB），企业类型为工业，行业性质为新会计准则，账套主管为刘军，按行业性质预置科目。

4）基本信息。该企业有外币核算，进行经济业务处理时，需要对存货、客户、供应商进行分类。

5）分类编码方案。科目编码级次为 4-2-2-2，其他为默认。

6）数据精度。该企业对存货数量、单价小数位定为 2。

7）系统启用。“总账”等模块的启用日期均为 2018 年 1 月 1 日。

（3）操作员权限

1）刘军，账套主管。负责财务软件运行环境的建立以及各项初始设置工作，

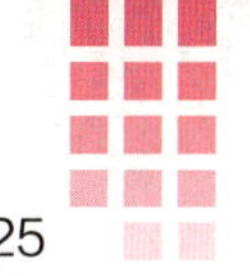

负责财务软件的日常运行管理工作，监督并保证系统的有效、安全、正常运行，负责总账系统的凭证审核、记账、账簿查询、月末结账工作，负责报表管理及其财务分析工作，具有系统所有模块的全部权限。

2）杨明，出纳。负责现金、银行账管理工作。具有“总账”出纳签字权限，具有“现金管理”的全部操作权限。

3）丁宇，会计。负责总账系统的凭证管理工作、报表管理工作，具有“总账”“财务报表”的全部权限。

2. 基础档案资料

部门档案

部门编码	部门名称	部门编码	部门名称
1	公司总部	3	销售部
101	经理办公室	4	生产车间
102	财务部	401	第一车间
2	采购部	402	第二车间

职员档案

职员编码	职员名称	所属部门
101	方华	经理办公室
102	刘军	财务部
103	杨明	财务部
104	丁宇	财务部
201	刘志	采购部
301	李康	销售部
302	许滨	销售部
401	崔周	第一车间
402	苗雨	第一车间
403	王鹏	第二车间
404	徐波	第二车间

客户分类

分类编码	分类名称
01	事业单位
01001	本地
01002	外地
02	企业单位
02001	本地
02002	外地

供应商分类

分类编码	分类名称
01	零件供应商
02	部件供应商
03	其他

地区分类

地区分类	分类名称
01	东北地区
02	华北地区
03	华东地区
04	其他

客户档案

客户编码	客户名称	客户简称	所属分类码	所属地区码	地址	邮政编码
001	济南百货公司	济南百货	02002	03	济南市经十路111号	250001
002	北京大友集团	北京大友	02002	02	北京市朝阳区劲松路1号	100035
003	沈阳第一医院	沈阳一医	01002	01	沈阳市黄花路12号	110002
004	大连良友有限公司	大连良友	02001	01	大连市中山路54号	161020

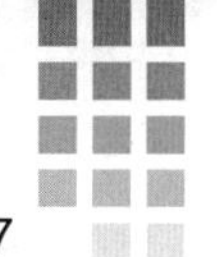

供应商档案

供应商编号	供应商名称	供应商简称	所属分类码	所属地区码	地址	邮政编码
001	北京风华电气元件有限公司	北京风华	01	02	北京星泥岗路	000002
002	沈阳卓越电子公司	沈阳卓越	02	01	沈阳市太平路路	000003

结算方式

结算方式编码	结算方式名称	票据管理
1	现金	否
2	支票	否
201	现金支票	是
202	转账支票	是
3	其他	否

3. 总账管理系统初始设置资料

（1）总账控制参数

设置“出纳凭证必须经由出纳签字”参数。

（2）部分会计科目及 2018 年 1 月期初余额

部分会计科目及 2018 年 1 月期初余额

科目名称	辅助核算	方向	币别计量	期初余额
库存现金（1001）	日记账	借		2 000
银行存款（1002）	日记账、银行账	借		641 000
工行存款（100201）	日记账、银行账	借		520 000
中行存款（100202）	日记账、银行账	借	美元	121 000
应收账款（1122）	客户往来	借		192 000
其他应收款（1221）	个人往来	借		7 600
预付账款（1123）	供应商往来	借		
原材料（1403）		借		39 000
电子零件（140301）	数量核算	借	件	21 000

续表

科目名称	辅助核算	方向	币别计量	期初余额
电子部件（140302）	数量核算	借	件	11 000
其他（140303）		借		7 000
库存商品（1405）		借		169 000
固定资产（1601）		借		147 600
累计折旧（1602）		贷		28 362.8
无形资产（1701）		借		
应付账款（2202）	供应商往来	贷		69 000
预收账款（2203）	客户往来	贷		
应付职工薪酬（2211）		贷		6 200
其他应付款（2241）		贷		6 400
实收资本（4001）		贷		1 000 000
利润分配（4104）		贷		
未分配利润（410401）		贷		128 237.2
生产成本（5001）		借		40 000
直接材料（500101）	项目核算	借		14 000
直接人工（500102）	项目核算	借		16 000
制造费用（500103）	项目核算	借		10 000
制造费用（5101）		借		
工资（510101）		借		
折旧费（510102）		借		
其他（510103）		借		
管理费用（6602）		支出		
工资（660201）	部门核算	支出		
福利费（660202）	部门核算	支出		
办公费（660203）	部门核算	支出		
差旅费（660204）	部门核算	支出		

续表

科目名称	辅助核算	方向	币别计量	期初余额
招待费（660205）	部门核算	支出		
折旧费（660206）	部门核算	支出		
其他（660207）	部门核算	支出		
财务费用（6603）		支出		
利息支出（660301）		支出		

（3）凭证类别

凭证类别

凭证类别	限制类型	限制科目
收款凭证	借方必有	1001，100201，100202
付款凭证	贷方必有	1001，100201，100202
转账凭证	凭证必无	1001，100201，100202

（4）项目设置

项目设置

项目设置步骤	设置内容
项目大类	生产成本
核算科目	生产成本（5001） 直接材料（500101）
项目分类定义	1. 家用电器 2. 通信器材
项目目录	101 电风扇（所属分类：1） 102 电暖器（所属分类：1） 201 手机主板（所属分类：2）

（5）期初余额

1）总账期初余额表见上述部分资料。

2）辅助账期初余额表如下。

会计科目 :1221 其他应收款

日期	部门	个人	摘要	方向	期初余额
2017-12-12	经理办公室	方华	出差借款	借	4 000
2017-12-28	销售部	许滨	出差借款	借	3 000

会计科目 :1122 应收账款

日期	客户	摘要	方向	金额	业务员
2017-12-16	济南百货	销售电暖器	借	130 000	李康
2017-12-27	大连良友	销售电风扇	借	62 000	许滨

会计科目 :2202 应付账款

日期	供应商	摘要	方向	金额	业务员
2017-11-16	北京风华	购买电子零件	贷	69 000	刘志

会计科目 :5001 生产成本

科目名称	电风扇	电暖器	合计
直接材料	6 000	8 000	14 000
直接人工	10 000	6 000	16 000
制造费用	6 000	4 000	10 000
合计	22 000	18 000	40 000

4. 2018 年 1 月发生的经济业务

（1）4 日，采购部刘志从北京风华电器元件有限公司采购生产用电子零件 6 000 件，每件 5 元，材料直接入库，增值税进项税额 5 100 元，款项以工行存款支付，转账支票号 04579001，附原始凭证 2 张。

（2）5 日，财务部杨明从工行提取现金 7 000 元作为备用金，现金支票号 06526002，附原始凭证 1 张。

（3）12 日，经理办公室方华出差归来，报销差旅费 3 600 元，附原始凭证 6 张。

（4）13 日，收到国外奥克投资集团投资 100 000 美元，汇率 1:6.5，转账支票 06471324，附原始凭证 2 张。

（5）14 日，经理办公室方华以现金购买了 500 元的办公用品，附原始凭证 1 张。

（6）15 日，采购部刘志从沈阳卓越电子公司购入电子部件 1 000 件，单价 100 元，适用增值税率 17%，款暂欠，已验收入库，附原始凭证 1 张。

（7）18 日，收到大连良友转来一张转账支票，金额 62 000 元，用以偿还

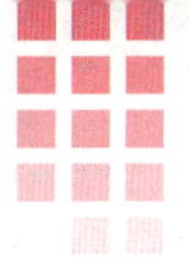

前欠货款，转账支票号 95872625，附原始凭证 1 张。

（8）20 日，第一车间领用电子零件 3 000 件，单价 5 元，用于生产电风扇，附原始凭证 1 张。

（9）23 日，销售部李康售给沈阳第一医院电风扇 100 台，每台售价 200 元，适用增值税率 17%，款未收，附原始凭证 2 张。

（10）27 日，以工行存款购入一项专利技术交付经理办公室使用，价值 48 000 元，使用年限为 5 年，转账支票号 04579003，附原始凭证 2 张。

（11）27 日，经理办公室支付业务招待费 2 000 元，转账支票 04579004，附原始凭证 2 张。

（12）31 日，结转 100 台电风扇的销售成本，单位成本 150 元，附原始凭证 2 张。

（13）31 日，采购部刘志借转账支票一张，票号 04579005，预计金额 4 000 元，应注意本业务只需登记支票登记簿。

5. 工资业务相关资料

（1）建立工资账套参数

类别个数设置为“单个”，核算币种设置为“人民币”，要求代扣个人所得税，不进行扣零处理，人员编码长度设为“3 位”，启用日期设为“2017 年 1 月”。

（2）基础信息

1）人员类别设置：管理人员、经营人员、生产人员。

2）人员附加信息设置：增加“性别”“身份证号”作为人员附加信息。

3）工资项目设置见下表。

项目名称	类型	长度	小数位数	增减项
基本工资	数字	8	2	增项
奖励工资	数字	8	2	增项
岗位补贴	数字	8	2	增项
应发合计	数字	10	2	增项
请假扣款	数字	8	2	减项
保险金	数字	8	2	减项

续表

项目名称	类型	长度	小数位数	增减项
扣款合计	数字	10	2	减项
实发合计	数字	10	2	增项
代扣税	数字	10	2	减项
请假天数	数字	8	2	其他

4）银行名称设置：工商银行沙河口支行，账号定长为 11，录入时自动带出的账号长度为 8。

5）人员档案设置见下表。

人员编号	人员姓名	部门名称	人员类别	账号	是否中方人员	是否计税
101	方华	经理办公室	管理人员	20080010001	是	是
102	刘军	财务部	管理人员	20080010002	是	是
103	杨明	财务部	管理人员	20080010003	是	是
104	丁宇	财务部	管理人员	20080010004	是	是
201	刘志	采购部	管理人员	20080010005	是	是
301	李康	销售部	经营人员	20080010006	是	是
302	许滨	销售部	经营人员	20080010007	是	是
401	崔周	第一车间	生产人员	20080010008	是	是
402	苗雨	第一车间	生产人员	20080010009	是	是
403	王鹏	第二车间	生产人员	20080010010	是	是
404	徐波	第二车间	生产人员	20080010011	是	是

6）工资计算公式设置见下表。

工资项目	定义公式
请假扣款	请假天数 *25
保险金	基本工资 *0.1
岗位补贴	iff（人员类别 =“经营人员”，300，400）

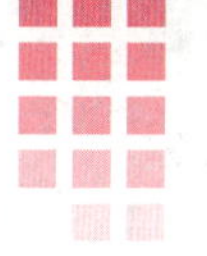

（3）工资数据

1）1 月人员工资情况见下表。

姓名	基本工资	奖励工资
方华	3 000	600
刘军	2 500	400
杨明	2 000	200
丁宇	2 000	450
刘志	2 500	250
李康	2 600	300
许滨	2 800	200
崔周	2 100	400
苗雨	2 100	300
王鹏	2 100	150
徐波	2 100	200

2）1 月工资变动情况。考勤情况：丁宇请假 3 天，崔周请假 1 天，徐波请假 2 天。因去年销售部销售产品业绩较好，每人增加奖励工资 300 元。

（4）代扣个人所得税

扣税基数为实发工资，扣除费用基数是 1 600 元，附加费用是 100 元，工资薪金所得适用的是九级超额累进税率。

（5）工资分摊

应付工资总额等于工资项目“应发合计”，应付福利费也以此为计提基数。假设制单日期为 2018 年 1 月 31 日，项目名称为“电暖器”，附单据数为 1。

工资等费用分配的转账分录如下：

工资分摊：部门及人员		应付工资		应付福利费	
		借方	贷方	借方	贷方
经理办公室、财务部、采购部	管理人员	管理费用－工资	应付职工薪酬	管理费用－福利费	应付职工薪酬
销售部	经营人员	销售费用－工资	应付职工薪酬	销售费用－福利费	应付职工薪酬
生产车间	生产人员	生产成本－直接人工	应付职工薪酬	制造费用－福利费	应付职工薪酬

6. 固定资产业务相关资料

（1）初始设置信息控制参数

控制参数	参数设置
约定与说明	我同意
启用月份	2018 年 1 月
折旧信息	本账套计提折旧 折旧方法：平均年限法（一） 折旧汇总分配周期 1 个月 当“月初已计提月份 = 可使用月份 -1”时，将剩余折旧全部提足
编码方式	资产类别编码方式：2112 固定资产编码方式：按“类别编码 + 部门编码 + 序号”自动编码，卡片序号长度为 3
财务接口	与账务系统进行对账 固定资产对账科目：1601，固定资产 累计折旧对账科目：1602，累计折旧
补充参数	业务发生后立即制单 月末结账前一定要完成制单登账业务 固定资产缺省入账科目：1601 累计折旧缺省入账科目：1602

（2）资产类别

编码	类别名称	净残值率	单位	计提属性
01	管理用固定资产	3%	台	正常计提
02	生产用固定资产	3%	台	正常计提

（3）部门及对应折旧科目

部门	对应折旧科目
经理办公室、财务部、采购部	管理费用 - 折旧费
销售部	销售费用 - 折旧费
生产车间	制造费用 - 折旧费

（4）增减方式的对应入账科目

增减方式目录	对应入账科目
增加方式：直接购入	100201，工行存款
减少方式：毁损	1606，固定资产清理

（5）原始卡片

固定资产名称	类别	所在部门	增加方式	可使用年限	开始使用日期	原值	累计折旧	对应折旧科目名称
空调	01	经理办公室	直接购入	10	2015-12-16	6 000	582	管理费用－折旧费
打印机	01	经理办公室	直接购入	5	2014-12-10	1 600	620.8	管理费用－折旧费
家用电器生产设备	02	第一车间	直接购入	10	2014-12-13	60 000	11 640	制造费用－折旧费
手机主板生产设备	02	第二车间	直接购入	10	2014-12-19	80 000	15 520	制造费用－折旧费
合计						147 600	28 362.8	

注：净残值率均为 3%，使用状况均为“在用”，折旧方法均为“采用平均年限法（一）”。

（6）2018 年 1 月企业发生的固定资产业务

1）27 日，销售部购买扫描仪 1 台，价值 5 000 元，净残值率 3%，预计使用年限 5 年，假设附原始单据 2 张。

2）31 日，计提本月折旧费用，假设附原始单据1 张。

3）31 日，经理办公室的打印机毁损，假设附原始单据 1 张。

7. 期末需处理的业务

（1）需自定义转账的业务

1）31 日，摊销无形资产价值。

2）31 日，结转期间损益。

（2）期末对账和结账

8. 期末需要生成的会计报表

（1）2018 年 1 月 31 日的资产负债表。

（2）2018 年 1 月的利润表。

二、要求

在用友管理软件中对以上业务进行处理。